商周出版

獵豹財務長
郭恭克 著

獵豹財務長
給投資新手的
第一堂課

人生投資的起點‧理財贏家的養成祕笈

穩健踏實的贏家策略

吳啟銘

　　恭克兄是政大EMBA財管組的高材生，本人在講授「企業評價」財務專題課程時，對其印象十分深刻。他的個性非常沉穩，做事態度有條不紊，投資理財的態度在別人看來，或許「保守」，但卻十分務實穩健。現今台灣金融市場上，流行著所謂「財富管理」、「理財專員」、「財務規劃師」等，許多人花很多時間鑽研理財專業，不僅想使自己理財成功，也想幫別人理財出主意。實際上，很多人的理財會失敗，不是因為資訊不足，也未必是因為專業知識不夠，而是被自己的個性與習性打敗的。

　　本書花很多時間談論事前規劃的重要，如何掌握景氣循環隨勢而為，如何避免股價總是買在高點，如何透視投資心理，做好人性管理，並提出投資史上許多重大泡沫事件來說明人性的非理性部分。這正是本書的主要特色。很多人都知道，無論是哪種投資工具，「買低賣高」才能賺超額報酬，但很多人的行為卻是「追高殺低」，錯誤的理財行為與個性一旦養成，再多的資訊與知識，也無法挽回理財失敗的命運。

　　本人為美國財務分析師（CFA），且在政大講授個人理財、高等投資學、企業評價多年，且積極地進行各式金融理財的投資活動。深信理財成功的四大關鍵在於：一、懂理論；二、懂歷史；三、懂心

理；四、懂市場交易制度。本書主要集中在前三部分，作者儘量以具體例子來說明，使本書的可讀性提高不少。

　　本書可使讀者了解到：一、透過「規劃」，才能按部就班，達成理財目標，不要妄想「快速致富」；二、審慎投資的重要性：追隨群眾追高殺低，還不如採穩健的股、債平衡資產配置；三、在面對動態的總體經濟情勢、景氣循環下，如何動態調整資產配置；四、透過對「人性弱點」的了解與歷史泡沫事件的警示，應如何避免理財的重大錯誤所帶來難以回復的損失。

　　書中的陳述十分平穩，沒有太多譁眾取寵的言辭，或是神奇的快速致富公式，卻已掌握理財的核心，以台灣投資人習於「衝進衝出」的交易特性，卻往往幾十年後，理財仍繳白卷來看，本書可以使讀者更冷靜地、更有長期謀略地規劃理財與做好投資決策，按時達到「財務獨立與自由」的境界。

（本文作者為國立政治大學財務管理系副教授）

投資理財者的良伴工具書

李長庚

投資理財不難，只要一句「買低賣高」，但難的是如何落實執行，因為投資理財所牽涉的因素錯綜複雜。「買低賣高」說來容易做起來難，唯有透過不斷地觀察、思維、行動及驗證，逐漸找出適合自己的方式，才得以安心理財。

恭克兄以自己多年的經驗探索，深知投資理財之奧妙關鍵，很誠懇地說明基本觀念及應注意的事項。在景氣循環的時空轉換中利用不同轉折點調整自己的資產配置，且要能克服心理的盲點才能致勝，並列出著名的歷史事件以為投資人之殷鑑。

各種球類競技首重基本動作要紮實，同樣的，投資理財基本觀念也要清楚，基本動作要紮實。恭克兄不厭其煩，以自己所見所聞及親身經驗，說明重要的基本觀念，清晰簡單易懂，值得有心人仔細研讀。

本書作者為本人昔時同事，其對投資理財之研究全力以赴，成就為傑出的基金經理人。當其面臨職涯規劃時可以擁有自在的選擇權，不必為生計而犧牲自己的理想，實得力於其多年力行投資理財之成果。作者以其親身經驗所得，很有條理地闡釋其理念，沒有誇大的口號及炫人的財務模型，只是平實的心得分享，足以提供給有心致力投資理財者寶貴的經驗分享。

蒙恭克兄不棄，致送其文稿，仔細閱讀後，一以為恭克兄之成就而喜，一以因恭克兄不藏私之心胸而感動，乃不揣淺薄，簡備數語為之推薦，誠為有志於理財投資者之良伴工具書。

　　　　　　　　　　　　　　　　（本文作者為國泰金控總經理）

投資世界的第九又四分之三號月台

黃國華

我常常回想自己20年前剛剛踏入投資世界時，以及回首那些年所接觸到投資相關理論與知識，只能用不勝唏噓來形容，早年的財經書籍或相關參考文獻，不論作者是多麼具有市場知名度或是學術地位，他們始終無法跨越財經論述世界中最難的那道鴻溝，一道橫梗在經濟財務理論與金融投資實務之間的鴻溝，不論國內外，始終很少有財經論述者具有優遊穿越理論與實務鴻溝的分析能力。

為什麼很難讀到打通理論與實務任督二脈的財經書籍呢？答案其實很簡單，有能力者少，有意願者更少，有能力又有意願者更是鳳毛麟角。許多在市場打滾很久的實務派人士，多半只能寫些技術線型或簡單的財經口訣，一旦碰觸到理論根據或思考核心，就無法自圓其說；有些學養淵博的學術泰斗，雖然在純粹理論世界內游刃有餘，卻無法實際掌握金融市場脈動，也無法細究投資世界中現實醜陋的人性動機，淪為象牙塔內高閣經典；投資市場中也有少數兼具理論與實務的大內高手，但礙於文筆與口才，無法將豐富的經驗與學養傳授於世；當然相反的，卻有更多連理論與實務都一竅不通的草包，靠著三寸不爛之舌將嚴肅財經的論述簡化成茶餘飯後的八卦話題。最糟的是，許多財經論述者背後擁有商業與炒作目的。不論上述哪種論述，對於剛要踏入投資領域的新手別說沒有幫助，甚至還要慘遭歪理洗腦

而蒙受長年累月的損失而不知呢！

作者郭恭克多年以來與我亦師亦友，也是我認為在台灣的金融市場中，唯一能夠同時具備基礎理論、投資經驗實務、論述的文字能力、清楚的邏輯觀念的一代投資宗師，更難能可貴的是，成名多年的他，從來沒有利用自己的地位去謀取非法利益，也沒有運用自己的知名度去從事金融商品的行銷。

本書的內容涵蓋三大領域，一是最基礎的理財觀念與金融市場入門知識，第二是教導讀者相關的財務知識，以及舉出50個上市櫃公司的例子，一個一個去解釋如何運用財務數字與比率去了解被投資公司的價值，第三是解釋重要的總體經濟數據，以及如何根據這些冰冷的經濟趨勢去做多與空的投資決策。這三大範疇恰好是投資新手必經的投資入門，也是投資世界的起點。

讀了這本書後，不免大嘆，當年要是有這種兼具學養與實務論述的財經書籍，我的財經自學過程中，就無須浪費時間在技術分析以及造神者的裝神弄鬼上頭，就好像哈利波特，如果一開始沒人帶著他到倫敦土十字車站第九又四分之三號月台，相信以一個麻瓜而言，是無法抵達魔法世界的。

對於投資人而言，此書也許就是投資世界的第九又四分之三號月台。

（本文作者為獨立財經作家）

自序

郭恭克

　　國內外經濟情勢及金融市場行情不斷產生新的變化，有些是市場投資人早就預期中，有些則是出人意表，讓一些穿著光鮮亮麗的市場分析師及投資專家不斷跌破眼鏡。

　　有很長的一段時間，我個人已放棄用線圖去預測股價指數的高低或個別投資標的價格，對我來講，那不是我的專長，看似簡單的線圖解讀，如果未經嚴謹的邏輯分析就形成投資決策，就像企業家找一個「算命師」評估新投資案一樣荒謬。

　　本書意旨主要想傳達如何透過簡單化但嚴謹的分析過程，並提供個人在投資市場多年實務經驗分享，期能使大家藉由趣味化解說以釐清如何成為穩健型的策略性投資贏家。在撰寫本書的過程中，對於出版社給予高度的創作自由與尊重，我願意藉此表達誠摯的肯定與謝意。個人深知，這本書並沒有立即吸引讀者目光的聳動內容，也沒有速食餐式的香辣氣味，對出版社而言，將會是在選擇商業利益與扮演知識傳遞者中間的痛苦抉擇，針對此點，個人也再次表達感佩之意。

　　對我個人而言，每次投資理財決策常常是一趟孤獨寂寞的旅程，在涉險前進的過程中，周遭環境常常宛如伴隨惡狼哭號與絕地險灘般險惡，學會如何面對孤獨並冷靜思考，透過嚴謹邏輯分析，方能絕地逢生、化險為夷。在投資領域的職場生涯中，個人也曾汲汲於追求周遭環境給予的掌聲，但當孤獨面對自我時，舞臺上的自己竟像競技場

中無論輸贏都將面對死亡的野獸般。我開始冷靜思考，投資理財路是否走入歧徑？

當我開始學會享受冷靜的孤獨快感後，投資報酬竟慢慢開始好轉，在財富累積的過程中，有很多思考無法透過文字或語言的傳遞，因此在投資領域上，個人過去寧可選擇與孤獨共處。此番不恥將過去拙劣投資心得形之文字，誠如國泰金控長庚兄所言，但願自己能以「不藏私的心胸」將心得詳盡地向所有讀者報告。

近幾年，投資之路雖仍冷絕孤獨，但能令家人得到更長遠的生活保障，卻使我深刻體會不斷從投資活動累積能量的重要性，加上職場上非自己所能完全掌握的不確定感，更讓身為上班族的我體認到透過投資理財累積生活保障的重要性。

凡事得之於人者太多，出之於己者太少。本書雖經努力編撰，若仍難免有疏漏之處，完全係個人才疏學淺，還望諸位讀者不吝指正以為修正依據。並誠摯祝福大家投資理財順利！

獵豹財務長給
投資新手的第一堂課

目次

獵豹財務長給
投資新手的第一堂課
目次

前言

　　老實說，我並沒有很大的本領可以教人如何投資致富，因為「富有」所代表的含意對每個人來說並無一致。職場工作20多年，我看過各式各樣的人，有的整天汲汲營營，想盡辦法討好上司、主管；有的人則總是一副懷才不遇的模樣，鎮日鬱鬱寡歡。這些人往往都是罹患週一症候群的高密度族群，但卻也是職場上離職率較低的族群。為什麼呢？原因不外乎，年紀輕的要存錢準備結婚基金；有上進心的則拚命攢錢，計劃出國讀書；少部分的月光族則生怕如果沒薪水領，就會被現金卡銀行追逼卡債。至於已經結婚且育有小孩的人，每天周旋於褓姆、幼兒園、安親班間，經常為了支付褓姆費及小孩的學費而焦頭爛額。

　　不可否認的，仍有少部分的族群憑著努力工作、用功讀書（現在從事任何行業都要有幾張證照）而攀上金字塔頂端，但這樣的比例往往少得可憐。近20餘年來，台灣因為跟上美國資訊電子產業榮景，加上員工高額分紅配股制度，因而造就出不少年輕的科技新貴。但隱藏在媒體聚光燈後面的，卻是一堆在職場或產業界中每天超量工作的人員，他們有的耽擱了婚姻，有的失去完整的家庭生活，辦公室幾乎成了生活中的全部。而大部分的上班族也注定是受人擺佈的一群，遇到好的導演，或許還會跟你溝通劇情，假如遇到不欣賞你的，便落得一個口令一個動作，這時的挫折感自然不言可喻。

過去這幾年，國內有許多因為不想過單調且受人擺佈的上班族生活，跑到山上、田野，開起民宿或休閒農場，其中不乏高學歷或位居職場中高階主管者。然而，若深入探討就不難發現，這些人的創業資金少則數百萬，多則數千萬。另一個現象是，前幾年於世貿中心舉辦的全國連鎖事業展覽會中參展的攤位及參觀人潮屢創紀錄，除了顯示國內景氣當時確有好轉跡象外，真正的意義是，想要脫離朝九晚五生活型態的上班族正與日增加。然而，無論你想轉投資什麼行業，創業資金都將是上班族轉職前首先必須面對的現實問題。

　　另外一個有趣的話題是，不同世代對於退休年齡及退休準備金的看法及目標。

　　據調查顯示，越年輕的世代越想提早退休，而且他們所認定退休準備金的金額遠高於五年級（含）以前出生的世代。這裡面反映了一個耐人尋味的現象：六、七年級生，因年紀尚輕，可工作的餘命仍長，因此對未來懷抱無窮期望，期盼在未來漫長的職場生涯上能夠趁早賺足一大筆錢，可以提早退休。至於已邁入中年且仍在職場奮鬥者，面對自己再過10幾年或20年，不管願不願意、退休金存得夠不夠，都將被迫離開職場，在現實的壓力與考量下，反倒不會設定太大的目標和金額。事實上，這些人中能按自己的期望提早退出職場者少之又少，並不是他們不想學奇美集團創辦人許文龍先生一樣，早些過著釣釣魚、彈彈琴的悠閒生活，而是現實的經濟壓力讓他們縱使所設定的退休準備金額度遠低於六、七年級生，仍無法安心退出職場。

　　在人生的道路上，每個人都期盼自己是球場上主控發球的那個人，沒有人願意終身像只棋盤上的卒子，任人擺佈。年輕時，我們都有滿腹的理想與抱負，可是，曾幾何時，我們的理想與抱負在職場生涯的種種衝撞下逐漸消逝。

　　很顯然，懂得利用職場努力工作之餘的時間，不斷充實自我投資

理財的專業知識，並且累積經濟能量的人，無論面臨人生突如其來的抉擇，或是想要按自己的規劃，開創人生新局時，都能具有較強的主控權，以及人格上的自由和尊嚴。

我們也發現，在自由資本主義社會裡，自我經濟力量是決定你可以在人生道路上快意自由行的重要因素。因此，無論你從事任何行業，都需要比別人用心、努力。如果你是經過努力，目前已經擁有較多自由的幸運兒，在此恭喜你。如果你還深陷人生的泥淖，請不要氣餒，讓我們循著本書，一起步入強化自我經濟力量的學堂，這裡面將提供你投資經驗分享、趣味化的投資學理課程、歷史軌跡，以及自我人性管理的探討等。希望透過這一系列漸進式的學習過程，讓我們都可以在人生道路上及早累積財富，呼吸自由、尊嚴的空氣。

第 1 章

你做好生涯規劃了嗎？

安得列‧科斯托蘭尼（Andre Kostolany）：「我不是任何人的主人，
也不是任何人的僕人，這就是我的成就。」
對絕大部分的人而言，財富往往成為主人與僕人的分野，然而，對在
人生中靠自己能力理財致富的科斯托蘭尼而言，做真正的自己並在經
濟上與思想上的獨立才是他的願望與人生最大的成就。

最近幾年有一句大家都能琅琅上口的話，相信很多人都聽過，那就是「你不理財，財不理你！」意思是說，如果你對理財完全採取消極、被動的心態，那麼你的財富是不可能無緣無故增加的。因此，在人生不同階段做好理財規劃已經是每個現代人應該具有的基本認知。

在開始引領大家閱讀本書之前，讓我先對每個人一生中不同階段要面臨的理財問題做一個簡單概括性的說明，希望透過這個說明，可以幫助大家在人生的各個不同階段，建立投資理財的基本原則。此外，並針對本書各章的主題做提綱式的說明，方便讀者在翻閱本書之前，對整本書有輪廓性的概念，並且了解這本書是有別於坊間一些速食性、浮面化的理財書刊。

誠摯期盼大家在閱讀本書之後，能夠從中得到一些有別於自己原先既存的投資觀念，並且把它應用在投資理財的實際行動上，以達到提高資產投資報酬率的目標，可以讓個人的資產穩定增加，並進而享受富足快樂的人生。

生涯規劃與投資理財

現在，我們先藉由最近幾年致力於提高台灣金融從業人員專業技能的台灣金融研訓院所出版的《理財規劃實務》一書，來說明一般人在不同人生階段中基本上應該具備的生涯規劃與理財活動。

表1-1主要是針對不同的人生階段，在理財、投資及保險方面提出完整的規劃，基本上已經涵蓋、配合不同階段的需求、風險及收益平衡的要旨。然而，對一個想要成為投資長線贏家，以享受退休的悠閒生活者來說，則需要比表1-1更積極的規劃與投資策略。

表1-1 　一般人生涯規劃與理財活動表

人生階段	事業重心	家庭型態	理財重心	主要投資工具	保險規劃
學習就業期 18至25歲	學校課業或探詢就業市場	依附父母兄長仍無法獨立	提升專業技能累積小額資金	存款、基金或少部分股票	意外險及壽險為主
專業奠基期 26至34歲	行業選擇、在職進修	單身或小家庭型態	累積購屋基金或投資基金	存款、基金或股票、自助會	壽險及儲蓄保險或投資型保險
衝刺成長期 35至44歲	專業及管理技能提升或創業評估	小家庭居多（小孩為中小學生）	分期付款購屋、累積教育資金	自用房屋、股票或共同基金	依負債面規劃壽險
穩定成熟期 45至54歲	專業及管理技能、發展事業規模	小家庭居多（小孩大學或出國）	稅務規劃、退休金籌備	多種類投資組合	年金保險或投資型保單、儲蓄型保單
收成期 55至64歲	高階管理或成為企業主	小家庭居多（小孩獨立生活）	稅務規劃、退休生活規劃	多種類投資組合並降低組合風險	年金保險
退休養老期 65歲以後	顧問職	兒女獨立成家	享受退休生活、遺產稅務規劃	定存、債券為主	生存年金保險

參考資料來源：台灣金融研訓院《理財規劃實務》

你可以發現下頁表1-2與表1-1有些許不同，分別說明如下：

1. 事業重心部分

在青年時期的專業奠基期，年輕人對行業的選擇應該優先於起薪多寡的考量；另外，對青壯年上班族而言，為免於因景氣波動及職場競爭被淘汰，使自己面臨中年失業的危機，建議應該持續進行在職進修。

表1-2　較積極的生涯規劃與理財活動表

人生階段	事業重心	理財重心	投資理財控制點	主要投資工具	保險規劃
學習就業期 18至25歲	學校課業或探詢就業市場	提升專業技能、累積小額資金、**充實理財知識**	不舉債消費與投資、積極投資在自身的教育學習	存款或股權性資產，股權資產低於資產50%	意外險為主，配合少部分壽險
專業奠基期 26至34歲	**行業選擇重於起薪多寡**、在職進修	累積購屋基金或投資基金、**充實理財知識**	不舉債消費與投資、積極投資在自身的教育學習	存款、基金、股權資產彈性配置	壽險及意外險為主，醫療險為輔（含防癌醫療險）
衝刺成長期 35至44歲	專業及管理技能提升或創業評估、**持續在職進修**	分期付款購屋、累積教育資金、**充實理財知識**	購屋舉債利息支出不超過所得四分之一	自用房屋、股票、基金，配合景氣彈性調整	壽險及意外險為主，醫療險為輔（含防癌醫療險）
穩定成熟期 45至54歲	專業及管理技能、發展事業規模、**持續在職進修**	稅務規劃、退休金籌備、**充實理財知識**	盡可能不舉債投資，並強化資產風險意識	多種類投資組合，配合景氣彈性調整整體資產配置	壽險為主、醫療險為輔（含防癌），並視能力規劃年金保險
收成期 55至64歲	高階管理或成為企業主	稅務規劃、退休生活規劃、**休閒興趣培養**	不舉債投資，風險性資產不超過50%	配合景氣彈性調整整體資產配置，股權資產低於50%	壽險及年金為主、醫療險為輔（含防癌保險）
退休養老期 65歲以後	顧問職	享受退休生活、遺產稅務規劃	不投資高風險性資產	低風險資產為主（含存款及短期債券）	生存年金保險、配合遺產規劃保險

註：風險性資產含股票、可轉換型公司債、部分投資型保單、期貨、選擇權、超過10年期的債券等價格波動性大的資產。低風險資產則包括存款、10年期以內的公債、保本率90%以上之基金、短天期貨幣型基金等價格波動性低的資產

2. 理財重心部分

除非你已經存夠退休基金，或已經是悠閒的銀髮族，否則不斷充實理財知識應該是生涯中不可輕忽的必修功課。記住！「你不理財，財不理你」，但要理財之前，就得先好好充實自己的理財知識，否則財富是不會不請自來的。

3. 投資理財控制點部分

在學生時期以及剛就業的前10年，建議讀者在投資理財知識仍不十分成熟前，不要舉債消費或投資金融性資產，反而應該趁著年輕，積極投資在自身的教育與學習上，千萬不要一開始就養成過度消費的習慣，將寶貴的資源浪費在無意義的時髦事物上，那只會讓你在往後的人生路上付出慘痛的代價。

至於青壯年時期，當上班族考慮舉債購屋時，利息支出不要超過固定薪資的四分之一，一方面，讓生活品質不會受到利息負擔的影響，另一方面，也可以累積投資理財的基金，隨時掌握投資機會，並且在步入壯年後（45歲以後），逐漸提高資產的風險意識，維持良好的投資決策的穩定性。

在屆臨退休前，建議大家不僅要避免舉債投資，更應將風險性資產控制在淨資產的50%以下，以降低資產價格波動而影響即將到來的退休生活。對銀髮族而言，建議遠離風險性資產，以避免行情波動而影響到退休後的生活品質。

4. 主要投資工具部分

學生時期，主要是累積自我教育基金，不必急於想要投資致富，尤其在投資理財知識及實務經驗仍不足時，風險性資產投資更應該控制在淨資產的50%以下；到步入青壯年期，隨著理財專業知識的累積，再彈性調整不同時期的資產配置。所以，在中年前，應該先衡量

自身的經濟能力，並且在銀行利率出現相對低點時，趕緊完成購屋計畫。臨退休前，則記得降低風險性資產（淨資產的50%以下），畢竟對於銀髮族來說，低風險的資產投資比較合適。

5. 保險規劃部分

在學生時期，為累積自我教育基金，加上此時自己對家庭的經濟責任仍不重，建議保險規劃上應當偏重保費較低的意外險，而以少部分的壽險保單為輔。等步入青中年期，因結婚生子，責任逐漸加重後，保險規劃則以壽險及意外險為主，並輔以適當的醫療保險以補社會保險不足的部分。步入壯年時期，除了壽險及醫療險外，可以視自己的經濟能力規劃生存年金保險。臨退休前，則應視身體健康情形，規劃足夠的醫療險或生存年金保險。在老年階段，除了應該維持年金保險外，也可以考慮配合自我淨資產總額，規劃遺產保全保險，做為將來留給子孫或社會的最貼心禮物。

從表1-2可以看出，其較表1-1強調持續的在職進修與充實投資理財專業知識的重要性，等基本條件具備後，建議大家要能掌握不同人生階段中對投資理財的控制點，分清楚輕重緩急、辨識風險高低，等這些必備的專業投資技能漸趨完善之後，再在人生的青、中、壯年期，對投資理財保持高度彈性及積極度，相信應能創造穩定、優異的投資報酬，累積豐富的人生必備基金。至於保險規劃方面，則依個人的家庭責任、經濟能力與年齡之不同，並配合社會保險，規劃適當且高效能的保險組合，使資金保持高效用，而不會有經濟資源的浪費。

人生全程理財規劃並不是本書主要的談論議題，但透過理財規劃表，大家可以很清楚明瞭投資理財在人生不同階段上的重要性。如何漸進式地透過自我檢視資產，從基本投資觀念、理論與實務分析，到最後心理層面的探討，讓我們在投資理財市場裡，真正化成一股提高

投資獲利的能量，才是本書的宗旨。

本書各章意旨與要點說明

本書內容主要分為五大區塊，說明如下：

第一部分是資產負債檢視與投資前置準備，包含本書第2、3兩章。

透過檢視自我的客觀條件，以利在了解自我各項資產狀況以後，擬定確實可行的財務目標，並且檢討淨資產增加的來源項目，以決定自己是否具備提早退休的條件。

其次，在第3章中，透過實例說明穩健踏出理財第一步的重要性，從建立最基本的財務管理觀念開始，落實以提高利潤為目標的營運管理，並在年輕時藉無形資產的累積，以利在投資基金累積了一段時間之後，能夠幫助我們做出合理及有效的投、融資決策。此外，也對剛進入職場的新鮮人或年輕上班族在進行金融投資前，提出一些中肯的建議。

這部分可以說是協助我們建立檢視自我客觀條件的能力，並且引導讀者建立如何進入投資理財領域的奠基工程。

第二部分是經濟基本理論與簡單實務，以第4章說明。

由於很多讀者並未接觸過經濟分析等基礎工程，所以在第4章裡，我們特別把一般認為較艱澀難懂但又是投資分析必備的經濟學概念濃縮其中，並且輔以一些簡單的實例說明，希望能讓一般讀者從中學到經濟社會的基本供需原理，以及影響總體景氣變化和個別企業盈虧等因素，同時可以從中體會到經濟社會中物競天擇的生存法則，進而體認到，唯有先配合經濟景氣環境變化，擬定適當的資產配置策

略，才能降低投資風險，也唯有耐心等待，才能得到超過一般人的投資報酬。

這部分基本上是經濟理論與實務的基礎工程，也是投資理財的必備分析工具。

第三部分為投資分析與決策，包含第5、6兩章。

建構完投資分析的基礎工程後，第三部分將進入主要投資工具的基本分析、配合景氣循環如何做好資產配置的投資策略介紹，可以說是本書極為重要的章節。透過第5章舉出簡單的實例說明，可以讓讀者明白影響股權投資報酬率的高低有很大因素是決定在買進股價的高低，長期而言，買進股價越低，股東實際報酬率越高，但一般人追高殺低的心理盲點，往往與基本分析背道而馳，因此才會淪為投資市場的輸家。此外，第5章也會說明債券投資的獲利本質，讓大家在景氣循環過程中，使自己的資產配置更為靈活，並在經濟景氣步入趨緩或衰退期時，仍能使資產報酬穩定維持正數，長期而言，自然可以成為投資理財的真正長線贏家。

到了第6章，代表進入本書的核心地帶，首先要帶領讀者探討一些似是而非的理財策略，透過實例，將可以明瞭不同的投資策略會產生截然不同的投資報酬，也唯有配合景氣循環及市場長期趨勢變化，才能讓自己立於風險較低的有利地位。因此，在此部分，可以看到思考縝密的經濟現象邏輯推理，並從實際經濟現象變化中，了解其與投資市場中各種投資工具的關係。最後，更詳述在不同經濟景氣循環裡頭，如何學會在各種經濟現象持續出現時，較一般投資人提前做出投資決策。

這兩章是投資分析實務與投資決策的基礎工程，也是投資理財進階過程中相當重要的學習里程碑。

第四部分是歷史事件的回顧，以第7章說明。

這部分主要是回顧幾世紀以前及近代所發生過的一些著名投機事件，包括17世紀的荷蘭鬱金香狂熱、18世紀的英國南海泡沫，到20世紀末的日本房地產與股市泡沫、世紀交替的美國科技泡沫等，都是投資史上膾炙人口的經典事件。從這些事件中，可以看到人性欲望的貪婪，以及失去理性的瘋狂行徑，將之對照民國70年代末期發生在台灣的股市泡沫，很容易發現人類歷史不斷重演，只有能從歷史事件中學會教訓並嚴守投資紀律的人，才能掙脫人性桎梏。不盲目從眾，才可以從投資險境中全身而退。

此章所敘述的事件對於那些每天在投資市場中奮戰的投資者來說，真可謂「暮鼓晨鐘」，時時提醒我們在投資市場中切莫因過度貪婪而迷失自我。

第五部分則為投資心理與人性管理，以第8章說明。

本章是全書的最後，也是決定投資理財成敗最關鍵的癥結點。

第2章

財富人生不是夢

渭川田家　　　　　　　　　　　　　　　　　　　　　　　　唐　王維

斜陽照墟落，窮巷牛羊歸。野老念牧童，倚杖候荊扉。雉雊麥苗秀，
蠶眠桑葉稀。田夫荷鋤至，相見語依依。即此羨閒逸，悵然吟式微。

經年累月的職場奮戰生涯裡，你可曾想過有朝一日退休時的情境？或
是忙忙碌碌的朝九晚五生活，早已讓人忘掉斜陽夕照、鄉煙裊繞的無
爭生活，無憂無慮的終老生活意境難道只能在古詩裡尋找？

一般人被問到退休這個問題時，直覺想到的是「我目前到底存了多少錢？」接下來，又會想到：「到底多少錢才夠我安心退休？」

有一次，我和政大研究所的同學們，以及教我們企業評價、頗具知名度的吳啟銘老師，無意間聊到同樣的問題。吳老師笑笑地說，扣除自用房屋及貸款，大約需要100萬美元才能安心退休吧！

當下我暗地想著，回家後要詳細算看看，自己還差多少？

同樣的問題，據問卷調查七年級生，也就是我們常說的新新世代人類，他們大部分的答案竟是要超過新台幣1億元才能安心退休。我不知道他們有沒有把預期通貨膨脹率也給考慮進去，若沒有，恐怕1億元還是不夠！

更妙的是，有一次我與在金融投資業界工作的一位老同學吃飯，席間我們又不經意地聊起同樣的問題。他的答案更妙！

「1億！算什麼？人家都是講2億！」他拉高嗓門說道。

我被他講的2億給嚇到，連忙問：「2億？太多了吧？」

「哪會多！『回憶』加『記憶』不就是兩『憶』嗎？」

他老兄不急不徐地解釋所謂的「兩憶」，聽了令人不覺莞爾。這「兩憶」的說法雖有點揶揄、挖苦、自我解嘲之意，但多少也道盡了屆臨職場退休卻無足夠積蓄的難堪處境。

很顯然地，你把這個問題拿去問10個人，恐怕會得到超過10個以上的答案。因為每個人所處的環境不同、需求不同、價值觀不同、人生目標不同……，套句經濟學上講的，「個人偏好」及「滿足程度」不同。欲望低的可以清心寡欲、怡然自得，但遇到族繁人盛的家庭，縱使緊衣縮食，恐怕仍有不足之慮。

在這裡，我不想重複許多理財專家都會提到的，如何計算合理退休金的方法，因為有太多不可預期的變數會隨時間演變發生，像過去有人靠存款利息安穩過退休生活，不過前提必須是享有18%高額利息

優惠，否則，以現在銀行存款利率低於2%的實際情況，恐怕要不蝕老本也難。

縱使沒有一個明確的標準可以說明到底多少錢才足夠提供安全無虞的退休生活，在此仍然可以提供幾個穩健的步驟，幫一般上班族衡量個人財務管理上的主客觀條件。

商學相關科系的學生都知道，一家公司最重要的三個財務報表是資產負債表、損益表及現金流量表。其中以資產負債表最能永續呈現一家公司過去、現在及未來可能發展的情況。

以台積電2012年第二季資產負債表為例：

表2-1　簡單標準資產負債表

台積電（2330）資產負債表（季表）　　　　　　　　　　　　　　　　單位：百萬

期別	2012.2Q	2012.1Q	2011.4Q	2011.3Q	2011.2Q	2011.1Q	2011.4Q	2011.3Q
現金及約當現金	116,989	112,144	85,263	67,151	95,297	93,337	109,511	90,400
短期投資	2,476	3,319	3,333	3,569	6,304	8,874	8,715	9,661
應收帳款及票據	53,308	46,275	39,299	44,173	45,070	44,679	40,155	45,352
其他應收款	652	1,372	100	1,101	3,232	1,853	1,302	658
短期借支	0	0	0	0	0	0	0	0
存貨	28,429	25,577	22,853	23,263	28,405	28,894	25,646	23,774
在建工程	N/A	N/A	N/A	N/A	N/A	N/A	N/A	N/A
預付費用及預付款	0	0	0	0	0	00	0	0
其他流動資產	4,508	9,093	7,627	2,929	2,545	6,343	6,904	3,492
流動資產	206363	197,779	158,563	142,576	180,852	183,979	192,234	173,336
長期投資	133450	129,098	129,404	126,153	112,361	116,912	117,914	118,712
土地成本	0	0	0	0	0	0	0	0
房屋及建築成本	165492	163,888	149,495	147,429	146,791	144,103	128,647	127,696
機器及儀器設備成本	1,113,875	1,071,298	984,979	967,086	950,275	919,031	852,734	836,616
其他設備成本	15,396	14,858	13,824	13,408	12,916	12,398	11,731	11,310
固定資產重估增值	0	0	0	0	0	0	0	0
固定資產累計折舊	−859,587	−829,753	−804,741	−779,462	−754,185	−729,610	−706,605	−685,651
固定資產損失準備	0	0	0	0	0	0	0	0
未完工程及預付款	79,017	55,232	110,816	88,919	93,046	65,401	80,349	40,622

表2-1 簡單標準資產負債表（續）

台積電（2330）資產負債表（季表）

單位：百萬

期別	2012.2Q	2012.1Q	2011.4Q	2011.3Q	2011.2Q	2011.1Q	2011.4Q	2011.3Q
固定資產	514,193	475,524	454,374	437,380	448,843	411,321	366,854	330,592
遞延資產	8,056	7,016	7,222	11,091	10,855	6,386	7,154	15,809
無形資產	1,568	1,568	1,568	1,568	1,568	1,568	1,568	1,568
什項資產	9,731	10,153	10,281	10,517	11,394	11,332	15,515	9,498
其他資產	19,355	18,736	19,070	23,176	23,817	19,286	24,237	26,874
資產總額	873,361	821,137	761,408	729,285	765,873	731,498	701,240	649,515
短期借款	30,773	34,688	25,927	46,714	33,141	34,176	30,909	37,596
應付商業本票	0	0	0	0	0	0	0	0
應付帳款及票據	16,461	15,027	12,515	11,265	13,524	13,400	13,134	13,097
應付費用	21,173	11,307	16,732	18,146	22,323	13,416	18,655	21,059
預收款項	1,967	0	939	0	627	0	1,059	0
其他應付款	121,698	33,213	33,812	19,036	112,672	32,411	41,992	26,018
應付所得稅	6,779	13,415	10,648	7,680	6,076	9,703	7,109	5,253
一年內到期長期負債	0	0	4,500	5,316	4,500	5,413	719	614
其他流動負債	7,857	13,318	4,442	174	4,696	10,780	4,446	74
流動負債	206,709	120,968	109,514	108,331	197,560	119,298	118,022	103,709
長期負債	35,054	35,000	18,000	18,000	0	0	4,500	4,657
遞延貸項	0	0	0	0	0	0	0	0
退休金準備	3,883	3,857	3,861	3,831	3,860	3,830	3,825	3,816
遞延所得稅	0	0	0	0	0	0	0	0
土地增值稅準備	0	0	0	0	0	0	0	0
各項損失準備	0	0	0	0	0	0	0	0
什項負債	250	380	439	495	503	695	748	810
其他負債及準備	4,133	4,237	4,300	4,326	4,363	4,526	4,572	4,625
負債總額	245,896	160,205	131,814	130,657	201,923	123,824	127,095	112,992
股東權益總額	627,465	660,932	629,594	598,628	563,950	607,674	574,145	536,524
普通股股本	259,207	259,206	259,162	259,151	259,143	259,142	259,101	259,073
特別股股本	0	0	0	0	0	0	0	0
資本公積	56,025	56,008	55,846	55,690	55,802	55,781	55,698	55,634
法定盈餘公債	115,820	102,400	102,400	102,400	102,400	86,239	86,239	86,239
特別盈餘公債	7,606	6,434	6,434	6,434	6,434	1,313	1,313	1,313
未分配盈餘	196,303	246,831	213,357	181,838	151,444	214,505	178,227	137,507
長期投資評價損失	335	−883	−1,173	−1,227	188	45	109	519
負債及股東權益總額	873,361	821,137	761,408	729,285	765,873	731,498	701,240	649,515

資料來源：XQ全球贏家

請容我先花一點篇幅簡單說明一下資產負債表，因為不僅在本章中，我們會強調資產負債表對人生的重要性，甚至後面章節進入到投資相關實務分析時，仍將會不斷引用這個例子。以一家公司為例：

資產項目

1. 包括銀行存款、庫存現金、應收帳款等可以在短期間變現的高流動性資產。
2. 其次是列為長期投資之轉投資事業或有價證券。
3. 再來是列為固定資產之土地、廠房或辦公設備（通常每隔一定期間就需要資產重估或提列折舊費用）。
4. 最後是其他資產，像專利權之價值化，或其他無法列入前面三項之資產項目。

負債項目

1. 包括短期性應付帳款，以及一年內到期應清償之公司債務。
2. 其次是清償期限高於一年，列為長期負債之公司債務。
3. 再其次列為各項雜項準備，或遞延款項之其他負債。

股東權益項目

主要包括投入股本（含各項增資）及保留盈餘等兩大項目。

對於資產負債表有了基本的概念後，接下來就是自己要面對的功課了。

建立自己人生的資產負債表

常常參加上市、上櫃公司法人說明會或股東會的朋友一定常聽到公司經營者陳述，他們的某種決策是站在公司永續經營的立場考量。

講白一點，意思就是讓公司永遠不會倒閉關門，讓投資這家公司的股東們可以享受永續經營的好處。

每個人對自己人生的經營，其實和一家公司資產負債表的運作沒有兩樣，差別在於，除非你是政府高官或民意代表，否則根本不用定期公告自己的資產負債表，更不用對很多人負責，充其量只要能夠對上奉養高堂、對下養育子女便可。

但是，就因為個人不用被強迫定期公布資產負債表，導致許多人因一時無法支應短期負債，或賤賣家產應付急需，或向友人借貸無期，破壞情誼，更嚴重者，則是鋌而走險，做奸犯科，最後深陷囹圄。

因此，一個穩健、聰明的理財家，會先建立自己的資產負債表，並且隨時配合周遭環境的轉變進行調整，此外，更要經常檢驗下面三項重要的財務指標。

一、流動性指標

也就是，你的流動性資產是否大於你的流動性負債？

幾年前，台灣銀行業最賺錢的業務是「消費金融」，裡面有很大一部分是所謂的信用貸款，包括信用卡預借現金、金融卡充當簽帳卡等，名目繁多到令人眼花撩亂。根據統計分析，這些消費族群以30歲以下年輕人居多，除了有尚未進入職場的學生外，亦不乏年輕的上班族群。

當個人的流動性負債無預警地增加，甚至累積成長期負債時，總有一天你會驚覺，自己的流動性資產再也無法支應這些負債。這時，除了影響你的資金調度，勢必也將直接擠壓掉其他投資性資產的累積速度。

二、財務槓桿指標

你的總負債是股東權益的幾倍？

在這裡，我們先定位這張個人資產負債表的股東就是你一人獨資，當你進入職場成為上班族後，不管需不需要上養父母、下育幼小，假定所有的花用及支出均已成為你的費用（轉列個人損益表），當你花用在非生產性的支出越多時，那麼，股東權益項目中的保留盈餘總額則將變少。

或許你可能會問：「那我借錢投資可以嗎？」站在過來人的立場，雖然我不反對融資行為（包含銀行房貸及有價證券投資融資），但仍要勸誡年輕上班族，當你在投資領域的專業知識尚未純熟之前，如果想進行融資借款一定要三思而後行，想清楚，萬一投資失利，這些短期融資會不會成為長期負債。畢竟長期負債增加會侵蝕固定收入，進而減弱累積股東權益的動能。好比月入 6 萬元，卻要月繳 4 萬元的房屋貸款利息，請問你還有資本去從事積極性的投資嗎？

因此，總負債佔股東權益的幾倍是一個相當重要的問題，尤其年輕的上班族群在購置第一幢自用房屋時，往往會一下子拉高財務槓桿的負債數，這時一定要量力而為，千萬不可因一時衝動而讓自己失掉了退路。

在這裡，我舉一個大家耳熟能詳的例子做為參考。1997 年前，香港房地產仍未大幅滑落，香港知名藝人鍾鎮濤（阿 B）趁著大家都看好香港房地產之際向銀行借貸，大舉買入不動產。他本以為可以用房價上漲價差支應銀行利息，誰知，香港房市於 1997 年後不斷滑落，房屋貸款利息加上房價下跌的損失，終使阿 B 含淚宣告破產，也從此結束與章小蕙兩人間王子與公主的夢幻組合。

所以，在你決定以融資進行金融投資前，請再多花一點時間把本書後面相關的章節看完，到那時，雖然不敢保證你已具有必勝的條件，但至少可以去除一些沒必要的風險。

三、淨資產指標

想一想，你的總資產減總負債是正還是負？

在這裡，我要先說明，有一種極非常態的情形是不在我們的討論範圍內，那就是有少部分官宦子弟或企業第二代，天生就繼承父執輩億萬家產而成為億萬富翁。如果你是這類型的人，就先祝福你，也請你跳過下面的段落，直接翻到後面章節閱讀。

但如果你剛好是另一種極端的類型，那就是你繼承了父執輩留下來的債務，或者你是靠舉債完成學業，在步入職場之初就背負債務者，請不要認為累積財富遙遙無期而覺得氣餒，因為，在資產負債表中的資產項目裡，還有一項叫「其他資產」，它包含了無形資產，具體一點講，諸如專利權、商譽等都算。所以，我們可以透過加倍努力，提高自己的無形資產，諸如學識及專業能力，並且設法讓它轉換成有形的資產。

因此，如果你在踏入職場的前幾年，淨資產（股東權益）還是負值時，請在確實檢討原因後，立即打起精神，畢竟年輕本身就是一種資產，唯一怕的是失去鬥志。

然而，如果你已屆不惑之年，在檢視自己的資產負債表後，發現自己的淨資產仍然是負值的話，更請靜下心來，好好把這本書慢慢看過一遍。

訂出個人最短期的財務目標

在建立個人的人生資產負債表後，就像所有上市（櫃）公司於每年第一季被主管機關要求訂定當年度財務目標，並對所有外部廣大投資人公告一樣，我們也應主動訂出自己最短期的財務目標。

我必須強調，財務目標並不僅指資產負債表中淨資產名目的增加，也可以訂出增加無形資產的目標，尤其對於年紀較輕的族群更應該強化這個項目。

從事證券投資及分析工作多年來，周遭有一些至今仍深陷財務泥淖的朋友或同事，有很多是在入行初期便大肆擴張信用來進行金融投資，就因為他們心裡面都有一個短期迅速獲利的財務目標，卻往往忽略了一個事實，便是要進行融資投資前應該相對地先提高自己的無形資產，也就是讓自己的投資專業能力及心智成熟後，再進行負債面的提升，才比較可能獲取穩健的投資利潤。

就像一個剛拿到駕駛執照的人，能在筆直、寬廣的大馬路上加速前進是何等快活的事，然而，要謹記一個事實，在開車到大馬路上兜風前，得先學會如何小心翼翼地將車子從住家前那彎彎曲曲的巷子裡開出來。

因此，一開始的財務目標不要太好高騖遠，重點應該放在如何落實。如果你是每個月都有固定收入的上班族，只要不淪為月光一族，淨資產是可以每月累積的，千萬不要一時貪快，而在自己仍不專業的領域中心存僥倖地大膽冒險，最後可能反讓自己陷入無法自拔的窘況中。

分析個人近幾年淨資產增加的來源

　　為什麼要分析自己近幾年淨資產增加的來源？很簡單，如果最近幾年個人的淨資產增加來源幾乎都來自薪資所得，那便代表若提早退休，往後的歲月裡，淨資產則將逐年遞減。在這本書裡，我不願像其他理財書籍，把所謂子女教育預算、養老月需費用，甚至自估餘命還有幾年等無聊的公式算給你看。因為投資理財的理想目標是提早退休或退出職場，而不是屆齡被迫退休，不是嗎？

　　所以，當你的非薪資所得，例如房租收入、投資收入等，已穩定佔每年淨資產增加來源的五成以上，便可以嚴肅地考慮是否要退出單調的職場。否則，切斷了淨資產的主要來源，遲早會有坐吃山空的一天，又如何談安享快樂的退休生活？

　　剛從學校畢業的社會新鮮人，除非是屬於「哥哥、爸爸真偉大」類型，也就是含著金湯匙出生的人，否則，進入職場的前幾年，淨資產的增加應該都是主要來自固定的薪資所得。但隨著幾年職場爭戰下來，有人會因著本身的努力，加上幸運遇見人生中的伯樂，這時的薪資所得便可望逐年快速攀升，更可以在法定年紀快樂退休。但是，職場的升遷不如意者十之八九，派系鬥爭、主管換人，甚至公司倒閉、歇業者，時有所聞。有些問題並非起因於你，但不幸遇到了，仍須嚴肅面對轉換跑道的鎮痛期，這時，伴隨而來的問題便是固定收入突然中斷。

　　試問，你做好隨時因應的準備了嗎？

　　所以，如果你是職場老兵，同時在分析資產負債表中的保留盈餘來源後，赫然發現薪資所得幾乎是全部的來源時，很明顯地，你不僅不屬於可以提早退休的族群，甚至還要有退休的危機意識。

事實上，適合提早退休的族群，除了能累積足夠的保留盈餘外，通常還必須確實分析過自己淨資產的來源，確定薪資收入的消失並不會嚴重影響到淨資產的來源。

　　除了薪資所得外，各項其他收入來源的開拓都是需要靠優質的理財與正確的投資。因此，會不會理財、懂不懂投資，已成為個人是否可以提早退休，及早享受自由又有尊嚴生活的重要條件。

　　從下一章開始，我們將逐步把討論的主題拉回到理財與投資領域。在此章結束前，我必須再次強調，這是我們第一次共同學習之旅，我所扮演的角色只是隨團導遊，因此衷心期盼在聽完我叨絮的解說後，你能用心自己體會，並從中找到更多的發現和驚喜。

第 3 章

踏出投資理財的第一步

涼州詞   唐 王翰

葡萄美酒夜光杯，欲飲琵琶馬上催。

醉臥沙場君莫笑，古來征戰幾人回。

在古代戰場上出征的戰士中，能凱旋而歸者幾稀；投資理財市場中，
真能有驚人報酬者又有幾人。不同的戰場，卻有著一樣的詭譎與險境。

怎樣踏出理財的第一步？這是一個實在、有趣且大家都想知道的問題。既然談到了，那我先問大家幾個問題：

- 你幾時踏出理財第一步？
- 第一個理財工具是什麼？
- 誰幫你做的決定（投資決策）？
- 為什麼要做這樣的決定？
- 這樣的決定有沒有效果（獲利）？事後有沒有檢討？

你心裡一定在想，才問一個問題，都還沒給答案，竟然連續問了五個問題，不！是六個問題才對！先別急，我會慢慢陪你一起找答案。

首先，你可能會回答：「我從沒買過基金，也沒買過股票，甚至都還沒到證券公司開戶呢！」

事實上，跟你一樣情形的人還真不少。

當然，你也可能這樣回答：「5年前我買過某公司的股票了。」

「那誰幫你做決定的？」

「大人大種（台語）了，當然是我自己做的決定！」、「那時報紙都登了，它那一年會大賺！而且一些加入第四台投顧公司會員的朋友也私底下偷偷這樣告訴我。」

很顯然地，買進股票、下單的動作是你做的，至於買進標的物的考量原因，則是從許多不同媒體聽來的。

「就這樣，你決定買了？」

「當然，想賺錢吶！大家都看它一定會漲呀！」

「結果怎樣？有沒有大賺？」

「其實應該小賺的！買的隔天還漲呢，只怪我自己沒賣，到後來就跌下來了，不得已，我在它跌下來時又買了10張，那時心想，等

一漲上去就賣。誰知道，到現在連配股加起來都還沒回本。當初要是有賺就跑，也不會這樣。」

「那你現在還玩不玩股票？」

「後來，其實是這幾年，我都買投信的債券型基金或連動式債券，聽銀行理財專員說免稅又不會跌，而且想買還要排隊呢！」

說的沒錯，當時確實是這樣，但是，經過2005年國內投信公司爆發結構債事件，國內債券型基金投資人蜂湧贖回債券型基金，造成主管機關強力介入，並要求投信公司承擔基金淨值下降的損失，才止住可能引爆的另一場國內金融風暴，但卻造成國內投信公司的嚴重虧損。

台灣投信公司的結構債問題，起源於國內投信公司經管的債券型基金，在2000年網路科技泡沫破滅後，因國內外利率同步走低，投信高層在惡性業務競爭下，於2003年至2004年要求債券基金經理人大量購入反浮動利率結構債券。所謂反浮動利率結構債，即利率持續走低，則結構債券收益率將反向走高；反之，若利率反轉走高，則買入結構債的債券型基金就會產生嚴重虧損。

部分有職業良知的債券基金經理人力抗高層的壓力，拒絕買進高風險的反浮動利率債券，但幾乎均落得離職的命運。2004年6月，美國聯準會開始轉向調升聯邦資金利率，從最低的1.0%，連續調升至2006年6月的5.25%，並帶動全球利率的回升潮，常被外商銀行主辦反浮動債券承銷商拿來當指標利率的3個月美元拆借利率（LIBOR），從2003年最低點1.01%，自2004年下半年開始向上狂升，至2006年6月高達5.46%。

部分具債券投資專業的機構法人，預期國內債券基金淨值可能將產生虧損，開始於2005年上半年大量贖回債券型基金，造成國內債券型基金總發行額從2004年最高近2.5兆，一路下降至2005年的1.1兆。

相較於買入國內投信債券基金的投資人，因主管機關介入要求投信公司大股東承擔風險，而得以免除本金的損失，購買國外連動式債券的投資人，就沒有如此的幸運了。

連動式債券之收益率，因其收益率與包裝在債券商品中的衍生性商品取得連結，又較浮動式債券來得複雜，故其又稱為結構型商品（structured products），是一種結合固定收益投資工具（如定存及債券），以其本金孳息之一定比例，透過衍生性商品投資（如利率或股票期貨選擇權、股價指數、基金績效、外匯匯率等等），試圖於原來固定收益外，以衍生性投資工具操作所產生的資本利得或額外增收的保證金收入，以提高結構型商品的收益率。而依其對本金的保護程度，可分為下列兩種分類：

1. 保本型商品（principal guaranteed notes, PGN）：

此類商品除因跨國際投資而存有匯率變動風險外，一般對於原來投入的本金可以提供一定比例的保護，此比例即為保本率。而其本金投資的金融工具偏向固定收益投資工具，且以持有到期為主要目的，除非投資標的發生信用問題，否則本金的到期收益率在本金投入之初，通常即已確定。

資產管理人便先算出既定保本率總額之現值後，以原來投入本金減掉保本率總額現值後，將餘額轉投資其他較高風險的衍生性商品，以謀取更高的潛在利潤。而結構型商品可以分享此較高風險市場價格漲跌的程度，便稱為參與率，簡單的說，就是參與所連結資產價格變動的比率。參與率越高，代表衍生性投資工具價格變動對結構型商品到期收益率影響越大。但當結構型商品設計越趨複雜後，此保本率與參與率常常變得艱深難懂，一堆財務工程公式弄得投資人眼花撩亂。

2. 高收益型商品（high yield notes, HYN）：

此類商品除保本型商品可能承受的匯率變動風險及發行者之信用風險外，因商品屬強化收益操作的高收益商品，投資人尚可能因所連結的商品價格變動而損及本金。在設計上，發行者或銷售的金融機構，通常會宣稱其在某種條件下，也就是所謂的上檔或下檔區間，其可以達到保本或保高額利息收益的作用。一般而言，若所連結的商品價格未出現劇烈變動，則投資人不僅可收回本金，甚至可享有遠高於其他固定收益工具的報酬率；但是，當所連結的商品價格出現劇烈變動時，投資人的本金便可能產生虧損。

2008 年，眾多國內發生銷售金融機構遭投資人投訴的結構債商品，便是屬於此類商品。過去所連結的商品價格未出現劇烈變動，因此，投資人在飽嚐甜頭後，總以為它是保本保息、萬無一失的保本型商品，孰料，當所連結的商品價格出現劇烈變動，連本金都可能損失殆盡。

這類商品的資產管理公司或投資銀行，通常除了將本金投入固定型商品外，為強化及高收益率的賣點，往往以基金名義，於選擇權市場賣出一個利率或股票指數選擇權（有賣權或買權），收取權利金以換來商品更高的投資報酬。但是，當市場價格跌破或漲破原來賣出選擇權價位時，基金本金便要出面賠付市價與約定執行價間的差額，遇到市場系統性流動性風險時，本金甚至可能化為烏有。

一般而言，前者的投資風險較低，後者因享有較高的預期報酬，其承擔的風險也較高，近期國內投資人慘賠的結構債商品，便是典型的高收益商品，只是理財專員及銀行財管部門為利於行銷，往往只強調其高收益，甚至行銷話術中，讓投資人誤以為該商品是保本型商品。這是一種標準的既無知又是貪心鬼的人遇上「金光黨」的翻版。

過去飽嚐甜頭的投資人，終於一次以巨額損失做為自己投資常識的「無知」之救贖，又該怨誰？

細說從頭

　　民國78年7月10日，我離開前一家服務的公司，轉赴國泰人壽證券投資小組報到。當天跟我一同前去報到的，連我在內一共16位夥伴，如果加上早一期的同仁，小組的國內、外兩個部門加起來，至少有30多個員工。這樣投資研究團隊的規模，在當時國內任何一家專業投資機構裡的研究單位，均堪稱數一數二。那時，除了慶幸自己能加入群英匯集的投資團隊外，更佩服國泰人壽蔡宏圖董事長的魄力與高瞻遠矚。

　　當時，證券投資小組的成員有一半來自國內前兩大學府的商學院，並且曾經任職於公營行庫或排名前十大的企業。可以說，絕大部分的成員都是放棄原來優渥的高薪，轉換跑道到證券投資業來。

　　民國81年，財政部開放國內新設證券投資信託公司，這時國泰人壽證券投資小組無論在人員編制及管理資產的規模上，都早已遠大於其他新設的投信公司，甚至還凌駕三家老投信公司（中華、光華、國際）。然而國泰人壽穩健內斂的企業文化，卻使證券投資小組長期以來一直蒙著神祕面紗，甚至遲至民國88年才成立投信公司，而這也是導致證券投資小組的成員在民國86到87年間陸續大量離職的主要原因。

　　當年國泰人壽證券投資小組前幾期的成員中，現在仍從事證券投資相關行業的人，幾乎都已位居投資決策核心的地位。他們分散在國內各大金控裡的證券投資部門，有的隸屬於銀行，有的在證券公司或投信公司，連保險公司的投資部門也都可以看到他們的身影。因此，

業界將他們冠以「國泰幫」的稱號，無論大家喜不喜歡這個稱號，但我知道，只要自己還在證券投資職場上，「國泰」的大樹圖騰將是自己這輩子永遠無法抹掉的印記，而每次與當初的革命夥伴聚會時，除了從他們身上隱約仍然可以看見做人處事的圓融，以及穩健、內斂的風格外，專業與自信更是大家轉戰職場多年具體成就的表現。

　　然而，回顧剛入行的前幾年，同事中除了極少數的人能夠成為證券投資市場的贏家外，大部分的人在投資操作上都好不到哪裡去，甚至可以說和時下一般投信公司資淺的基金經理人的表現無太大差異。

　　我很清楚記得自己進入國泰人壽證券投資小組時，台灣當時的加權股價指數早就超過9,000點，那時，翻開國內兩大財經日報──《經濟日報》與《工商時報》，其中的證券相關版面幾乎都充斥著利多消息，讓投資大眾天天都處於精神亢奮。由於《財星日報》、《產經日報》兩份證券專業報廣為大眾閱讀，因此，許多股市名嘴紛紛在這兩份平面媒體上大剌剌地發表個人對股票市場大盤走勢及個股股價高低的看法。從當時紛亂的股票市場來看，簡直可以用「蠻荒待

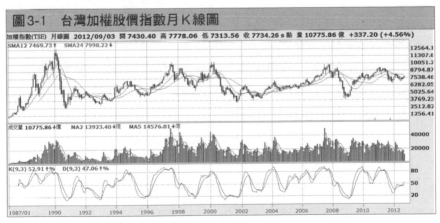

圖3-1　台灣加權股價指數月K線圖

資料來源：XQ全球贏家；資料日期：2012/09/18

墾」，甚至「無政府狀態」來形容。

因為利多，所有的市場投資人就好像吃了興奮劑一般，蠢動不已。縱使之前遇到了民國76年美國股市黑色星期五的驚嚇，以及民國77年財政部擬恢復課徵證券交易所得稅的衝擊，但大家仍每天尋求新的興奮劑來源，只要有新的題材，不怕股票不會漲。就好比「鴻源投資公司」，對現今許多六、七年級生來說，是十分陌生的名字，但是對於當時參與股市買賣的投資人而言，有關「鴻源」的任何消息都是不容錯過的。然而，隨著加權股價指數的重挫，鴻源投資公司也像空中樓閣般一夕傾頹瓦解，一時間，許許多多的退休公務員、老兵，更從此失掉了原有退休後的生活保障。

洞悉人性的貪婪

處在一個由激情構築而成的環境中，除非你擁有深度自我反省的意識，加上訓練紮實的投資紀律，否則，很難在充滿貪婪誘惑的證券投資市場中，做到不盲目從眾，且能全身而退。

據調查，台灣股票市場加權指數第一次突破萬點關卡的前2年，國內商學院所學生畢業後最想從事的行業，竟是證券公司的營業員！並不是當營業員有何不好或不對，但此現象多少反映了當時社會一味想透過股票投資達到短期致富的心態。

由圖3-2，我們可以看到民國79年，國內證券公司數量最多時將近400家，可以說是全台灣大小鄉鎮幾乎都有證券公司或分公司，股票投資已成為不折不扣的全民運動。此外，當時台灣股票市場周轉率之高，竟居全球第一，更因此獲得了「貪婪之島」的封號。

那時，和我前後期進入國壽證券投資小組的夥伴們幾乎都是無殼蝸牛，因為民國77、78兩年，台北地區的房價平均漲幅約2到3倍，

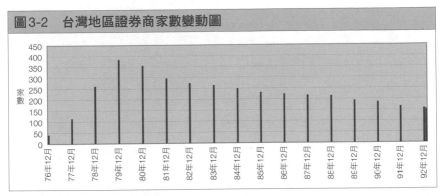

圖3-2　台灣地區證券商家數變動圖

資料來源：台灣經濟新報

以當時我們的薪水恐怕要存上幾十年才買得起台北近郊小坪數的房子。也因此，企圖從股票投資獲利，成為我們想要及早圓夢的不二法門。在那個年代，運用股票融資是稀鬆平常的事，尤其在台灣加權指數創下歷史高點12,682點之前，我們勇往前衝的熱勁，就像軍隊中擎著機關槍、上緊刺刀，攻過一個接一個山頭的勇士。

民國78年8月，就在無殼蝸牛聯盟露宿忠孝東路街頭抗議時，因公司大樓鄰近抗議現場，公司主管告誡我們儘量不要經過活動地點，並且要保持低調。可是對於同屬無殼蝸牛族的我們來說，心情上還真是五味雜陳。

在此同時，因房價節節上漲，也有人以自用房屋向銀行申請提高房貸金額來投入股市，在當時，這類的股票融資操作也是理所當然，只不過，民國80年之後，面對房價不斷下跌，可想而知，勢必使他的淨資產再度歸零，甚至可能因為高額房貸而成為負值。

就因為無知與貪婪，讓我在征戰職場的前3年，淨資產始終呈現負值；然而，另一方面，卻慶幸那時自己是無殼蝸牛，否則面對接下來10年的股市波動，以及伴隨而來超過10年的房地產市場空頭走

勢，我一定會成為不折不扣的「無產階級」。

「貪婪」與「無知」是金融投資的孿生兄弟，且常互為因果。透過謙卑的學習與嚴密的紀律執行，才能讓我們有勇氣、智慧去面對貪婪的誘惑。而面對工作職場上權力、利益的競逐，我們似乎也應該學會冷靜面對自己，想清楚，自己得到什麼？又失掉什麼？取捨之間，應該有自己的定見。

建立金融投資前的基礎工程──穩健的財務管理

在第 2 章中，我們已學會建立自我資產負債表，以及檢驗的三項指標。接下來，在引導大家邁向金融投資之前，先介紹有關自我財務管理上應該注意的幾個重點。

基本上，每家上市（櫃）公司財務長的重點工作，可以簡單分類為四大項：第一是營運活動管理，第二是投資活動管理，第三是融資活動管理（又稱負債管理），最後是股利政策。從這四大財務決策，可以清楚知道經營者對於公司資產配置的妥適性、效率性、專業度和積極度。因為正確的財務管理決策，不僅可以增加公司的長期價值，更可以藉以對外顯示主事者對公司的未來充滿樂觀。

表3-1　簡單資產負債表

借方項目			貸方項目		
資產	流動資產 固定資產 其他資產	（營運管理）	負債	流動負債 長期負債 其他負債	（負債管理）
	短期投資 長期投資	（投資管理）	股東權益	普通股股本 累積保留盈餘	（股利管理）
資產總額			負債及股東權益總額		

如果你學過基本會計，不用我解釋就看得懂簡單的資產負債表。表3-1左方資產總額恆等於右方負債及股東權益的總額，也就是一般基礎會計學所說的，借方科目恆等於貸方科目。

　　舉一個大家較容易明白的資產分錄帳方式，假設你的銀行帳戶每月15日都會由公司自動轉入當月的薪水5萬元，而薪水入帳後，你什麼動作都沒做，也就是你的銀行存款多了一筆錢，同時個人收支帳裡也多了一筆薪資收入。在這情況下，一般簡單的會計帳分錄如下：

借方科目：銀行存款（屬流動資產）　　　　　　50,000（資產加項）
　　貸方科目：薪資收入（不在資產負債表）　　　　　　50,000（轉入收支表加項）

　　如果你認為銀行存款收益太低，而把銀行存款提出轉買股票，這時分錄帳會變成：

　　股票投資（短期投資）　　　　　　　　　　50,000（資產加項）
　　　　銀行存款（屬流動資產）　　　　　　　　　50,000（資產減項）

　　探討會計原理並非這本書的重點，如果你有商學相關背景，更不用花太多篇幅來了解；但如果你不是商學相關領域出身，那麼，建議你在進入金融投資前，先把基本會計原理及相關財務報表熟悉一下，因為學會解讀財務報表對一個投資理財者而言，是一項最基本的奠基工程。

以利潤為目標的營運管理

　　就財務管理的觀點，一般公司的營運管理是指，為了達成公司營利目的所採取的活動或決策。不僅包含對收支報表（損益表）中的收入與支出項目，同時對往來客戶、存貨管理，以及對上游供應商的收支交涉等，均屬於營運活動管理。此外，營運活動管理往往也會把負債項中的短期性負債計算進去。

對一般公司而言，財務長的責任便是在穩健、機動的原則下，充分提供公司追求營業利潤所需的活動資金。

不過，對個人而言，就沒這麼複雜。你可以先清楚預估每個月例行性的收支情況，並且得以知道收入是否足以應付例行性的支出，像房租、水電、通訊費、交通、飲食費等，或者收入超過支出多少？這一切，都先把數字列算出來。

你可能會說：「那我要是跟同學逛街，看到很喜歡的洋裝時，該怎麼辦？」、「汽車大展上展出的車子實在太吸引人了，又有零利率貸款，不買太可惜了。」、「看到同事們都出國去玩，自己不出去玩玩，感覺上有點沒面子！」

無論如何，我還是要先問一句：「你每個月收入超過支出多少？」

我不是提倡節慾，但做為一個理性投資理財的人，如果每個月收入小於支出，就不應該成為消費性商品的衝動型消費者。

你或許會說：「漂亮的洋裝可以經常穿，也是資產的一種呀！」、「車子是屬於固定資產的一種呀！」這些我當然同意，不過前提是，你必須是開服裝店的，必須是開計程車的。如果都不是，那麼，做為一個穩健積極的投資者，對於無法成為收入來源的消費，都應將這些開銷轉入收支報表中的當期費用，當做支出項目。不過，更好的方式就是：在消費前多三思。

記住，讓你每個月的例行收入大於支出，是累積理財資源、邁出理財第一步非常重要的一點。

再來，你要問：「辦公室同仁小陳最近要結婚了，急需用錢，有人提議起個會，幫幫他。他人很老實可靠，而且我也可以趁機賺點利息。」、「老同學要辦創業貸款，銀行要求一位保證人，他是我一起長大的好朋友，不幫他不好意思！」

其實，跟會實質上的意義是將你的現金轉換成應收帳款，就像銀

行放款一樣，它有可能成為逾期放款或呆帳，差別在於，銀行有專業放款徵信人員幫忙徵信，可是還是難免有呆帳產生，而你有幫忙徵信的人嗎？況且，跟會其實是對所有參加者的放款行為，風險恐怕還遠高於一般銀行的放款作業。

至於銀行所謂的「保證」，其實是對被保證者的無擔保授信，當被保證人無力還債時，你這位「保證」人便順理成章，成了當然債務人。對一個上班族而言，權充別人的保證人是相當不理性的投資行為，因為所有的保證行為，隨時都可能成為實質負債的起源。

累積專業上的無形資產

在第2章中，我們提過，像專利權、商譽等無形資產都歸類在「其他資產」。在會計實務上，專利權及商譽均屬於可以進行貨幣交易的無形商品，例如國內很多電子科技廠商因為擁有多項專利權而享有極高的競爭優勢。此外，各種連鎖加盟事業的權利金，更是商譽的具體商品化、得以進行交易的實際例子。

在某些職場，人力資源的優劣及價值，更可以透過議價的方式來決定。因此，對年輕上班族來說，提高並累積自己所處行業的資源，是極其重要且迫切的事，這其中便包括了專業能力的提升及信譽良好的人際網絡。

理性合理的投資決策

相關資產的投資管理是每個人在人生不同階段的重要課題，也是本書的重點所在。從第4章開始，我們將會進入投資分析領域的入門階段。我相信，唯有漸進式且經過不斷咀嚼，才能真正體會個中奧妙。

在說明什麼是理性合理的投資決策前，讓我先說個關於自己的故事。

我與家人都愛好旅行，雖然在開車自助旅行的過程中，難免會出現很多的突發狀況，像塞車、小孩尿急、車胎破了、山路會車，甚至小小的擦撞等等，但是我們仍對開車出遊樂此不疲。

　　記得有一年暑假，全家計劃來一趟環島自助旅行。小孩子滿心期待旅遊趕快到來，他們每天數著日子，並各自準備要攜帶的個人物品，兒子把他特別喜愛的卡通影片VCD從廚櫃裡整理出來，準備在旅途中觀看；姊姊則準備幾個每天陪她睡覺的布娃娃同行。內人則提早幾天，把旅行期間要用的衣物、醫藥用品等日常所需全部打包。照慣例，我在預計出發的前1週就把休旅車送進車廠，做長途旅遊前的保養，並向保險公司買了旅行平安險。

　　然而，就在出發前3天，電視的氣象報告卻預測台灣東部海面有一個熱帶性低氣壓形成，未來極可能成為當年度第一個侵台的颱風。聽到這個報導，我不禁開始思考，要不要取消這次環島旅行。我徵詢內人的意見，她認為應以安全為最高考量，就將此次旅行延後，並且趕緊打電話向預訂的住宿飯店更改住房日期。家裡的兩個小朋友聽到媽媽這麼說，都嘟起嘴巴同聲反對。延後旅行的消息讓他們的心情頓時低落許多。

　　事實上，那一次環島旅行後來並沒有延期，也沒有取消，反而成為充滿快樂回憶的旅遊。

　　在聽完氣象報告及徵詢家人意見後，我並沒有立即打電話給飯店取消住宿，而決定耐心等待出發前1天的氣象報告出來後，再做決定。

　　該趟旅行原先規劃是從台北出發，沿著碧海藍天的北部濱海公路東行，到宜蘭享受鄉村野趣，再順著磅礴雄偉的蘇花公路南下花蓮看花鳥和採果。然後沿著花東縱谷而下，穿過南迴公路到達風光明媚的屏東墾丁。最後，沿著翠藍如玉的墾丁海岸北上，到高雄過夜休息後，再踏上回程。

出發前1天，氣象報告表示，輕度颱風將掠過台灣東北部，為東部及北部地區帶來豪雨。聽完氣象報告後，我分析這次颱風影響地區以北部及東北部為主。因此，我立即決定，將原先從東部出發的計畫，改成從西岸的中山高速公路先南下高雄，同時也打電話給飯店更改住宿日期。由於颱風屬於不可抗力，所以飯店自然樂意配合。

就這樣，我們按原訂日期出發，展開環島旅行。整體來說，跟原來計畫的差別只在於行程順序的先後。而且，因為大部分旅客取消原訂行程，使得原本屬於旅遊旺季的暑期，車行反而變得異常順暢。而當我們經過高雄到達墾丁時，颱風的陰影似乎也早已遠颺了。

在人生中，我們同樣會不斷面對不同的環境變化，諸如職場生涯的改變、結婚生子，甚至移民置產等等，所以我們隨時也都在做決定。做與不做、變與不變，取與捨之間有時的確讓人騎虎難下。

但在金融投資領域裡，經過冷靜、理性、嚴密邏輯的分析過程後所產生的投資決策，將可有效降低誤判的機率，並在可控制的風險程度下，合理縮短達成財務目標的進程。至於一廂情願或失去理性的癡情期待心理，往往是投資失敗最直接的原因。（投資分析與決策形成的邏輯過程，將在第4章與第5章裡進一步探討。）

謹慎適當的負債管理與融資決策

一般商業銀行的放款簡單可分為兩大類，一種是企業放款，主要放款對象是一般公司行號或企業；另一種是個人放款，主要集中在不動產抵押放款。但近幾年來，因企業放款產生的逾期放款大幅攀升，而在銀行強力推動下，個人信用放款（或稱消費性放款）也不斷提升，根據統計，消費性貸款集中於年輕族群的現象越來越普遍，顯示不少年輕上班族，甚至是學生族群，靠著不斷舉債來因應日常的開銷。

一般企業體營運資金的來源，主要來自股東所投入的資本、過去

營運累積下來的保留盈餘,以及各項融資借款等三大類。這三大類中,只有融資借款會產生直接利息費用的支出。我們都知道,長期而言,除非是慈善事業,否則一般企業體的各項費用支出成本如果大於營業收入時,將無法生存或勢必破產。因此,管理良好的企業體在做舉債決策前,必定會根據未來的營業計畫可能產生的預期收入,來妥善擬定舉債計畫,而最終的融資決策仍以提高公司營利動能為考量。近年來,台灣企業融資工具已不像過去全都向銀行借貸,他們也會針對公司實際需要,適時適量選擇資金成本相對低廉、穩定的舉債工具,除了金融機構短、中、長期借款外,一般公司債、國內外可轉換公司債(ECB)、海外存託憑證(GDR)等,都成為企業體經常用來降低成本、取得穩定資金的來源,甚至是提高國際知名度的主要融資工具。

獲利能力較強的企業自然有較高的舉債空間,一方面,金融機構或投資人預期他們不會倒帳,甚至股價看漲而樂意借錢給他們;另一方面,較高的獲利能力讓他們不會因必須支付龐大的利息而左支右絀,反而因適度舉債而提高整體獲利總額。由此可見,累積可用資金、提高獲利能力,是企業體考慮舉債的最大誘因。

如果將同樣的議題拉回到個人理財上,在人生不同的時間點,你我都可能因資金需求而面臨舉債的抉擇,假如你的財務目標與企業體一樣,是在追求最大盈餘的累積,那麼,你是否分析過,自己可以負擔多少舉債成本?你的舉債資金是否可以產生相對穩定的收入或節省其他開支?

在成為一個聰明成功的投資人前,更應該先學會成為一個理性的融資者。記住,你的任何一筆錢都有相對的成本負擔,它不可能在帶給你因消費而獲得滿足的同時,還能產生相對的收入。

所以，本章一開始，我便告訴過你，在踏出理財第一步就犯了絕大部分的人會犯的錯誤並不可恥，很多頂著所謂「投資專家」頭銜的人，其實投資實績是一蹋糊塗的，因此，與其美名為「投資專家」，不如冠上「投資靈療師」的頭銜更適合，因為他們所提供的是心靈麻醉藥或短暫的心靈慰藉，而不是真正協助客戶、對症下藥。

任何聰明的投資理財行動都應以能創造利潤為目標，而在達到目標的過程中，主觀、急切的預期心態往往於事無補，唯有累積專業領域的無形資產，配合理性、合理的投資決策，以及謹慎、適當的負債管理與融資決策，才能平穩地達致目標。

在結束這一章之前，在此提供幾個進行金融投資前應注意的重點給剛進職場的新鮮人或年輕上班族：

1. **先累積自己投資的專業知識及人脈。**

   從最基礎的學理入門，逐漸累積你的專業投資能力，千萬不要相信有人可以幫你短期致富，如果方法錯誤，縱使擁有短期的幸運，往往也是嚴重損失的開始。

2. **深入了解主要金融工具及特性，不要輕信銷售人員或證券經紀人的建議。**

   一般金融商品業務員在乎的是他的佣金收益，而不是顧客的投資報酬，所以千萬不要輕易相信他們所建議的商品，而應先自我進修，深入了解市場主要投資工具的特性，再做投資決策。

3. **對金融工具投資操作不十分熟悉前，不要因想短期獲利而輕易融資舉債。**

   融資舉債的投資方式會使你在投資戰場的心理面已先矮人一截，尤其在對金融工具不完全熟悉前，更不要輕易擴張信用、大膽舉債。

4. **任何投資行為，以不影響基本生活品質為前提。**

當某項投資讓你感到忐忑不安，如果不是你對這項投資沒把握，就可能是投資錯誤的經驗讓你因此舉棋不定，這時，我勸你暫時退出市場，讓心情沉澱下來，以免造成生活上的困擾。

5. **勇於檢討錯誤，並向真正的長線贏家學習。**

不斷檢討投資過程及結果，並且找出錯誤的癥結點，時時比較自己和長線贏家在思考邏輯上的差異，從中獲取教訓和經驗。

第 4 章

掌握經濟趨勢，
成為策略型投資人

《孫子兵法‧軍形篇》：「勝兵先勝而後求戰，敗兵先戰而後求勝。」
長期而言，在戰場上打勝仗者，會先妥善計劃、審時度勢，確定對自
己有利了，才將自己的士兵投入戰場；相反的，常打敗仗者，總認為
自己已夠聰明了，甚至存有僥倖心理，一心求戰，不願等有利於自己
的形勢出現，結果往往成為戰場上的輸家。

從本章開始，我們將逐步進入投資分析的入門階段，讓你了解商業社會運作的基本原理與生存法則，並且希望透過一些在日常生活中俯拾可見的淺顯事例，讓大家了解金融市場與商業運作之間的微妙差異。透過這樣的分析比較，可以讓我們在進入金融市場前建立應有的正確思考邏輯，並且有助於做出理性的投資決策。

資本主義與共產主義的爭戰

20世紀的最後20年，全球最大的政經演變包括了1989年阻隔東西德的柏林圍牆倒下，以及1990年蘇聯的瓦解，正式宣布人類發展史上最大一次政治及經濟實驗的失敗。

1917年12月9日，打著馬克思共產主義大旗的列寧在俄羅斯建立世界第一個共產主義政權國家，一直到1990年蘇聯瓦解為止，前後歷時約73年。蘇聯政權建立初始，發展之快速屢創奇蹟，隨著地理版圖的擴大，工業成果已和歐美主要工業國家不相上下。1940年，在第二次世界大戰期間，曾與希特勒領導的德國納粹有過殊死戰，更於戰後成為雄據北方的軍事強權，同時和以美國為首的眾西方民主國家形成分庭抗禮之勢。直到蘇聯瓦解之前，其強硬極權作風，往往令鄰近小國聞之色變，部分東歐國家甚至淪為其附庸。

然而，進入後冷戰時期的1980年代，蘇聯雖仍然軍威浩大，但因內部經濟凋敝，外交政策態度上趨於緩和，對於以美國為主體的自由資本主義國家也已不構成威脅。冷戰結束後，民主國家認為是資本主義戰勝共產主義，因此民主自由自此成為普世的主流價值。

亞洲地區則以中國共產黨為首，自1980年起，開始展開以鄧小平改革開放理論為思想核心的社會主義改革路線，並且逐漸往自由資本主義體制靠攏。進入21世紀以後，中國大陸更進一步褪去共產

主義經濟體制的外衣，挾其取之不盡的土地資源，以及從鄉村蜂湧進城、用之不竭的廉價勞工，加上開放政策的引進外資，在在都使其成為新經濟強權。

嚴格來說，共產主義於世界真正進行實驗不超過半個世紀，事實證明，自有人類歷史以來，自由資本主義經濟體制從未隨政權更替而改弦易轍，其與共產主義在經濟體制上的最大差別，在於承認人性是以利己為驅動力來引導創新，並且同意透過自由市場價格機制來決定資源的分配。

透視經濟社會中的供需基本原理

商學院學生踏進校門，第一學期的課程除了有會計學原理外，就是經濟學原理，但很多學生總認為經濟學深奧難懂，甚至流於理論，無法提供明確的實務決策方針。其實不然，經濟學理論除了對經濟現象的解析外，其架構於嚴謹的邏輯推演方法才是學習經濟學理的最根本精髓。在這裡，我試著用最簡明的方法，讓讀者學會供需基本原理及企業基本的生存法則。相信從最底層分析企業體運作的驅動力，將可以有效幫助大家決定選擇投資哪些個體企業股票，甚至是判斷總體景氣趨勢。

先從你朝九晚五的上班生活說起吧！首先，你可能一大早跟著大台北地區超過100萬人的上班族一樣，擠著公車或捷運去上班。上了車，好不容易找到一個位子坐下，再從公事包裡拿出剛剛在巷口花20元買的當天《經濟日報》，利用時間瀏覽起來。

一天下來，你知道發生在周遭的事物中有多少是可以用經濟學理加以解釋的嗎？

我可以肯定的告訴你，嚴格來講，從你睜開眼睛開始，所發生的

每件事都有其經濟意義。

試想，你為什麼要搭捷運上下班？為什麼不開車或坐計程車？

「廢話！當然是為了省錢、省時間囉，還有避免遲到被扣薪水。」你直截了當地告訴我。

這就對了，省錢就是為了省下你的通勤成本；避免遲到，其實也是為了未來一個月的薪水收入。

那麼，再請問你，公司裡不是就有報紙可看，為何要自掏腰包？

「才20元！我自己有一堆股票在股市，不趕在上班前讀完報紙，想好下一次的買賣決定，上班後又要開會，哪有時間呀？」聽起來好像挺有道理的。

沒錯，買報紙、花時間讀報都是你因投資股票而投入的成本。

一天裡，你總共支出多少成本？有形的、無形的，多到你懶得算，不是嗎？

讓我幫你理一下頭緒。我們先把跟你我一樣搭捷運上下班的人稱為勞方，所有公司的老闆稱為資方。你每天花8小時的上班時間，外加2小時的通勤成本，換來老闆支付給你的每個月薪水。由此看來，一方面，你利用上班時間服務你的客戶，幫公司賺取營業收入，另一方面，你又用公司發給你的薪水支應日常的開支，換取你想買而且買得起的任何東西。

這種循環關係，我們用下頁圖來說明會更清楚明白些。

圖4-1顯示的是簡化後的經濟社會中所包含的兩大個體──個人及企業；兩大市場──就業市場及商品市場。透過市場機能，勞方與資方分別追求各自的的財務目標。

勞方或個人

在第2章中，我們已經提到個人以追求淨資產的不斷累積、增加

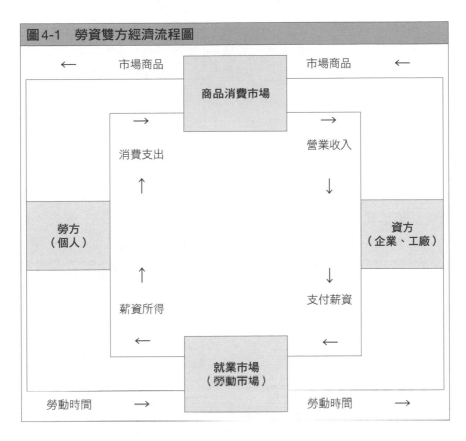

圖4-1　勞資雙方經濟流程圖

為人生的財務目標，第3章裡也提到穩健的財務管理為金融投資前應具備的基礎工程。

　　就勞方而言，如果沒有其他投資收入，如上圖所示，則要使淨資產增加的唯一方法就是設法提高薪資所得，或是減少消費支出。至於要讓薪資所得提高，則要具備主客觀條件，例如提高本身的就業競爭力，或是改善周遭總體經濟條件等。而要讓消費支出減少，則決定於本身購物欲念的降低，或是商品交易價格的降低。這其中有些是可以藉由本身的努力來達成；而有些，像總體經濟情況及商品交易價格，

則是屬於外在環境因素。

我們雖然沒辦法改變外在大環境的因素，但對一個金融投資者而言，了解周遭經濟環境的變化則是格外重要。對個別經濟體（個人及企業）而言，如何掌握經濟趨勢的位置，並且明瞭其與不同投資工具間的邏輯因果關係，將是攸關投資決策正確與否的最基本要件。

資方或企業體

就資方而言，若沒有其他投資收入，如圖4-1所示，要使淨資產增加的方法就是設法提高營業收入，以及降低薪資的支出。要讓營業收入提高須具備主客觀條件，如本身商品定價能力的提高、市場整體需求增加（讓商品銷售量增加），或經營效率提高（增加本身銷售力量）等，均可使營業收入扣除薪資支付成本後的營業利潤提高。

然而，資方實質上負擔的成本並非只有員工薪水一項，眾所周知，一家公司的成立，除要僱用不同專長的員工外，還必須有營業的辦公處所或生產商品的廠房，因此，土地及工廠、機器設備往往也是主要成本。一家公司的營運資金若不是完全由股東提供，則市場利率將影響融資或舉債資金的成本，並且進一步影響企業體的實質利潤與擴充營業規模的大小。因此我們常會聽到財經媒體報導，由於土地價格居高不下，或融資取得不易，因而影響廠商的投資意願，進一步影響國內的經濟發展。

所以，決定企業體淨資產能否不斷成長、累積的因素，並不像個人來得單純，舉凡利率、原物料成本、就業市場的薪資水準、國內外總體經濟景氣等，都會對個別企業體產生重要的影響。

一般我們所稱的總體經濟，即指所有個人及個別企業體的總合，而個體活動的總合即形成總體經濟市場的活動。

自從共產主義經濟社會瓦解後，加上世界貿易組織（WTO）的

運作，全球經濟資源的流通藩籬已逐步撤除，各國總體經濟趨勢循環的時間點雖不完全一致，但相互關聯性正逐漸提高，因此，無論是個人或企業體，對本身競爭力的提升或投資訊息的快速掌握，已成為長期生存的必備條件。

就業市場或勞動市場

近幾年來，國內外各種財經訊息報導只要一提到總體經濟始終於谷底盤旋時，無不把持續攀升且居高不下的失業率拿出來評論一番，尤其是，如果遇到該國國內有重大選舉，在野黨往往對失業率問題提出嚴厲的批判。從美國、日本、德國等主要工業國家，一直到亞太地區，甚至過去一向以低失業率自豪的我國，自2000年以後，竟然與亞洲新興市場國家的失業率同步攀高，直到2003年第四季，因全球經濟景氣復甦才出現下降趨勢。

隨著全球景氣景氣進入復甦成長循環，台灣失業率在2006年及2008年均曾下降至僅約3.8%，但2008年下半年開始，因歐美國家由房地產泡沫引爆的全球金融海嘯，再度將全球經濟推向谷底深淵。美國失業率從4.4%攀高至2009年10月的10%，台灣失業率則自4.0%以下，攀高至6.04%。一般而言，失業率越高代表經濟景氣越疲弱，其與經濟景氣循環的邏輯關係，將在後續章節詳細說明。

高失業率對經濟景氣的提振當然是一項負面因素，但失業率的高低，並不全然是景氣波動的全部原因。一般而言，景氣較差時，企業體會減少勞工的僱用人數，致使失業率上升。失業人數增加，自然會導致消費市場購買力下降，使景氣進一步惡化，這應該是一般人的直覺反應。

然而，高失業率除了上面所說的意義外，它對個人或企業體各有什麼其他的意義，恐怕是人們很少會去想的問題。

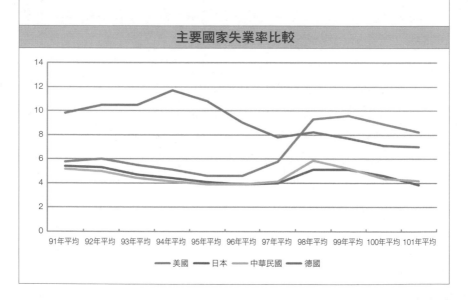

圖4-2　主要國家失業率

年月別	中華民國	香港	日本	韓國	新加坡		美國	加拿大	德國	英國
					整體	居民				
91年平均	5.17	7.3	5.4	3.3	3.6	4.8	5.8	7.7	9.8	5.2
92年平均	4.99	7.9	5.3	3.6	4	5.2	6	7.6	10.5	5
93年平均	4.44	6.8	4.7	3.7	3.4	4.4	5.5	7.2	10.5	4.8
94年平均	4.13	5.6	4.4	3.7	3.1	4.1	5.1	6.8	11.7	4.9
95年平均	3.91	4.8	4.1	3.5	2.7	3.6	4.6	6.3	10.8	5.4
96年平均	3.91	4	3.9	3.2	2.1	3	4.6	6	9	5.3
97年平均	4.14	3.5	4	3.2	2.2	3.2	5.8	6.1	7.8	5.7
98年平均	5.85	5.3	5.1	3.6	3	4.3	9.3	8.3	8.2	7.7
99年平均	5.21	4.3	5.1	3.7	2.2	3.1	9.6	8	7.7	7.8
100年平均	4.39	3.4	4.6	3.4	2	2.9	8.9	7.4	7.1	8.1
101年平均	4.20	3.27	3.84	3.31	0.59	0.83	8.23	7.33	7.00	7.00

資料來源：行政院主計處（101年8月22日公告）

主要國家失業率比較

在談失業問題前，讓我們先對失業率在學理上的認知做簡單的說明。

所謂失業率（unemployment rate），是指失業人數佔總勞動力的比率，失業人口是指「現在沒有工作、可以馬上工作，且願意工作者」，至於勞動力的定義則指「有能力工作且願意積極找工作的15歲以上民間非監管人口，無論其是否已就業，都屬於勞動力。」勞動力以外的人則為非勞動力，像學生、家庭主婦、志願性失業者、退休人口或失能者均屬非勞動力。

一般學理上又將失業分為二大類，摩擦性（frictional）、結構性（structural）以及循環性（cyclical）等三類。剛畢業者、剛退伍者、剛換工作現正尋職者屬第一類，因經濟產業結構轉變，如勞力密集的加工廠轉變成電子高科技工廠、製造業轉變成以服務業為主等因素所引起的失業，屬第二類。最後，因景氣低迷或衰退等景氣循環性因素引起的失業，則屬第三類。這其中，以第二、三類較為執政者所關心。自2000年美國網路泡沫化後，中國大陸因大量勞動人口投入生產市場，以勞動密集為主的加工廠商自此不斷湧進中國大陸，不僅導致美國失業率攀高，亞太周邊國家亦同步攀升。因此，除了循環性失業問題外，勞動市場結構性的失業問題才是各國失業率居高不下的最主要原因。

失業問題對個人及企業各自產生什麼樣經濟層面的影響？讓我們假定目前在台灣市場上只有兩家生產玩具的廠商——甲公司及乙公司，並假設他們每生產並銷售一打玩具的成本如下：

	原料成本	人工成本	管銷成本	總計（元）
甲公司	4	3	3	10
乙公司	4	2.5	3	9.5

由前頁資料，我們很容易看到乙公司僱用人力的生產能力優於甲公司。

【情況一】

假設甲、乙兩公司均以每打11元價格外銷美國，則兩家公司利潤如何？（不計算運輸成本）

　　甲公司利潤：11 － 10 ＝ 1（元）
　　甲公司利潤率：9.09%
　　乙公司利潤：11 － 9.5 ＝ 1.5（元）
　　乙公司利潤率：13.64%

　　很顯然地，只要美國買主繼續以每打11元下單，甲乙兩家公司均有利潤可圖，兩家公司的員工均得以充分就業，只是甲公司股東得到的投資報酬率明顯低於乙公司。

【情況二】

但假設美國買主發現可以用每打9.7元向中國大陸丙公司買到同樣的玩具（成本表如下），則各公司利潤如何？

	原料成本	人工成本	管銷成本	總計（元）
甲公司	4	3	3	10
乙公司	4	2.5	3	9.5
丙公司	4	2	3	9

　　甲公司利潤：9.7 － 10 ＝ –0.3（元）
　　甲公司利潤率：–3.09%
　　乙公司利潤：9.7 － 9.5 ＝ 0.2（元）

乙公司利潤率：2.06%

丙公司利潤：9.7 － 9 = 0.7（元）

丙公司利潤率：7.21%

　　此時，台灣的甲公司已無利可圖，除非它的員工願意降薪0.3元，否則長此以往，它將面臨倒閉的命運。甲公司員工因每元工資生產力較台灣的乙公司及大陸的丙公司為低，所以在公司倒閉後成為第一個失業者。假如美國買家進一步將每打單價壓低到9.5元以下，則台灣乙公司員工亦將面臨失業情況。相對地，若台灣甲乙兩家公司將台灣的工廠機器設備全部外移至中國大陸，並按原生產模式生產，則將對大陸當地勞工造成實質僱用人數的增加，甚至因勞工需求的增加，造成大陸工資從2元往2.5元攀升。

　　當然，台灣勞工並非永遠沒有重新就業的機會，他們可以透過重新的職業訓練，改行到產品單價較高的產業或服務業去，長期而言，結構性失業仍有降低的可能。

　　但從上面的簡單例子，我們發現失業問題顯示的經濟意義，對勞方而言，很可能是要求的工資高於企業體所能承擔的最低限度，除非勞方願意降低工資，否則將有失業問題產生，此時利潤仍為正值的企業主，一方面可以在較多的求職者中甄選出生產力較佳的勞工外，甚至還可以壓低僱用薪資。

　　所以我們可以這樣說，在高失業率的情況下，對營業利潤率始終為正值的廠商而言，一方面顯示他們在經營效率優於因不景氣而倒閉的廠商外，另一方面也顯示當景氣重新進入復甦階段，他們將可以用較低成本僱用到較優質的人力。講得更明白一點，高失業率情況下，對利潤率始終為正值的優勢廠商而言，反而是經營上的有利因素，因為，此時勞動市場已成資方市場，將可有效降低平均勞動生產成本，

為下一波景氣復甦來臨前，提前進行佈局。

反之，當失業率極低而景氣轉熱，幾乎所有人都已進入勞動市場時，表示資方對勞動力的需求量極大，可見資方對未來預期景氣仍十分樂觀，也因此，他們自然願意用較高的勞動成本僱用新進員工，至於低生產力的勞工也因市場需求增加而有機會進入勞動市場。當景氣進入高峰後，獲利率最低的廠商首先會發現，他們的工資成本遠高於同業，但因工會或政府法令，導致他們無法以迅速縮減生產規模來因應，並且終將成為景氣下滑後，第一波被迫退出市場的廠商。因此，在景氣高峰期大舉擴充生產規模、大量增僱勞工者，往往也是敲響景氣下滑警鐘的始作俑者。

我們也可以這樣比喻，失業率就像測試一個人是否發燒的溫度計，當經濟景氣轉差時，失業數值便往上揚升，而過高的失業率將降低整體經濟活力，使商品市場消費需求降低，導致整體經濟趨緩；但若景氣過熱，失業率降低至幾乎完全就業的狀態時，個人薪資因此提高，商品消費需求隨之增強，於是各行各業呈現繁榮的景象。然而過度消費的刺激下，消費者物價指數勢必上揚，最後終至通貨膨脹的局面。

商品消費市場

在商品消費市場中，許多消費者在有限的收入下，以滿足個人喜好為前提，他們一心想要用較少的金錢支出買到最大量的商品，因此，除非市場被不正常管制或壟斷，否則他們在同品質商品中，將選擇能提供最便宜商品的供應商為購買對象。相對地，對生產商品的廠商而言，是以追求最大營業利潤為目標，因此，只要有正常利潤，他們願意提供最大銷售量給消費者，甚至不惜進行削價競爭，以奪取市場中其他廠商佔有的市場，迫使他們退出商品競爭市場。

前段敘述的就是簡單的市場供需原理。消費者為追求最大消費滿足，想要以最低價格買到最大量的商品；至於生產者則為了追求最大利潤，想要以最高的價格賣出最大的市場銷售量。最終雙方取得妥協，並經議價形成實際交易價格，在學理上，我們稱之為「市場均衡價格」。

影響市場均衡價格變動的因素

我們很容易知道，市場均衡價格是由供需雙方透過市場自由議價機制而得到雙方都樂意接受的價格。但什麼樣的因素會影響他們議價意願的強弱？當賣方惜售或買方搶購都將使均衡價格向上揚升；相反地，均衡價格則呈現下跌。

1. 影響買方意願的因素
   (1) 消費者收入的高低
       我們從圖4-1已知，勞方的消費支出主要來自薪資所得或其他投資收入，當所得高時，自然就有較強的消費意願，透過市場機制使消費物價上漲。像失業者重新加入職場、股市連續大漲，均使整體消費者所得提高，增強整體消費意願，因此在經濟景氣復甦持續一段時間後，物價通常會出現上揚情形，只要不是持續性大幅上漲，對整體經濟初期以正面居多。
   (2) 消費者主觀偏好的改變
       隨著不同時間或流行趨勢的轉變，買方對原有市場消費品的偏好隨時可能改變。像數位相機取代傳統相機、彩色手機取代黑白手機、液晶螢幕取代映像管等，均使整體消費者對原有商品需求大幅降低，新技術及新商品的提供廠商則因此而大發利市。

(3) 消費者對未來均衡價格的預期

當買方預期物價將快速上揚時,他們便會想盡辦法提前購買要買的東西,像民國77、78年代,國內不動產市場便在預期心理的推動下迅速上揚,預售屋工地牌告屋價,竟可一日數變!反之,民國80年以後,超過10年的房地產不景氣,曾一度使欲購屋者的行動一延再延。

(4) 相關消費產品價格變動

對單一消費品的消費意願很容易受到類似產品,或關聯性產品價格的影響。像狂牛症流行期間,豬肉及羊肉價格就可能上漲,而牛排館則生意清淡;又如國內外油價持續上漲使開車族成本增加,使高耗油車種的需求降低,長期也將進而影響廠商的銷售利潤。

2. 影響賣方意願的因素

(1) 各項成本的變動

在本章我們已提過,廠商負擔的成本並非只有員工薪水單一項目,舉凡上游原物料成本、營業辦公處所的租金、生產廠房及機器設備的建置成本等,均屬重要成本項目。這部分,我們可以從每家公司公告的損益表中的費用項目中得知。一般做投資分析所需掌握的重點,除了要了解廠商上下游原物料供應鏈的價格變化外,也應假設廠商的營運資金除自有資金外,不足部分要靠外部舉債或融資,因此市場資金成本將是衡量其成本高低的重要因素,尤其對高財務槓桿及高負債比率的公司。

當廠商生產的成本中有一項上漲,除非想辦法讓其他項目的成本降低或提高售價,否則原商品售價將無法維持原有利潤,甚至會出現虧損,最終有可能致使某些廠商被迫退出市場。

(2) 生產者對未來景氣的主觀預期

　　生產者做一項投資決策前，除對所需投入的生產資源及資金做專業評估外，並需配合總體環境變化，對未來景氣變動及市場需求做理性的預估。實務上，很多投資失敗的實例，都是經營者對本身行業的投資時點判斷錯誤所致，在景氣已臻高峰時進行盲目擴充，在景氣低迷、投資成本大幅降低時，反而縮編組織與規模，此點與股票市場上一般人追漲殺跌的道理幾無二致。

(3) 市場生產廠商產能的增減

　　當某項商品需求不斷增加後，將吸引原有廠商擴充產能，初期還不會對市場造成太大衝擊，但當市場需求減緩後，很容易出現殺價求售的情況。像台灣部分電子產業，在不斷擴充產能後，加上遇到景氣趨緩，產品毛利率下降，廠商獲利逐漸減低，股價因而不斷下跌，主要原因即是生產技術門檻不高，長時間供給大於需求所致。

(4) 生產技術的突破

　　當一項新的技術發展，可以在相同生產成本下增加產量，或在原生產量下降低生產成本時，都能夠使廠商利潤提高。而廠商為了獲取最大利潤，必定提高本身市場的佔有率，然而，當其他廠商生產技術也有了突破，便會如法炮製。於是，新技術的發明將使供給量增加，商品價格便會呈現長期的下跌趨勢。

市場均衡價格變動對消費者及經濟的影響

　　對消費者而言，均衡價格決定他可以消費或購買多少商品的量：價格下跌，消費量增加；價格上漲，消費量減少。

舉例來說，你今日支出預算中有100元要用來買水果5斤，昨日水果一斤賣20元，結果今天你到市場一看，因到貨量大增，果商改以每斤10元促銷，此時你可能會買到10斤的水果，或者還是買5斤，並把節省下來的50元用來買其他消費品；相反地，若因豪雨導致到貨量大減，每斤價格上漲到25元，你可能要減少購買量，或仍購買原來的消費量，但其他消費預算將被迫減少。

　　消費者也有可能因個人收入變動而影響其對某種商品的購買預算。例如，股市大幅上漲後，往往使高級餐廳門庭若市，大幅下跌後，又變成門可羅雀的景象。

　　因此，對固定薪資收入的勞方而言，消費市場的物價上漲將使其對原有商品購買量減少，或降低對其他商品的購買力，除非薪資可以同比例提高，否則實質上，物價上漲是不利的。一般而言，較大幅度且連續性的物價上漲，我們稱為「通貨膨脹」，終將使消費者的消費力降低，最終使經濟景氣下滑。這部分在第5章，我們將進一步說明，並且告訴你如何以正確的投資決策來因應通貨膨脹的問題。

市場均衡價格的變動，對生產者及經濟面的影響

　　對生產者而言，均衡價格決定他可以生產或銷售多少商品的量，價格下跌，供應量減少，價格上漲，供應量增加。因為價格下跌，使部分廠商無利可圖而關廠或停業，市場供應量自然減少；價格上漲，則又會吸引原已停業廠商的復業，市場供應量自然增加。因此，我們可以說，單一商品價格的上漲，對生產該項商品的廠商是有利的，像國際鋼鐵價格在中國大陸需求的不斷擴大下，於2003年起便不斷飆漲，國內鋼鐵製造廠商因此獲利率大幅提高，尤其中鋼獲利屢創新高。

　　然而，鋼鐵相關原物料乃下游營造工程、住宅建設、工廠建造的

重要原材料，相關營造廠或建設公司的生產成本將大幅提高，此時，建設公司會同時考量是自行吸收額外增加的成本，或將成本轉嫁到消費者身上。而消費者若因所得提高，或預期房屋價格仍會上漲，將不會在意房屋售價的提高，仍將維持原來的購買意願；然若消費者所得增加比例無法與房價同步提高，終將使其購買力下降，進一步影響廠商獲利，長期而言，建設公司的股價亦將再度下跌。

因此，我們可以這樣說，單一商品價格的上漲對該商品的生產廠商是有利的，例如TFT-LCD液晶面板的生產，因商品逐漸普及，甚至小幅上漲，對生產的廠商，如友達、中華映管等公司的股價便造成推波助瀾的效果。然而，若原物料價格及一般消費者物價全面性持續上漲，終將使總體廠商生產成本上升，壓縮獲利空間，消費者則因物價上漲使其購買數量減少，自然間接使廠商獲利降低。所以說，短時間、局部性物價上漲，對相關公司股價是正面居多，但長時間、全面性物價上漲，則會對整體經濟產生不利的影響，並且使公司股價下跌。這部分，我們會在第5章做進一步探討，並告訴你如何以正確的投資決策來因應。

物競天擇的生存法則

資本主義經濟社會裡，允許每個獨立個體在既定的遊戲規則下，以利己為出發點，透過市場的自由議價機能，對有限的資源進行競爭。一般來說，個人以追求最大消費滿足或累積財務盈餘為目標，企業體則以永續生存、創造股東價值為最大目標。

透過就業市場，勞方盡其所能爭取最高的薪資所得，並藉由投資理財加速累積財務速度，所以就業競爭力的強弱與投資理財的專業度，成為個人於資本主義社會中生存的必要條件。而在自由經濟體制

下，個人又可透過債權工具投資（例如各類公司債券），或股權投資（例如上市公司股票），成為企業體的債權人或股東。總體經濟景氣與企業體的經營獲利，不僅影響就業市場的榮枯，更會成為投資者資產盈虧的決定性因素。

企業體為追求永續生存並創造股東價值往往會以營業利潤極大化為手段。因此，不僅要與上游原料供應商及下游產品通路商維持亦敵亦友的關係，更需透過內部效率化的管理來提高生產力、降低經營成本，因此對新技術及產品的開發更是不遺餘力。也只有具長期核心競爭力的企業體及經營者，才能在總體經濟景氣波動中不被大環境給淘汰，並創造最大的營業利潤。

1998年亞洲金融風暴後，台灣絕大部分非電子傳統產業均因景氣趨緩導致內需市場不振，加上外有中國大陸殺價競爭，使產品毛利不斷走低，因此發生財務危機者不勝枚舉。除外部大環境因素的改變使企業無法及時因應外，企業陷入經營困境的最大根源，泰半起因於內部管理缺乏效率及經營者誤判該產業的景氣趨勢，導致投資失當所致。

雖然如此，台灣企業中仍有不少所謂傳統產業在逆境中展現驚人的活力。創立於1990年的聚陽（1477），雖是生產成衣的標準傳統產業，但憑藉著優異的內部管理能力，及上下游供應鏈的穩定定價能力，長期營運下來，仍交出讓不少號稱高科技的上市櫃公司汗顏的亮眼成績。表4-1為該公司從2000年至2011年，共12年的經營績效表。在此12年期間，全球雖經歷2000年後的網路科技泡沫破滅，以及2008年的衍生性金融商品崩跌引起的全球金融海嘯，導致全球經濟一度陷入衰退窘境，但該公司每股稅後純益，卻從未產生虧損過，12年每年每股平均稅後純益（earnings per share, EPS）高達5.26元，這個成績優於絕大部分上市櫃電子公司。

表4-1　聚陽（1477）長期經營績效表

聚陽（1477）之經營績效

單位：億元

年度	2011	2010	2009	2008	2007	2006	2005	2004	2003	2002	2001	2000
加權平均股本	16.06	15.55	15.20	14.76	14.04	12.32	12.18	11.52	9.73	8.04	4.90	2.86
營業收入	148.65	141.26	132.79	130.73	147.16	125.47	103.66	85.52	82.83	60.45	55.33	41.69
每股營收（元）	91.35	88.99	86.59	86.38	102.71	95.37	84.57	73.91	85.03	75.15	89.43	126.34
稅前盈餘	13.83	11.57	12.06	4.03	15.18	11.39	7.95	6.91	6.91	5.34	4.07	0.46
稅前EPS	8.61	7.44	7.93	2.73	10.81	9.24	6.53	6.00	7.10	6.63	8.30	1.60
稅後純益	11.11	9.18	8.81	2.90	11.04	8.21	5.90	5.81	5.35	4.00	3.08	0.37
稅後EPS	6.92	5.91	5.80	1.96	7.86	6.66	4.85	5.05	5.50	4.97	6.29	1.31

資料來源：XQ全球贏家

做一個策略型投資人

　　做為一個公司股票的外部投資者，我們的目標是在合理的風險下，配合總體經濟趨勢與股票市場的連結關聯性，以正確無誤的公司財務數字評估個別公司股價高低及投資時點，以獲得相對穩定的超額報酬。因此，永續持有一家公司股票，並不是本書鼓吹的主張。我們認為，對個別企業體的了解只是提供總體經濟趨勢中何時有利於股票投資，以及當股價出現波動低點、公司價值低估之際，找出優先考慮投資的標的物。

　　個人投資管理決策就像企業經營者經營公司資產一樣的道理，盲目於產業不景氣時進行擴充，很難趨吉避凶，最終往往陷入險境而不自知。除非你是公司經營者或內部經營階層，否則股票投資應先架構於總體經濟環境，以及股價是否能夠提供相對安全有利的環境下，才能夠將你的資產投入股市，不然都會使資產的長期投資報酬率大為降低，甚至出現負值。

你可能會問：「不是說，逆境中仍有創造高獲利的公司嗎？我只要長期持有該公司的股票就好了？」

沒錯，長期持有一家獲利穩定甚至不斷成長的公司，股票投資報酬率將遠優於聽信所謂「明牌」胡亂投資一通好，但假若你買進的價格剛好是該公司股價相對的高點時，很抱歉，公司獲利的成長與你手上股票投資報酬率不見得會是同步，充其量只能說你的投資風險較低而已。

接下來，你可能會接著問：「不投資高獲利的公司，那我的資產怎麼增值？」

對了！問到重點了。其實我並不是否定選擇高獲利成長的公司，甚至還完全同意高成長、高獲利的公司的股價長期表現將優於劣質公司，但大環境因素導致股價全面性上漲或下跌的情況也是司空見慣。

在這裡，請容我引用政治大學沈中華老師於其所著《投資前的第一堂金融課》中所提到，加拿大亞伯塔大學（University of Alberta）教授藍道爾‧默克（Randall Marck）曾經整理全球42個國家股市的全部股票，研究市場上所有個別股票於某一期間價格漲跌的相關性，結果竟然發現，某些國家股票存在著同漲同跌的高度相關，同漲同跌比例最高的前三名國家，依序為波蘭、中國、台灣，最低的前三名為法國、加拿大、美國，其中台灣股市同漲同跌比例高達76%。由此顯示，長期而言，對於內需市場經濟規模不大，且產業集中於外銷電子股的台灣而言，總體景氣趨勢影響股票指數轉變的判斷，應該擺在個別股票之前。

我個人過去長時間於國內投信公司服務，發現國內開放式股票型基金每單位淨值超過10元的支數，始終不到全部股票型基金的一半；也就是說，如果你在投信公司一開始募集基金時，便以10元進行申購，長期下來，不僅沒有股利可拿、每年得繳基金管理費，可能

還會賠上老本。在這裡，我必須為投信公司的基金經理人說句公道話，基金淨值長期低於票面金額，有很大原因是出在共同基金的信託契約上。台灣一般股票型基金通常於信託契約中訂定最低持有股票市值不得低於基金價值的七成，也就是說，不管股票市場是否為多頭市場或空頭市場，它都幫你買進較大比例的股票。試問，假定大部分股票價格是與經濟景氣趨勢同方向，且呈現同漲同跌、高度相關，除非長期股票價格穩定向上，否則要基金公司長期幫你賺錢，恐怕是緣木求魚，因為投信公司只是幫你做投資工作的一半，選一些他們認為是好的公司，並以高持股比例長期持有股票。先不要分析基金經理人是否有深厚的財務分析能力替你擇股買進，基本上，只要遇到總體經濟景氣波動中的空頭行情，就會讓你的本金賠了進去，也難怪國內股票型基金的發行規模長期無法穩定擴增。

接下來，你可能又要問：「那不買股票或股票基金，該做什麼投資？」

先不要急，請允許我介紹一下投信公司的其他商品，這並不是替他們打廣告，而是這關係著當股票市場向下跌時，是否能避免虧損，甚至決定資產是否能不斷獲利的關鍵因素。

台灣投信公司發行的基金規模到92年底止早已超過2兆元新台幣，但其中債券型基金佔約八成，而所謂債券型基金又以投入短期公司債或金融債券及定期存款為主的所謂「貨幣型基金」為主，因為最近幾年國內外利率大幅下跌，且游資到處流竄，債券型基金以免稅且報酬優於銀行定期存款的條件下，成為短期保守性資金的最佳選擇，很多家投信公司的可銷售額度甚至要排隊才能買到。在此，我先說明，國內所謂「貨幣型債券基金」與國外「貨幣型基金」基本上是有很大的不同。

表4-2　國內投信公司各類型基金彙整表

類型代碼	基金種類型別	基金規模（元）	基金規模市場占有率	基金數量	自然人受益人數	法人受益人數	總受益人數
1	封閉式股票型（投資國內）	9,582,255,399	0.32%	3	36,572	139	36,711
2	開放式股票型（投資國內）	271,310,369,860	9.12%	181	1,088,548	6,593	1,095,141
3	股票型（國外募集投資國內）	9,145,190,488	0.31%	6	1	10	11
4	國際股票型	95,940,439,943	3.22%	57	378,067	2,048	380,115
5	債券股票平衡型	153,460,749,250	5.16%	61	109,092	2,989	112,081
6	債券型（投資國內）	2,317,085,485,553	77.85%	89	127,970	19,831	147,801
7	債券型（投資國外）	50,158,696,843	1.69%	18	10,805	844	11,649
8	組合型	20,491,644,822	0.69%	8	12,019	413	12,432
9	指數股票型	42,482,482,619	1.43%	1	4,359	293	4,652
10	保本型	6,573,270,253	0.22%	3	3,555	149	3,704
	總計	2,976,230,585,030	100.00%	427	1,770,988	33,309	1,804,297

資料來源：中華民國證券投資信託暨投資顧問同業公會；資料時間：民國93年2月

表4-3　國內「貨幣型債券基金」與國外「貨幣型基金」比較表		
比較項目	國內「貨幣型債券基金」	國外「貨幣型基金」
資產投資標的	定期存款、公司債、金融債券、可轉換公司債、公債附買回、短期票券	1年期以內國庫券、可轉讓定存單、短期票券等高流動性資產

　　由表4-3，我們發現國內「貨幣型債券基金」與國外「貨幣型基金」在資產投資標的上，最大的不同是期間長短。國內基金買進的主要標的物幾乎都在1年以上，而且買進後沒有交易量活絡的市場提供投信公司面臨客戶大量贖回時的變現管道；反觀國外投入的標的物不僅時限在1年以下，而且有交易量很大的市場提供資產變現需求。站

在流動性系統風險的考量下，我個人不建議選擇潛藏高風險但低報酬的投資工具。

在股票型基金被市場客戶質疑下，另一種商品曾經一度興起，且成為投信公司繼貨幣型債券基金後另一熱賣的商品，那就是「平衡型基金」。

平衡型基金事實上早幾年前就在國內市場出現，但因管理的基金經理人泰半由股票型基金經理人轉任，理由是主事者認為「股票漲跌才是影響基金投資報酬的因素！」他們完全忘了基金契約規定，不買股票時資產可以買進公債或公司債，也就是在股票市場普遍長期下跌時，是可以不買股票、改買債券，同樣也可以獲取高額報酬（債券的投資概念在第5章將進一步說明），因此，可以這樣說：「在適當時機做好股票或債券策略性管理的資產分配，才是決定平衡型基金長期績效的因素。」

對個人而言，投資理財其實就是將自己的資產，配合總體經濟趨勢，於適當時機由上而下先做策略性的配置決策，再根據配置決策篩選投資標的或工具。如果，你只有一半資產管理人的知覺，長期而言，很容易步上那些專做選股代工的基金經理人們的後塵，在股市持續下跌中，成為市場上的長線輸家。

長線贏家的生存法則

在資本自由主義經濟社會裡，無論個人或企業體彼此間，對資源的競爭無時無刻不在激烈地進行著，雖然，若干先進國家有社會救濟制度以維持弱勢族群的基本生存權力，但在充滿殺戮氣氛的金融投資市場，市場競爭者並不會因為參與者的愚昧、貪婪、恐懼、遲疑不決而心生同情。就像大自然萬物生存法則般，長期而言，只有強勢的物

種或個體得以不同型態繁衍滋長。

幾年前，我在無意間於有線電視《國家地理雜誌頻道》（National Geographic Channel），第一次看到位於美國西北部，地跨懷俄明州（Wyoming）、蒙大拿州（Montana）及愛達荷州（Idaho）等三州，堪稱美國最大也是第一個國家公園──黃石國家公園。園區佔地約近9,000平方公里，面積約為台灣的四分之一大，因幅員廣大，園區內四季分明，生態之多樣化及野生動物種類之多，也是全球野生動物園所罕見。

四季分明的氣候使春夏兩季到處綠意盎然，隨處可見廣漠的大草原上奔跑著大角羊、美州鹿及大型麋鹿，美洲野牛也成群聚集地覓食。看似一片祥和的草原上，其實仍是危機四伏，有大灰熊及飢餓的狼群隨時伺機發動突擊；空中則有盤旋不去的兀鷹隨時準備俯衝襲擊。體質較差的弱勢個體縱有族群掩護，但是，弱肉強食、物競天擇的景象仍隨時隨地上演。

最讓我印象深刻的是，在嚴酷的寒冬中，美州野牛用滿佈長毛的鼻、下巴撥開溫泉區薄雪，尋找雪地裡僅存的嫩草，這是牠們在惡劣環境下的求生本能，然而，部分牛隻卻在覓食時，誤踩入冰湖地帶而沉入湖中，龐大的身軀雖然在春夏兩季躲過惡狼的獵殺，卻躲不過自己輕忽的環境陷阱，其垂死掙扎的影像真是叫人震懾。而當冬季漸去，春季的第一道陽光融化冰雪時，野牛的遺骸終於浮出水面，同時成為熬過酷寒冬天考驗的狼群們最鮮美的春天大餐。

在自由競爭的投資市場裡，多空市場的變化正像黃石公園裡春夏與秋冬的強烈對比，而如何認清及配合環境擬定最佳生存策略，並在最惡劣的環境中，心存希望並耐心等待、不冒然躁進，正是長線贏家的生存法則。

第 5 章

善用股權與債權
兩類獲利工具

華倫・巴菲特（Warren Buffett）：「投資股票的選擇方式與買進整家
企業的模式相類似，我們想要的企業必須是：一、我們了解的行業；
二、具有長期競爭力；三、由能力與品德兼具的經營者管理；
四、吸引人的價格。我們從不想去買進一些預期短期股價會有表現的
股票，事實上，如果企業的表現正如我們先前預期，我們反倒希望公
司股價不要太高，這樣，我們才有機會以更理想的股價買進更多該公
司的股票。」

在這本書中，我們會將投資種類簡單分為股權投資與債權投資兩大類，至於原物料，如原油、棉花、穀物等大宗物資，以及貴重金屬，如黃金、白銀、銅、鐵等，則不在本書深入探討的範圍。我們在文中會配合景氣循環來分析需求，涉及上述商品的分析均屬邏輯推演，但是無法告訴你針對該類商品的正確投資策略。

在第2章裡，已經以台積電的資產負債表為例，建議先建立個人的資產負債表；在第3章裡，提醒你「讓每個月例行收入大於支出是累積理財資源、邁出理財第一步非常重要的一點」；在第4章中，則開始導入經濟體系中兩大個體——個人與企業，以及兩大市場——商品消費市場與勞動市場，更在文中陳述，透過物競天擇的生存法則下，個人可以透過財務盈餘的累積，以滿足最大的消費需求，企業體則以追求利潤最大化為手段，以達致企業的永續生存，並以創造股東價值為最高目標。

從簡單回顧中，你會發現，前面幾章我們一直提及財務盈餘的累積或利潤最大化的問題，並且不斷強調財務盈餘的重要性，但卻沒有提到衡量財務盈餘的方法。本章中，我們便是開始導入會計報表中另一個重要分析報表——損益表。透過個人損益表，可以很容易知道自己某一特定期間的收支情況，其結果便是決定個人資產負債表中，淨資產是否能夠不斷累積；對企業而言，也可以分析出其營業收入及各項成本的內涵，並且透過分析、比較不同期間的損益表，讓我們探知企業體所處行業的景氣變化。損益表中的各個項目進一步與資產負債表結合分析，則讓我們得知企業內部財務結構、經營效率、獲利能力等等的變化。透過這些分析，提供了外部投資者決定該以何種價格買進哪些企業體的股票或債券。

此外，在本章裡，我們也會以少許篇幅說明債券投資的基本概念，目的不在嫻熟債券市場的交易戰術，而是補足過去偏重股權投資

工具的不完整性。體會如何成為成功的策略性投資人，才是本書探討的重點及目的。

　　等介紹完股權投資與債權投資的獲利本質，進入第6章以後，則將進入總體景氣循環與資產配置的實務分析階段，這也是本書最重要的章節所在。透過資產配置等策略層次的探討，將可奠定你在詭譎多變的環境中，穩定不移的投資心理信仰，成為投資理財真正的長線贏家。

損益表暨三大獲利指標

　　損益表是企業體在「某會計期間」內經營成果的財務報表，說明企業體各項收入及費用或成本支出之去處，並以應計基礎，彙報整理損益發生原因及其對股東權益增減變化之影響過程。損益表是動態的

表5-1　台積電損益簡表

台積電（2330）損益年報簡表——一般產業　　單位：百萬元　最後更新日期：2012/0/29

期別	2012年	2011年	2010年	2009年	2008年	2007年	2006年	2005年
營業收入淨額	200,749	410,245	400,000	205,740	321,767	313,648	313,882	264,688
營業成本	121,938	233,083	208,921	159,107	183,590	176,233	164,163	149,344
營業毛利	108,671	185,561	196,989	126,476	138,178	137,159	149,718	115,244
營業費用	27,909	46,655	42,143	31,954	31,887	24,907	23,419	22,230
營業利益	80,762	138,906	154,847	94,522	106,290	112,252	126,300	93,014
營業外收入合計	6,748	7,287	15,908	4,122	6,726	11,106	11,597	7,381
營業外支入合計	3,691	1,485	1,464	3,663	2,257	2,606	3,090	6,576
稅前淨利	83,818	144,708	169,290	94,981	110,759	120,751	134,806	93,819
所得稅費用	8,532	10,507	7,685	5,763	10,826	11,574	7,551	244
本期稅後淨利	75,287	134,201	161,605	86,218	99,933	109,177	127,010	93,575
每股盈餘（元）	2.9	5.18	6.24	3.45	3.84	4.06	4.93	3.63

註：2012年財務資料至第二季為止

資料來源：台灣證券交易所

流量財務報表，這是它與資產負債表——呈現「特定時點」的報表——最大的不同之處。

營業毛利＝營業收入淨額－營業成本
營業利益＝營業毛利－營業費用
稅前淨利＝營業利益＋營業外收入－營業外支出
基本每股盈餘（元）＝稅後淨利／加權平均發行流通在外股數

營業收入淨額，乃企業體在會計期間內，因營業行為所產生執行業務所得，它的標的客體可以是實體商品買賣（例如製造及買賣業），也可以是無形的勞務提供（如各種服務業）。

在執行業務完成的特定時點，公司會計帳便應記錄營業收入的產生，無論該營業行為是否產生現金的實際交割或移動。這也就是財務會計準則適用中，極為重要的「應計基礎」假設，也稱為權責發生基礎。在鄭丁旺博士所著的《中級會計學》中簡要地定義何謂權責發生基礎，他說：「所謂權責發生基礎（又稱應計基礎），係指交易及其他事項的影響（即所產生的資產、負債及收益和費損）應於發生時（而非於現金收付時）認列。」此即認定會計帳於交易發生時，便應詳實記載，而非於現金收付時才記錄。此精神原先旨在客觀表達營運實況，但往往也成為在財務報表編列過程中，遭有心人士的操弄，成為財務報表透明度不足，或虛偽造假的合法掩護衣。

營業毛利乃指公司的營業收入淨額，扣掉可直接歸屬於生產商品，或提供勞務所需的直接原物料或人工成本，所得淨額稱為營業毛利，代表公司生產該產品的毛利高低。

從營業毛利中，再扣掉企業從事營業活動所產生的營業費用，含產品的推銷費用、公司內部管理費用、機器廠房等固定資產的折舊費用、新商品的研究發展費用等等，得出因本業營業所獲得的淨額，便

是營業利益，代表公司因本業經營的實際獲利。

營業利益再加入非因本業營運所產生的利得（如利息收入、投資收益、股利收入、處分各項資產利得、資產減損回沖等等），並扣掉非因本業產生的損失或費用（如利息費用、投資損失、處分投資損失、處分固定資產損失、存貨跌價及呆滯損失等等），所得出的淨額，便是稅前淨利。稅前淨利扣除營利事業所得稅後，就成為稅後淨利。

稅後淨利除以公司發行流通在外的普通股股數，就是一般所稱的每股稅後純益，在學理上又稱「基本每股盈餘」。若考量公司發行流通在外的潛在股權膨脹因素，則可算出「稀釋每股盈餘」，當衍生性股權工具發行額度越高，公司「基本每股盈餘」在股票價值評價上的說服力，便越顯薄弱。因此，關心公司每股稅後盈餘的同時，也應同時留意公司發行流通在外的可轉換公司債、可轉換特別股、員工認股權、附認股權特別股等等衍生性股權的多寡。因為，這些東西往往將原來股東的權益稀釋於無形，甚至因不肖內部人士結合利害關係人居中操弄，使外部投資人誤買公司股票，使投資血本無歸。

毛利率

如前所述，營業毛利乃指公司的營業收入淨額，扣掉可直接歸屬於生產商品，或提供勞務所需的直接原物料或人工成本，所得淨額稱為營業毛利，代表公司生產該產品的毛利高低。毛利率則是以公司營業毛利除以營業收入淨額所得出的獲利率高低指標。

毛利率＝營業毛利／營業收入淨額

毛利率代表公司與產品產銷直接產生活動關係的營業行為之獲利性優劣，它說明公司在產業中的直接競爭力。當公司產品的銷售量固

定不變，公司欲提高毛利率有兩個途徑，第一，提高公司產品售價；第二，降低公司產品的直接產銷成本。倘若欲提高整體營業毛利總額，尚可藉提高銷售總量來達成。

營業毛利是廠商對該項產品獲利性的重要衡量指標，要使廠商營業毛利率提高，一方面可透過營業收入提高來達成，營業收入的提高除了仰賴該產業景氣趨勢榮枯外，廠商該產品於市場上的競爭力也是重要因素。此外，也可因原物料價格下跌而提高產品本身的毛利率，然而，原物料價格的波動往往不是個別廠商所能控制，反而與整體產業景氣循環有高度的相關。

一般而言，原物料價格長期不斷上漲往往是下游產品需求轉強的結果，原物料價格上漲初期，廠商甚至可因下游產品需求強勁而提高產品單價，使營業收入提高比例高於營業成本，使廠商營業毛利率同步上揚，出現此種情況往往代表產業景氣轉入高峰期。然而，若原物料成本價格長期居高不下，而下游需求因消費物價全面上揚，使產品需求轉弱或下游廠商投資怯步，廠商營業收入及毛利率均將同步下降，此時，產業景氣進入由高峰反轉現象，廠商股價將迅速、甚至提早下跌。

由此可見，毛利率的高低至少有兩種意義。首先，它代表公司產品於市場中的定價能力或競爭力。其次，它也隱含公司在生產過程中，對原物料的議價能力，及產品的生產效率優劣。當公司產品的毛利率出現提升的趨勢時，可能是產品的市場需求轉強、公司新產品開發有成並成功導入市場、生產成本降低及效率提升等等因素。毛利率出現上揚趨勢的公司，也隱含其盈餘極可能隨之提高，對股價將有正面助益。與營業收入的分析要領一樣，毛利率的趨勢分析，其重要性大於絕對數高低的分析。

營業利益率

從營業毛利中，扣掉企業從事營業活動所產生的營業費用，包含產品的推銷費用、公司內部管理費用、機器廠房等固定資產的折舊費用、新商品的研究發展費用等等，得出因本業營業所獲得的淨額，便是營業利益，代表公司從生產到管理銷售各階段中，因本業經營的實際獲利。

營業利益率＝營業淨利／營業收入淨額

毛利率只考慮與產品直接相關的生產因素，營業利益率則將與本業相關的內部管理及銷售費用，都包括進來，營業利益率的高低，才是真正代表公司因經營本業所能創造出的獲利性高低。在同業間，毛利率高的公司不見得就一定有較高的營業利益率，因為，當公司內部管理失策、資源浪費、人員薪資浮濫等等因素，都有可能使公司營業利益率低於同業水準。除非是產業特性（如零售通路），否則，持續下滑且過低的營業利益率，如果不是產業已處於高度競爭的成熟型產業，就可能代表公司的整體競爭力已明顯降低，對股價將造成嚴重的殺傷力。

當總體經濟景氣處於低迷的情況下，就業市場的失業人口眾多，勞工每月薪資所得出現不升反降的壓力，廠商不僅沒有調漲員工薪資的壓力，反而會變相要求員工加班，此外，對於新進員工的篩選則更加嚴格。整體而言，就業中的勞工平均生產能力自然提高，這一點與第4章所提，資本主義社會中物競天擇的生存法則不謀而合。

然而，當總體經濟景氣開始好轉時，想徵聘員工的企業增多，勞工可選擇的就業機會增加，企業主此時會因對未來景氣看法樂觀，為爭取優質員工，只好被迫提高薪資標準以吸引勞動者，久而久之，營

業費用自然提高。當產業景氣跨過高峰期，公司營業收入無法持續成長時，緊跟著就是營業利潤的下降，這時，好大喜功、未經詳細計劃且過度樂觀的企業投資決策，往往導致公司股票價格大幅下跌，甚至演變成公司的財務危機，讓無論是該公司股票或債券的投資者均血本無歸。

一家公司若營業毛利率很高，但扣掉營業費用後的營業利益率若明顯低於同業，則表示其內部管理效率並不好，當產業景氣處於上揚時期，還不會對公司構成太大威脅，然若產業景氣從高峰反轉而下，公司經營的困境將比同業提早到來，就像熬不過寒冬的巨大野生動物一樣，終將淪為來春自冬眠中甦醒的動物們口中最鮮美的食物。

純益率

營業利益加入非因本業營運所產生的利得（如利息收入、投資收益、股利收入、處分各項資產利得、資產減損回沖等等），並扣掉非因本業產生的損失或費用（如利息費用、投資損失、處分投資損失、處分固定資產損失、存貨跌價及呆滯損失等等），所得出的淨額，便是稅前淨利。稅前淨利扣除營利事業所得稅後，就成為稅後淨利。稅後淨利除以營業收入淨額，便成為純益率，也稱為邊際利潤率。純益率越高，代表公司的稅後盈餘越高，盈餘的來源則可能是本業獲利，也可能是營業外收入所貢獻而來。

純益率＝稅後淨利／營業收入淨額

純益率已把不屬於公司本業營運所產生的利得或費用及損失，全部包括進來，代表公司營運過程所有可能產生收入或支出的項目（請記得是以「應計基礎」計算，不是現金收支基礎）都可能造成公司純益的變化，甚至可能因金額龐大，成為決定公司會計年度盈虧的主要

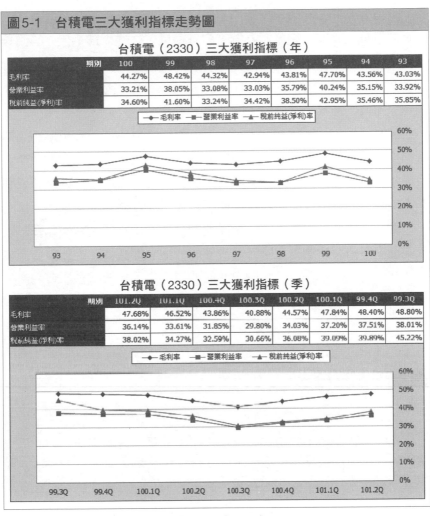

圖5-1　台積電三大獲利指標走勢圖

台積電（2330）三大獲利指標（年）

期別	100	99	98	97	96	95	94	93
毛利率	44.27%	48.42%	44.32%	42.94%	43.81%	47.70%	43.56%	43.03%
營業利益率	33.21%	38.05%	33.08%	33.03%	35.79%	40.24%	35.15%	33.92%
稅前純益(淨利)率	34.60%	41.60%	33.24%	34.42%	38.50%	42.95%	35.46%	35.85%

台積電（2330）三大獲利指標（季）

期別	101.2Q	101.1Q	100.4Q	100.3Q	100.2Q	100.1Q	99.4Q	99.3Q
毛利率	47.68%	46.52%	43.86%	40.88%	44.57%	47.84%	48.40%	48.80%
營業利益率	36.14%	33.61%	31.85%	29.80%	34.03%	37.20%	37.51%	38.01%
稅前純益(淨利)率	38.02%	34.27%	32.59%	30.66%	36.08%	39.09%	39.89%	45.22%

資料來源：台灣證券交易所；資料整理：鉅豐財經資訊

因素，這其中又以「營業外收支」在股票投資的財務分析上扮演的角色最為吃重。但如前述，營業外收支並非其本業的營利所得，在公司永續經營、股東長期投資考量下，高營業外收入或支出，是否可成為

股票價值評價的內含因素，恐怕不無疑問。

在景氣高峰時，企業體為擴充經營規模，往往大肆舉債，等到景氣轉差時，利息支出佔營業收入比例便大幅提高，此時，若公司經營效率欠佳，往往便會成為地雷公司。民國87年前後，台灣出現很多問題公司債，都是不當舉債下的結果。

由此可知，公司的長期獲利能力若不能高於舉債的資金成本，則公司經營成果將化為烏有。企業體若能在景氣低迷時，籌措低利率資金成本的營運資金將有利於整體獲利的提升；反之，在景氣高峰或利率高點時大肆舉債者，將埋下長期經營失利的苦果。

做為一個外部投資人，當感興趣的公司發生經營者在景氣高點以較高利率舉債時，應對這家公司股價的評價立即調低，因為該公司未來要支付的利息都來自身為股東的你的辛苦錢；對於這種不會判斷長期資金成本相對高低的經營者，就該儘量避開這類公司的股票或債券。

投資並非投機

對很多人來說，股票投資報酬就是以高於買進時的價格賣出原來所持有的股票所產生的價差，這是一個再簡單不過的道理，因此只要主觀預期股票價格還會繼續往上漲，縱使對所投資股票公司的營業狀況並不清楚，也會勇於追價買進。對投資者而言，投資股票的報酬與公司營業是否賺錢沒太大關係，當然，與總體經濟就更扯不上關係了。至於債券投資，就是買進可以每年固定領到利息的債券，沒什麼風險，但也賺不了幾個大錢，因此通常不會引起一般投資者太大的興趣。

上面這種情形，其實是大部分市場投資者的縮影。但是，股票或債券投資的報酬真的如此簡單嗎？

　　首先要探討的是：「股票價格今天為什麼會漲？」

　　「廢話，當然是因為昨晚美國股市也漲了！」你好像很專業地回答我。

　　那可否告訴我，為什麼美國漲，台灣也要跟著漲？

　　「市場分析師都這麼說，應該有他的道理！」竟然把責任推給分析師。

　　那可否也請你告訴我，為什麼美國最近大跌時，台灣沒跟著跌？

　　「不知道耶，分析師沒告訴我原因，他叫我不要賣！」又把責任推給分析師。

　　那可否透露一下，你為什麼買進這檔股票？

　　「分析師說政治抗爭已漸平息，且這檔股票技術線型是做頭不成反為底的型態，股價應該會再創新高，況且它的成交量很大，動能充沛，有量就有價，又是主流，一定還會漲！」講這話時好像完全忘了93年3月23日那天，恨不得殺光所有手上股票的事。而事實上，你所買入股票的這家公司最近1週並沒有發布任何訊息！

　　我不忍心問你，這段時間，你的投資報酬是多少？不過，倒是可以肯定告訴你，過去幾年累積下來，如果你的投資報酬是呈正值，那你真是夠幸運的了。

　　學理上，你追求的投資報酬來源叫資本利得，也是你投資股票的獲利本質，至於其他的都是次要。我不能肯定說你完全錯誤，因為「賭博」向來是以結果論輸贏，縱使長期勝率極低，但只要有人將少數贏家如何贏進大把鈔票的事件渲染報導，就像拉斯維加斯賭城裡的賭盤一樣，永遠不怕沒有賭徒捧著鈔票擠著上桌。

股票投資的前提與本質

　　我記得大約十幾年前有一位財政部長，因為股票市場大跌而說了一句頗為耐人尋味的話，他說：「投資人最好手中有股票，心中無股價！」當時，市場上一般投資人縱使知道他是出於好意，但對他的說法其實並不領情，因為大家就是因為關心股價才會買進股票，否則買它何用？

　　我倒覺得，無論財政部長或一般投資人講的都有道理，但都只說到股票投資本質的一半。

　　股價當然十分重要，尤其是用多少價格買進一家公司的股票，也就是你願意用多少代價買進該公司股票才算是合理的？因此，財政部長只說你已經成為不折不扣的股東，但卻沒告訴你，你所買進的價格合不合理？至於，一般看圖說故事的分析師，他們只關心有沒有人會用更高價格把股價拉高而已，萬一不是那樣，事後再補充說明要有停損出場機制，至於你會不會成為長期股東，甚至會不會血本無歸，都不是他們考慮的重點。

　　好幾年前，風靡全球的電影《鐵達尼號》以1912年真實發生在北大西洋的超大型豪華郵輪沉船事件為背景，虛擬一段市井青年與貴族千金之間淒美的愛情悲劇故事。簡單且老掉牙的劇情，不僅吸引全球影迷紛紛買票進電影院滿足對鐵達尼號沉船事件的好奇，也因而創下驚人的票房記錄，該片更連得數項影展大獎。對一個金融投資者而言，我們不應只沉醉於脫離現實進入幻境的淒美愛情故事中，對於不幸在1912年4月15日凌晨葬身北大西洋的1,514名乘客及船上工作人員之所以罹難，更有必要做一番深入了解。而當你窺探隱藏於電影劇情背後歷史事件的真正面貌時，將發現它與你我過去在投資理財決策上所犯的錯誤是那麼地神似。因此，透過歷史事件再度的重現與省

思，多少可以帶來啟示，尋找出人性真正的弱點，並且避免下回再犯同樣的錯誤。

鐵達尼號是英國白星航運公司（White Star Line）於1911年建造完成下水的超級豪華郵輪，船長882.5英尺，高175英尺，總重達46,328噸，動力高達46,000匹馬力，最高航速24節。英倫帝國憑著工業革命帶動了工業的高度發展，鐵達尼號除了代表英國工業革命下優秀的產品結晶，也是英國對外宣示「日不落國」的象徵性產物。它被視為當時世界上最大的郵輪，船上裝潢極盡奢華，真可稱是集當代科技及精湛藝術結晶的「海上浮宮」。

鐵達尼號於1912年4月10日進行首航，這也是它唯一一次的航程，當時共搭載連船員在內的2,227人，原預定橫渡北大西洋，直達位於美國東北的紐約。該郵輪於航行4天後，也就是4月14日清晨，便不斷接到其他船隻對其航道上有冰山所發出的警告，但直到黃昏時刻，船長才下令對航向做出些許修正。然而，鄰船仍不斷對其持續發出警告，次數之多，甚至引起鐵達尼號通訊人員的不悅，並以粗魯的訊息回敬。對周遭即將面臨的災難毫無所悉，甚至對善意的提醒與忠告視若無睹，趾高氣揚、高傲輕忽的作風，注定了悲劇的發生。

鐵達尼號瞭望台人員於4月14日晚上11時40分終於發現於郵輪前約500碼處浮出水面的冰山，他們立刻全力扭轉航向，但為時已晚，冰山劃過右側船身，引發水閘快速進水，也成為對鐵達尼號的致命一擊。此後，就像電影劇情一樣，除肩負安撫旅客情緒的樂隊在往救生艇入口處持續演奏外，其餘是旅客驚慌失措、四處流竄逃生的慘況。

根據記載，鐵達尼號船上準備有20艘救生艇，可供1,178位旅客於緊急避難時逃生之用，但該船卻在首航時即搭載2,227位旅客，於是在救生設備不夠的情況下，鐵達尼號自逞其傲視群倫的搭載容量，

完全藐視災難的可能，自然也就注定了將其中1,514位無辜乘客的寶貴生命沉入北大西洋的命運。

另外根據記載，20艘救生艇原可供1,178位旅客逃生使用，但卻因旅客驚惶逃生、爭先恐後，加上調派人員不諳內部設備，前幾艘下水救生艇均是不足額搭載，直到救生艇快用罄時，才提高至最高搭載量，但為時已晚，下水救生艇早已遠離船身，無法增載旅客。於是，慌張錯誤的決策，讓鐵達尼號船難事件憑添了近500條冤魂。

在競爭劇烈且充滿險阻的環境中，無論是金融投資者與企業經營者，一開始若無法先學會謙卑與寧靜、沉穩，卻以自恃、輕忽來面對，終有一天將跟鐵達尼號一樣付出慘痛的代價。

在人生的道路上，經常聽到人說：「留得青山在，不怕沒柴燒」，也常聽保險業務員鼓動三寸不爛之舌告訴你，保險對於減低意外事故所引起之風險的重要性。

但在投資理財的領域裡，你可曾想過自己在追求高報酬、享受資產增值的喜悅前，萬一事與願違時，自己的保障在哪裡？萬一股價不繼續漲，你將被迫成為長期持有股票的股東時，是否仍能透過股票投資達到財務目標？

就像鐵達尼號船難發生的三大原因：第一，通訊人員趾高氣揚，忽視鄰船的忠告，對首航者是一大錯誤；第二，一開始逃生保命工具就不足以供應逃生所需；第三，對逃生設備的使用生疏，甚至一開始便假設性地認為用不著。

因此，在決定買進一家公司的股票前，先試問自己對周遭總體環境的風險了解多少？再來，對欲買進股票的公司其過去、現在，甚至未來，又了解多少？

等這兩項資訊完整收集了解的前提完成後，仍要再確認一件事：從買進股票那一刻起，你便已經成為該公司股東，公司的實際營業狀

況都與你的投資報酬息息相關，股價短期波動只是市場其他因素使然，絕大部分與所投資的公司無關。所以，除了真正影響該公司經營內涵的因素外，更應學會以平靜、沉穩的態度，面對市場上時有的雜訊。

用投資報酬率決定投資成本

一講到股東的報酬，你會想到自己所投資的股票一年配多少股利給你，然後再算看看買進持有期間股價究竟是漲還是跌？

「不說也罷！股票在高價買進後就不幸被套牢，一年每股才領2元現金股利，又配了100股零股。要股利幹什麼？到現在還套牢賠錢，不要也罷！」股利高達3元（現金股利2元、股票股利1元），顯然地，你選擇的是好公司。

那請告訴我，你每股用了多少錢買進？

「99元！分析師說一旦破了100元後，這時股價創新高後就已無壓力！他還說上看150元哩！」原來又是分析師的明牌，結果呢？

「到了110元後，只有一個禮拜時間可以賣，就回頭跌破100元，到現在，只剩40元，不到買進成本的一半，3塊股利做什麼，這公司真爛！」講到被套牢的股票，火氣就上來，這也難怪，因為直覺一算，帳上報酬顯然已經是–53.53%。

「說來說去，都怪我太貪心，過了100元還不賣。爛公司，真想賣了它！」還好你沒賣，否則你不就賣到幾乎最低點了？

老實說，我並不認為它是爛公司，假設不用最低價買進，就用40元來算，讓我們一起來看看與你的投資報酬有何差異？

【情況一】

你的投資（買進價每股99元，目前市價每股40元）

本金：99,000元
現金股利：2,000元
目前持股市值：44,000元（共持有1,100股）
目前資產總市值：46,000元
投資報酬率（％）：–53.53%

【情況二】

40元買進，跌到30元也不賣（買進價每股40元，目前市價每股40元）

本金：40,000元
現金股利：2,000元
目前持股市值：44,000元（共持有1,100股）
目前資產總市值：46,000元
投資報酬率（％）：15.00%

　　很清楚地，用每股40元買進的人，雖然沒買到最低價20幾元的價格，但他的投資報酬率高達15%！你一定很好奇，如果在你認為它是爛公司，真想賣掉它時的每股30元的價格買進，結果又會是如何？很簡單，我算給你看看。

【情況三】

30元買進，跌到30元以下也不賣（買進價每股30元，目前每股市價40元）

本金：30,000元

現金股利：2,000元

目前持股市值：44,000元（共持有1,100股）

目前資產總市值：46,000元

投資報酬率（%）：53.33%

看到了吧！你認為的爛公司，恨不得趕快賣掉它的股票，卻可以給你超過50%的正投資報酬率，與你原先的結果相反。

很顯然地，買進股價的高低會產生截然不同的投資結果。在我問你當時為何認為99元值得買進前，你一定會說，有幾個人會在30元，甚至30元以下買進？

「不是白癡就是呆子！」這是你的看法。

老實講，長線贏家的智商不見得要很高，就像每天在市場叫喝的小販一樣，他們認為投入多少本金，可以拿到多少利得，本金加利得就是貨品的市價。反向推算，目前市價減掉合理利得，就是可以承受的最高進貨成本。他們的進貨成本不就與買進股票的成本是一樣道理嗎？問題是，你的合理利得在哪裡？它與股價又有何因果關係？我相信，很多股票投資人從沒有想過這個問題，他們總認為利得當然越高越好，最好買進就一直漲，漲不停，這就是人性中的「貪婪」做祟；當低價殺出股票後，就恨不得它每天大跌，而這就是人性中的「憎恨」。對市場過度貪婪，以及因貪婪不成所產生的憎恨心態，往往成為股票投資失利的致命傷。

剖析股東投資報酬率的玄機

前面一節所談的就是一般所講的股票投資報酬，我個人稱它為市場報酬，是在短期內會隨股票市場所有資訊上下波動的，有時甚至波動非常激烈；上漲時，會引來更多市場追隨者，下跌時，殺聲震天，讓人手腳發軟！萬一，天不從人願，被迫當了股東，你的報酬在哪裡？只有先想通這個問題，你才有可能免除自己因貪婪而長期成為市場追隨者及輸家的宿命，甚至，在扭轉不當的「憎恨」心理後，經由理性分析、果決判斷而勇於買進物超所值的東西。物超所值的東西在一般消費市場很少看到，但在股票市場，只要你耐心等待，往往俯拾即是！

在本章第一節中，我們說明了損益表裡頭的各項成本，但並沒有提到損益表下半部的稅前及稅後淨利，在這裡，我們將開始導入公司獲利與股東報酬的觀念，最後再由股東報酬率來說明與合理股價間的邏輯關係。

在進入主題之前，容我假設你與親朋好友合開一家公司，股東人數不超過10人，當然你的公司並沒有上市，所以公司股價並沒有市價可供參考。這時，你關心的投資報酬是什麼？當然是每年損益表下方告訴你的數字。

再假設，如果你是大股東，若沒考慮到稅務問題，你會在意每年公司發放多少股利嗎？恐怕不會，因為從你的公司帳上轉到自己的帳上，淨資產實質上並沒有增減。再假設若有小股東要賣股票給你，你願意用多少價格向他買回？想想看，這是一個很重要的問題。

就拿台積電當做是你自己的公司吧！並且暫時忘掉它是一家上市公司，沒有市價可供參考或進行買賣交易，這時你願意花多少錢向小股東買回對方手中的股票？

表5-2　台積電（2330）近8年損益表

台積電（2330）損益表（年表）

單位：百萬

年	2011	2010	2009	2008	2007	2006	2005	2004
營業收入淨額	418,245	406,963	285,743	321,767	313,648	313,882	264,588	255,992
營業成本	233,083	209,921	159,107	183,590	176,223	164,163	149,344	145,832
營業毛利	185,162	197,042	126,636	138,178	137,424	149,718	115,244	110,161
聯屬公司間未實現銷貨	398	−53	−160	0	−265	0	0	0
營業費用	46,655	42,143	31,954	31,887	24,907	23,419	22,230	23,338
營業利益	138,909	154,847	94,522	106,290	112,252	126,300	93,014	86,823
利息收入	697	764	1,117	2,729	2,635	3,383	2,770	1,762
利息收入／股利收入	3,778	7,111	0	73	5,468	5,527	0	4,040
處分投資利得	0	0	53	452	271	0	0	90
投資跌價損失回轉	801	313	587	0	0	34	0	0
處分資產利得	0	0	0	299	305	596	494	164
存貨跌價損失回轉	0	0	0	0	0	0	0	0
兌換盈益	0	0	0	1,113	71	0	0	0
其他收入	2,011	7,720	2,364	2,060	2,356	2,057	1,808	803
營業外收入合計	7,287	15,908	4,122	6,726	11,106	11,597	5,072	6,860
利息支出	446	215	142	355	585	661	2,430	1,353
投資損失	0	0	2,696	0	0	0	1,052	0
處分投資損失	0	0	0	0	0	1,626	149	0
投資跌價損失	0	0	0	1,478	927	37	337	75
處分資產損失	203	839	0	0	0	241	60	108
兌換損失	673	59	630	0	0	413	34	323
資產評價損失	0	0	0	0	0	0	0	0
其他損失	163	352	195	424	1,097	115	204	45
營業外支出合計	1,485	1,464	3,663	2,257	2,606	3,090	4,266	1,904
稅前淨利	144,708	169,290	94,981	110,759	120,751	134,806	93,819	91,779
所得稅費用	10,507	7,685	5,763	10,826	11,574	7,551	244	−538
經常利益	134,201	161,605	89,218	99,933	109,177	127,256	93,575	92,316
停業部門損益	0	0	0	0	0	0	0	0
非常項目	0	0	0	0	0	0	0	0
累計影響數	0	0	0	0	0	−246	0	0
本期稅後淨利	134,201	161,605	89,218	99,933	109,177	127,010	93,575	92,316
每股盈餘（元）	5.18	6.24	3.45	3.86	4.14	4.93	3.79	3.97
加權平均股本	259,141	259,058	258,358	259,096	263,466	257,886	246,799	232,487

資料來源：XQ全球贏家

讓我先把近幾年台積電的損益表、資產負債表一起找出來。

表5-3 台積電（2330）近8年資產負債表

台積電（2330）資產負債表（年表）　　　　　　　　　　　　　　　單位：百萬

期別	2011	2010	2000	2008	2007	2006	2005	2004
現金及約當現金	85,263	109,511	117,044	138,208	72,422	100,140	85,384	65,532
短期投資	3,333	8,715	10,127	5,924	33,836	34,522	47,055	52,979
應收帳款及票據	39,299	40,155	33,412	16,864	40,067	29,706	36,696	27,205
其他應收款	188	1,302	246	490	727	684	3,998	3,362
短期借支	0	0	0	0	0	0	0	0
存貨	22,853	25,646	18,830	12,808	20,987	19,152	16,258	14,172
在建工程	N/A	N/A	N/A	N/A	N/A	N/A	N/A	N/A
預付費用及預付款	0	0	0	0	187	635	865	740
其他流動資產	7,627	6,904	6,174	5,555	6,073	8,837	7,606	9,677
流動資產	158,563	192,234	185,832	179,849	174,299	193,676	197,562	173,667
長期投資	129,401	117,914	118,428	124,185	123,891	137,378	80,660	73,293
土地成本	0	0	0	0	0	0	0	0
房屋及建築成本	149,495	128,647	124,522	114,015	101,908	96,962	90,770	84,299
機器及儀器設備成本	984,979	852,734	713,426	635,008	589,132	527,851	459,851	390,719
其他設備成本	13,824	11,731	10,781	9,749	9,167	8,659	7,850	7,041
固定資產重估增值	0	0	0	0	0	0	0	0
固定資產累計折舊	−804,741	−706,605	−627,764	−557,247	−486,725	−417,467	−359,192	−300,006
固定資產損失準備	0	0	0	0	0	0	0	0
未完工程及預付款	110,816	80,349	33,787	17,758	21,083	12,231	14,867	45,923
固定資產	454,374	366,854	254,752	219,283	234,565	228,235	214,146	227,976
遞延資產	7,222	7,154	13,655	12,899	14,414	11,354	13,441	10,490
無形資產	1,568	1,568	1,568	1,568	1,568	1,568	1,568	1,916
什項資產	10,281	15,515	3,193	2,775	3,036	1,373	163	210
其他資產	19,070	24,237	18,416	17,243	19,018	14,295	15,172	12,617
資產總額	761,408	701,240	577,427	540,559	551,773	573,585	507,540	487,553
短期借款	25,927	30,909	0	0	0	0	0	0
應付商業本票	0	0	0	0	0	0	0	0
應付帳款及票據	12,515	13,134	11,718	5,517	12,485	9,471	11,294	9,687
應付費用	16,732	18,655	21,298	21,675	2,059	4,088	5,375	5,365
預收款項	939	1,059	1,268	0	0	625	0	0
其他應付款	33,812	41,992	28,757	7,575	5,390	10,670	8,859	31,154
應付所得稅	10,648	7,109	8,761	9,223	10,978	7,850	3,816	0
一年內到期長期負債	4,500	719	769	9,026	3,673	7,618	869	12,005

表5-3　台積電（2330）近8年資產負債表（續）

台積電（2330）資產負債表（年表）　　　　　　　　　　　　　單位：百萬

期別	2011	2010	2009	2008	2007	2006	2005	2004
其他流動負債	4,442	4,446	0	84	9,216	2,584	1,971	2,427
流動負債	109,514	118,022	72,571	53,099	43,801	42,905	32,184	60,639
長期負債	18,00	45,00	4,916	5,431	14,001	14,175	22,112	23,753
遞延貸項	0	0	48	462	981	1,183	1,259	683
退休金準備	3,861	3,825	3,807	3,710	3,658	3,530	3,461	3,101
遞延所得稅	0	0	0	0	0	0	0	0
土地增值稅準備	0	0	0	0	0	0	0	0
各項損失準備	0	0	0	0	0	0	0	0
什項負債	439	748	1,001	1,479	2,241	3,810	2,893	412
其他負債及準備	4,300	4,572	4,856	5,651	6,879	8,523	7,613	4,196
負債總額	113,814	127,095	82,344	64,182	64,681	65,604	61,909	88,588
股東權益總額	629,594	574,145	495,083	476,377	487,091	507,981	445,630	398,965
普通股股本	259,162	259,101	259,027	256,254	264,271	258,297	247,300	232,520
特別股股本	0	0	0	0	0	0	0	0
資本公積	55,846	55,698	55,486	49,875	53,733	54,107	57,118	56,537
法定盈餘公積	102,400	86,239	77,318	67,324	56,047	43,706	34,348	25,528
特別盈餘公積	6,434	1,313	0	392	30	641	2,226	0
未分配盈餘	213,357	178,227	104,565	102,337	161,282	152,778	106,196	88,202
長期投資評價損失	−1,173	109	454	−287	681	562	0	0
負債及股東權益總額	761,408	701,240	577,427	540,559	551,773	573,585	507,540	487,553

資料來源：XQ全球贏家

股東投資報酬

　　由表5-2，看到台積電近8年稅前淨利與稅後淨利的變化，因為台灣採兩稅合一稅制，所以在公司繳付所得稅後，若再配發股利給股東，則股東於領取股利發放憑單時會發現，憑單中會註明股利可在申報所得稅時列入可扣抵稅額，因此，實質上若不考慮未分配盈餘稅問題，對一家未上市公司的長期股東而言，稅前淨利與稅後淨利最終都要併入個人綜合所得中。因每個人邊際稅率不同，因此在分析上，這裡採用稅前淨利，並暫時假設台積電是一家未上市櫃公司。

圖5-2　台積電（2330）近9年稅前淨利變動圖

單位：百萬元

- 2004年　91,779
- 2005年　93,819
- 2006年　134,806
- 2007年　120,751
- 2008年　110,759
- 2009年　94,981
- 2010年　169,290
- 2011年　144,708
- 2012年（估）　167,636

■ 稅前淨利（百萬元）

註：「2012年（估）」為2012年上半年累計數據×2之預估值；資料整理：鉅豐財經資訊

　　由圖5-2可知，台積電歷年獲利均相當良好，但波動起伏有時仍受全球經濟景氣循環影響。該公司稅前淨利在2007年至2009年之3年，呈現連續性的下滑，股價亦難免受此影響而產生波動。

　　從還原歷年權息後的股價月K線圖（圖5-3）可知，該公司在2008年11月，股價曾出現經濟景氣循環谷底期之波段低點30.14元。假設台積電的股權絕大部分都是你所擁有，在經濟景氣波動過程中，小股東想把他的股份轉賣給你，請問你願意用多少價格買進？又想在什麼時機買進小股東握有的少數股票？

股東權益與股價

　　在第2章裡，我們已告訴你資產負債表中，總資產減掉負債總額就是股東權益總額，對個人而言，就是你的淨資產，對公司而言，就是一家公司中股東所擁有資產的淨額，它含有投入股本、保留盈餘，以及資本公積等項目。股東權益就像你自己開一家店，算一算自己投

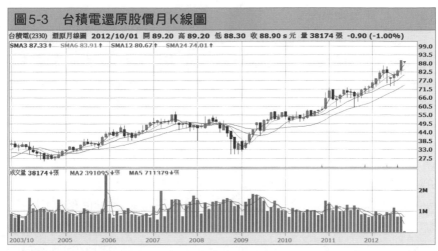

圖5-3　台積電還原股價月K線圖

資料來源：XQ全球贏家

入多少本金的意思，當有人開價要買你的店時，你要怎麼賣？

「至少要出比我投入本金還高的出價吧？」你認為至少要拿回成本。

但我告訴你，若你的店賺不到幾個錢，甚至正處於虧損中，很抱歉，你可能賣不到當初投入的原始本金，因為若投資報酬太低時，買家寧可選擇把錢放銀行存起來就好了，為什麼要買你的店？若是店的經營已是虧損時，那就更不用談了。

拉回原來主題，你是台積電的老闆，每年的投入本金在哪裡？很簡單，其實就是你的投入本金。到2012年6月底止，台積電每股淨值是24.2元，2008年股價低點之當年底的每股淨值則為18.6元。

從台積電損益表中的稅前淨利發現，該公司每年獲利雖難免受全球經濟景氣影響，但在2004年至2012年，其實是每年都賺很多錢。因此，聰明的小股東絕不會願意用18.6元，或以低於18.6元的價位賣出手中股票，那小股東在經濟景氣循環過程中，願意用最低幾倍於淨

值的價格賣出股票呢？

在上列9年之中，每股股價淨值比最低是2008年的1.96倍，其次是2009年的2.03倍，平均值為2.53倍，顯然，對大股東的你而言，若台積電的小股東願意以每股價格2.5倍以下的價格賣出股票，對你而言，都是不錯的交易。

從還原股價月K線圖（圖5-3），我們很容易看到，無論你在全球金融海嘯爆發的2008年，或是2009年買進台積電的股票，在隨後的3年裡，不管股市如何波動，你都會是大贏家。

那如果小股東想買你的股票，你願意用每股多少價格賣出持股呢？我們接著往下看。把台積電過去9年期間，每年股價最高價位找出來，並跟每股淨值做比較，算出其每年在股價最高點時期的股價淨值比，可以發現，至2012年第三季本書完稿之時，台積電股價最高為89.8元，股價淨值比達3.71倍，為近9年最高，顯示就長期間的考量，接近90元附近的台積電，股票的投資風險已不低。

依過去9年的資料，計算出每年股價最高點的長期平均股價淨值比為3.60倍，因此，對大股東而言，當股價淨值比超過此一平均值

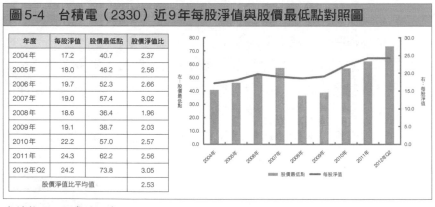

圖5-4　台積電（2330）近9年每股淨值與股價最低點對照圖

年度	每股淨值	股價最低點	股價淨值比
2004年	17.2	40.7	2.37
2005年	18.0	46.2	2.56
2006年	19.7	52.3	2.66
2007年	19.0	57.4	3.02
2008年	18.6	36.4	1.96
2009年	19.1	38.7	2.03
2010年	22.2	57.0	2.57
2011年	24.3	62.2	2.56
2012年Q2	24.2	73.8	3.05
股價淨值比平均值			2.53

資料整理：鉅豐財經資訊

時，賣出持股顯然是不錯的主意。

　　然而，大股東是否買進或賣出持股完全只看股價淨值比？當然不是。因為，每股淨值是總資產減掉負債總額後的所謂股東權益總額再除以普通股股本總數，亦即每股可分配的公司淨資產帳面價值，它含有股東投入的股本、保留盈餘，以及資本公積等各種項目。一家公司股票價值的高低，主要決定於公司賺錢能力的強弱，大部分時間跟公司的資產淨值未必有必然的對應關係。公司的獲利能力越強，投入資本的報酬率就會越高，表彰公司股份有所權的股票價值就會越高，反之則越低。

　　這裡所稱的投入資本報酬率，就是大家常常在一般財務分析教科書中所看到的「股東權益報酬率」，它是以原始股東投入資本的帳面值為分母，公司獲利為分子，所計算出的投資報酬率。當原始股東以高於每股淨值的股票價格賣出股票後，往後接手買進股票的投資人，投資成本就與原始股東不同，若公司獲利狀況良好，股票投資人便願意以高於每股淨值幾倍的股價買進股票，反之，公司營運若是虧損，縱使股價低於每股淨值，股票仍可能乏人問津。

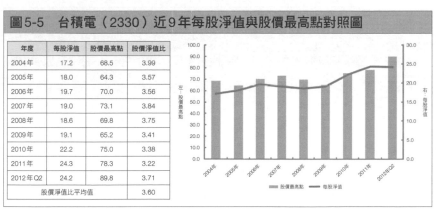

圖5-5　台積電（2330）近9年每股淨值與股價最高點對照圖

年度	每股淨值	股價最高點	股價淨值比
2004年	17.2	68.5	3.99
2005年	18.0	64.3	3.57
2006年	19.7	70.0	3.56
2007年	19.0	73.1	3.84
2008年	18.6	69.8	3.75
2009年	19.1	65.2	3.41
2010年	22.2	75.0	3.38
2011年	24.3	78.3	3.22
2012年Q2	24.2	89.8	3.71
股價淨值比平均值			3.60

資料整理：鉅豐財經資訊

股東報酬率如何計算？多少才是合理？它與股價又有何關聯性？就讓我們一起來探討。

股東權益報酬率與股價

股東權益報酬率就是當年度淨利佔股東權益的比率，這個觀念就是你開的店在當年度的報酬率是多少的意思，報酬率越高代表股東的投資報酬越高，所要求的股份轉讓價格當然也會越高。

因為兩稅合一制的關係，所以我用稅前股東權益報酬率來做說明。

因為股票投資人買進股票的成本，與原始大股東並不相同，也並非以每股淨值為單價買進股票，而是以市場最新價格買進股票，因此，股票市場投資人的投資成本不僅不等於原始股東的成本，也不會每個人都一樣。當你用較高的股價買進股票，也就是股價淨值比較高時，可以享有的實質投資報酬率就會跟著下降，反之則提高。表5-4所列的「最低價報酬率平減數（％）」，乃以稅前股東權益報酬率，除以每年的最低股價淨值倍數，代表市場投資者以當年度最低股價買

表5-4 台積電（2330）近9年股東權益報酬率簡表（以每年最低價為例）

單位：百萬元

期別	2012年	2011年	2010年	2009年	2008年	2007年	2006年	2005年	2004年	平均數
稅前淨利	167,636	144,708	169,290	94,981	110,759	120,751	134,806	93,819	91,779	
股東權益總額	627,465	629,594	574,145	495,083	476,377	487,091	507,981	445,630	398,965	
稅前股東權益報酬率(%)	26.72%	22.98%	29.49%	19.18%	23.25%	24.79%	26.54%	21.05%	23.00%	24.11%
每股淨值（元）	24.2	24.3	22.2	19.1	18.6	19.0	19.7	18.0	17.2	
每股最低價（元）	73.8	62.2	57.0	38.7	36.4	57.4	52.3	46.2	40.7	
最低股價淨值倍數	3.05	2.56	2.57	2.03	1.96	3.02	2.66	2.56	2.37	2.53
最低價報酬率平減數(%)	8.76%	8.98%	11.46%	9.47%	11.87%	8.22%	9.99%	8.21%	9.70%	9.63%

註：
1. 2012年之數據為上半年累計值，「股東權益總額」為2012年Q2之數據，「稅前淨利」2012年為上半年累計數據*2之預估值。
2. 「股東權益總額」為求簡要考量以年底期末數據做計算。

表5-5 台積電（2330）近9年股東權益報酬率簡表（以每年最高價為例）

單位：百萬元

期別	2012年	2011年	2010年	2009年	2008年	2007年	2006年	2005年	2004年	平均數
稅前淨利	167,636	144,708	169,290	94,981	110,759	120,751	134,806	93,819	91,779	
股東權益總額	627,465	629,594	574,145	495,083	476,377	487,091	507,981	445,630	398,965	
稅前股東權益報酬率(%)	26.72%	22.98%	29.49%	19.18%	23.25%	24.79%	26.54%	21.05%	23.00%	24.11%
每股淨值（元）	24.2	24.3	22.2	19.1	18.6	19.0	19.7	18.0	17.2	
每股最高價（元）	89.8	78.3	75.0	65.2	69.8	73.1	70.0	64.3	68.5	
最高股價淨值倍數	3.71	3.22	3.38	3.41	3.75	3.84	3.56	3.57	3.99	3.60
最高價報酬率平減數(%)	7.20%	7.13%	8.71%	5.62%	6.19%	6.45%	7.46%	5.90%	5.76%	6.72%

註：
1. 2012年之數據為上半年累計值，「股東權益總額」為2012年Q2之數據，「稅前淨利」2012年為上半年累計數據*2之預估值。
2.「股東權益總額」為求簡要考量以年底期末數據做計算。

進股票後，所可享有的實際報酬率，此報酬率亦為筆者另一拙著《獵豹財務長投資魔法書》中所稱之「外部股東權益報酬率」，差別只在本書以稅前股東權益報酬率進行說明。

股票投資人可享有的稅前實質投資報酬率
＝稅前股東權益報酬率／（股價淨值倍數）
＝外部股東權益報酬率（稅前）

投資人實質股東權益報酬率與股價的邏輯關係如下：

1. 股價越高，則股價淨值倍數越高，若股東權益報酬率不變，則投資人實質股東權益報酬率將越低。

2. 股價越低，則股價淨值倍數越低，若股東權益報酬率不變，則投資人實質股東權益報酬率將越高。

3. 基於前述邏輯，理性的投資者，應選擇在實質股東權益報酬率較高時期買進股票，除非稅前股東權益報酬率提高，否則，股價淨值比越低時期買進股票，其實質投資報酬率將越高，對投資者越有利。

股價大於每股淨值的先決條件

我常在媒體上看到，說那些所謂「雞蛋水餃股」的股價淨值比不到1倍，股價已跌無可跌了，長期投資風險極低；也看過國內股票型基金信託契約把股價淨值比在1.5倍以下者定義為所謂的「價值股」，這些都是十分愚蠢的說法。

可以這樣講，當你買進股票的資金無論是自有或是融資而來，如果你要求年報酬率至少要達到10%，那麼只要你投資的公司股東權益長期平均報酬率（至少5年）不到這個標準的話，我勸你不應用高於1倍的每股淨值價格買進；倘若長期股東權益報酬率低於銀行存款或政府公債利率，除非你是公司內部經營者或頂尖產業分析師，否則，建議你暫時忘掉它的存在。我永遠記得，美國黃石公園裡那頭並不是因惡狼攻擊致死，而是因越界覓食不慎沉死冰湖中的野牛！在投資路上，絕對不能輕忽自己所踏出的每一個腳步。

因此，股價跌破淨值並不代表股價一定便宜，每家公司營運資金無論是自有或舉債而來，都有資金成本或利息費用，當公司運用資金的效率比不上風險較低的資產（如定期存款、公債、國庫券等）或自己向銀行的借款利率，除非出現轉機，否則短期因市場氣氛而拉高的股價，往往成為眾多長期股票套牢者的最佳誘餌。

長期股東權益報酬率

股東權益報酬率於一定期間突然較平常提高很多，原因包括產業景氣大幅好轉、公司轉型成功或營業外收入突然增加等，這其中除了經營體質改善而致的轉型成功，否則，除非你是很專業的產業分析師或公司內部人員，不然，很難確定這樣的股東權益報酬率可以維持多久。

因此，建議你採用年限較長的平均股東權益報酬率。一般而言，股東權益報酬率越高，股價會越高，但對特定景氣波動幅度極大者，像塑化原物料苯、乙二醇（EG）、記憶體（DRAM）、TFT-LCD等產業，過去股價高點往往出現在景氣確定復甦期，等到產業景氣大好時，往往股價高點已過。因此，追逐某一段時間所謂市場主流的人，當公司的股東權益報酬率攀抵相對高點時，若仍追價買進，往往成為高風險的賭徒行為，當然成為輸家的機會遠大於成為贏家。

你要求的長期股東權益報酬率是多少

當我問你，你要求的長期股東權益報酬率是多少？你一定會想，既然股東權益報酬率是衡量股東投資的報酬率，那當然是越高越好囉！沒錯，如果你是原始股東，那當然是越高越好，但若你只是眾多股民中的一位，你的投資成本並不是公司創立時的投入資本，而是你買進時的股價，因此，若你用每股淨值的2倍買進一家公司的股票，假若它的股東權益報酬率是20%，但對你來講，你的股東權益報酬率實質上卻只有10%。

決定你要用多少股價淨值倍數買進

在第2章裡，我們已提過任何資源不可能在消費的同時又給你一定的報酬，因此當你不進行消費而把資金存在銀行或買進風險性極低的政府債券時，會有一定的利息收入，此部分在經濟學理上叫做消費時的「機會成本」，當你買進股票時，無論你的資金是自有資金或融資舉債而來，也有一定的機會成本。基本上，投資收入一般要比機會成本高，否則是不利的。每個人的機會成本不同，你呢？先想想看，你投資的資金從何而來？

接下來要思考的才是自己所要求的額外利潤。你要求1年至少要多少百分比的利潤，否則寧可不買。要能堅持到底，就像市場買賣業一樣，除非有一定的利潤，否則一開始就不批發進貨，投資股票也一樣，用科學的方法，在沒有達到一定條件之前，絕不輕易出手買進或賣出。

最後是所謂的「風險溢酬」（risk premium）。當你從一家非常穩定的大企業轉檯至一家小公司時，除非能有較高的薪水或其他無法量化的誘因，否則若是完全相同的工作內容，通常是不會跳槽換公司的。股票投資風險種類繁多，包括公司企業的個別風險，以及屬於整體市場的系統風險，因此，除了前面要求的機會成本及額外利潤外，還要再加入風險溢酬。

過去我不斷在報章媒體看到股價淨值倍數被拿來評論股價的高低，甚至於投資界的朋友也一再引用，但當我問及那家公司的股東權益報酬率是多少時，卻往往是答非所問。他們總認為甲公司與乙公司同處一個產業，因此股價淨值比也應該一樣。事實上，對兩個完全不同經營團隊的公司的股價做此評析，真是一種愚蠢又好笑的說法。

實質股東權益報酬率與股票投資策略

對以追求高報酬率為目標的積極型股市投資者而言，逢低買進、逢高賣出，講起來容易，但實際進場投資時，卻常逆向、無法自主，令人苦惱的投資行為，也是股市輸家長期苦思不解的難題。

隨機性、欠缺以數據為獨立判斷依據的股市投資人，總是不斷殫精竭慮想猜測短期股價的變動方向，但對理性投資者而言，他們除了探究總體經濟環境趨勢、產業榮枯興衰之外，也深切明瞭，透過公司的財務及最新營運數據，配合股價的相對高低，可以客觀理性評估出股票投資價位的長期相對風險高低，在股價尚未進入相對合理的買

或賣區間，則寧可以高度的耐心等待市場波動，而不是頻繁地進場交易，消耗過多的交易成本，及時間精力。

以表5-4、5-5之台積電為例，當股價出現歷年最低價時，其長期平均的實質報酬率平減數，即外部股東權益稅前報酬率，平均高達9.63%，看起來頗高，應該不容易出現，但看一下表5-4所列的9個年度，即有4個年度出現過高於9.63%的報酬率，這顯示，只要你多一點耐心，台積電的長期買點事實上常常出現，台積電也是一家很適合長期投資者持有的投資標的。

表5-5則呈現歷年最高股價之下的長期平均的實質報酬率平減數，即外部股東權益稅前報酬率，平均仍達6.72%，看起來也不低。此告訴大家，當台積電股價上漲到一定程度，導致外部股東權益稅前報酬率低於此一水準，投資者追高買進股票時，其投資風險就會提高不少，理性的投資者應選擇在此階段，趁股價上漲之際，慢慢往上做減碼的動作。以台積電2012年9月30日收盤價89.8元計算，該公司的外部股東權益稅前報酬率為7.2%，尚高於以歷年最高股價為基準的長期平均的實質報酬率平減數，此告訴投資人，只要台積電營運維持成長，目前的股價似仍有高點可期，空手投資者未必要在此階段進場買進，但已持有者則可靜待高點出現，再擇機賣出持股。

萬一投資者逆向操作，在外部股東權益稅前報酬率低於6.72%時，才追高買進台積電股票，所幸，台積電長期獲利趨勢仍持續成長，讓不小心高價買進者，只要長期持有股票，仍可完全解套，甚至獲利的機會。但是，萬一你追高買進的公司，公司長期獲利處於向下趨勢時，則可能讓投資人越套越深，損失慘重。

在進行實務案例演練之前，我們再重複一遍，把簡單的財務比率及算式彙整如下：

稅前股東權益報酬率（％）（ROE）＝稅前淨利／股東權益總額

每股淨值（B）＝股東權益總額／股本

股價淨值倍數（P/B）＝股價／每股淨值＝股價淨值比

報酬率平減數（％）＝外部股東權益稅前報酬率（％）

＝外部股東稅前實質報酬率（％）

＝稅前股東權益報酬率（％）（ROE）／股價淨值倍數（P/B）

在平均報酬率平減數（％）為已知之下，即可計算出股價（P）：

股價（P）＝〔稅前股東權益報酬率（％）（ROE）／
平均報酬率平減數（％）〕×每股淨值（B）

如上列財務比率及簡單算式，投資者若知道公司過去每年的最高、最低股價之下，所計算出最低及最高的報酬率平減數（％），便可知道，當股價上漲到何種價位，心中便應提高警覺，不再冒然進行追價動作。反之，當股價下跌到何種價位，也應心中竊喜，長期的逢低買進價位終於又來到，不會人云亦云，談股色變。而在長期買點與賣點尚未來到之前，理性的投資者寧可耐心等待，而不是在市場頻繁交易，徒增交易成本，勞心勞力又浪費生命。

股票投資實務案例

下列案例僅供陳述本書內容參考，讀者對個別投資標的投資決策應獨立判斷，與下列案例有關之任何盈虧，本書作者與出版者概不負責。

【案例1】台灣大（3045）

1. 每年最高股價之最低平均報酬率平減數（%）

台灣大（3045）										單位：百萬元
期別	2012年	2011年	2010年	2009年	2008年	2007年	2006年	2005年	2004年	平均數
稅前淨利	16,284	14,843	16,398	18,132	19,777	8,056	17,479	18,311	19,416	
股東權益總額	42,315	48,948	50,870	52,073	50,903	31,853	89,868	86,989	80,973	
稅前股東權益報酬率(%)	38.48%	30.32%	32.24%	34.82%	38.85%	25.29%	19.45%	21.05%	23.98%	29.39%
每股淨值（元）	15.7	18.2	17.0	17.4	17.2	13.1	18.1	17.6	16.6	
每股最高價（元）	112.0	98.3	70.0	62.5	60.5	45.8	33.9	36.0	35.6	
最高股價淨值倍數	7.12	5.40	4.11	3.59	3.52	3.50	1.87	2.05	2.15	3.70
最高價報酬率平減數(%)	5.40%	5.61%	7.84%	9.71%	11.03%	7.23%	10.42%	10.20%	11.16%	8.74%

註：
1. 2012年之數據為上半年累計值，「股東權益總額」為2012年Q2之數據，「稅前淨利」2012年為上半年累計數據*2之預估值。
2. 「股東權益總額」為求簡要考量以年底期末數據做計算。

$$股價（P）＝38.48\% ／ 8.74\% ×15.7＝69.1（元）$$

以2004年至2012年最高價平均報酬率平減數（%）計算之台灣大股價為69.1元，超過此價位後，再進行追價買進，投資風險值將不低。

2. 每年最低股價之最高平均報酬率平減數（%）

台灣大（3046）										單位：百萬元
期別	2012年	2011年	2010年	2009年	2008年	2007年	2006年	2005年	2004年	平均數
稅前淨利	16,284	14,843	16,398	18,132	19,777	8,056	17,479	18,311	19,416	
股東權益總額	42,315	48,948	50,870	52,073	50,903	31,853	89,868	86,989	80,973	
稅前股東權益報酬率(%)	38.48%	30.32%	32.24%	34.82%	38.85%	25.29%	19.45%	21.05%	23.98%	29.39%
每股淨值（元）	15.7	18.2	17.0	17.4	17.2	13.1	18.1	17.6	16.6	
每股最低價（元）	86.3	65.2	58.5	44.3	40.1	31.7	28.0	26.2	28.0	
最低股價淨值倍數	5.49	3.58	3.44	2.54	2.33	2.42	1.54	1.49	1.69	2.72
最低價報酬率平減數(%)	7.01%	8.46%	9.38%	13.71%	16.66%	10.46%	12.60%	14.12%	14.19%	11.84%

註：
1. 2012年之數據為上半年累計值，「股東權益總額」為2012年Q2之數據，「稅前淨利」2012年為上半年累計數據*2之預估值。
2. 「股東權益總額」為求簡要考量以年底期末數據做計算。

$$股價（P）＝38.48\% ／ 11.84\% ×15.7＝51.0（元）$$

以2004年至2012年最低價平均報酬率平減數（%）計算之台灣人股價為51元，低於此價位後，逢低買進、長期持有，投資風險值將不高。

【案例2】中華電信（2412）

1. 每年最高股價之最低平均報酬率平減數（%）

| 中華電（2412） | | | | | | | | | 單位：百萬元 |
期別	2012年	2011年	2010年	2009年	2008年	2007年	2006年	2005年	2004年	平均數
稅前淨利	49,170	55,379	56,438	56,163	58,473	61,096	57,643	59,603	60.753	
股東權益總額	347,668	368,731	364,579	375,211	376,556	395,068	400,017	406,908	359,152	
稅前股東權益報酬率(%)	14.14%	15.02%	15.48%	14.97%	15.53%	15.46%	14.41%	14.65%	16.92%	15.18%
每股淨值（元）	44.8	47.5	47.0	38.7	38.8	41.3	41.4	42.2	37.2	
每股最高價（元）	101.0	111.0	79.0	68.2	83.2	67.6	62.3	66.1	64.0	
最高股價淨值倍數	2.25	2.34	1.68	1.76	2.14	1.64	1.51	1.57	1.72	1.84
最高價報酬率平減數(%)	6.28%	6.43%	9.21%	8.49%	7.25%	9.45%	9.57%	9.35%	9.84%	8.43%

註：
1. 2012年之數據為上半年累計值，「股東權益總額」為2012年Q2之數據，「稅前淨利」2012年為上半年累計數據*2之預估值。
2. 「股東權益總額」為求簡要考量以年底期末數據做計算。

$$股價（P）＝14.14\% \diagup 8.43\% \times 44.8 ＝ 75.1（元）$$

以2004年至2012年最高價平均報酬率平減數（%）計算之中華電信股價為75.1元，超過此價位後，再進行追價買進，投資風險值將不低。

2. 每年最低股價之最高平均報酬率平減數（%）

| 中華電（2412） | | | | | | | | | 單位：百萬元 |
期別	2012年	2011年	2010年	2009年	2008年	2007年	2006年	2005年	2004年	平均數
稅前淨利	49,170	55,379	56,438	56,163	58,473	61,096	57,643	59,603	60.753	
股東權益總額	347,668	368,731	364,579	375,211	376,556	395,068	400,017	406,908	359,152	
稅前股東權益報酬率(%)	14.14%	15.02%	15.48%	14.97%	15.53%	15.46%	14.41%	14.65%	16.92%	15.18%
每股淨值（元）	44.8	47.5	47.0	38.7	38.8	41.3	41.4	42.2	37.2	
每股最低價（元）	87.5	72.7	57.9	50.0	45.6	50.7	53.5	55.0	49.4	
最低股價淨值倍數	1.95	1.53	1.23	1.29	1.17	1.23	1.29	1.30	1.33	1.37
最低價報酬率平減數(%)	7.24%	9.82%	12.57%	11.58%	13.22%	12.61%	11.15%	11.23%	12.75%	11.35%

註：
1. 2012年之數據為上半年累計值，「股東權益總額」為2012年Q2之數據，「稅前淨利」2012年為上半年累計數據*2之預估值。
2. 「股東權益總額」為求簡要考量以年底期末數據做計算。

$$股價（P）＝14.14\% \diagup 11.35\% \times 44.8 ＝ 55.8（元）$$

以2004年至2012年最低價平均報酬率平減數（%）計算之中華電信股價為55.8元，低於此價位後，逢低買進、長期持有，投資風險值將不高。

【案例3】聯發科（2454）

1. 每年最高股價之最低平均報酬率平減數（%）

聯發科（2454）										單位：百萬元
期別	2012年	2011年	2010年	2009年	2008年	2007年	2006年	2005年	2004年	平均數
稅前淨利	12,688	13,959	32,194	37,278	20,970	34,833	24,366	18,399	14,341	
股東權益總額	111,636	116,278	111,713	108,869	81,611	85,937	67,526	52,744	42,638	
稅前股東權益報酬率(%)	11.37%	12.00%	28.82%	34.24%	25.70%	40.53%	36.08%	34.88%	33.63%	28.58%
每股淨值（元）	97.9	102.0	102.3	100.6	76.6	83.2	70.3	61.0	55.4	
每股最高價（元）	344.5	424.0	590.0	558.0	444.5	656.0	418.0	403.5	396.0	
最高股價淨值倍數	3.52	4.16	5.77	5.55	5.80	7.89	5.95	6.61	7.14	5.82
最高價報酬率平減數(%)	3.23%	2.89%	5.00%	6.17%	4.43%	5.14%	6.07%	5.28%	4.71%	4.77%

註：
1. 2012年之數據為上半年累計值，「股東權益總額」為2012年Q2之數據，「稅前淨利」2012年為上半年累計數據*2之預估值。
2.「股東權益總額」為求簡要考量以年底期末數據做計算。

$$股價（P）＝11.37\% ╱ 4.77\% ×97.9 ＝233.4（元）$$

以2004年至2012年最高價平均報酬率平減數（%）計算之股價為233.4元，超過此價位後，再進行追價買進，投資風險值將不低。

2. 每年最低股價之最高平均報酬率平減數（%）

聯發科（2454）										單位：百萬元
期別	2012年	2011年	2010年	2009年	2008年	2007年	2006年	2005年	2004年	平均數
稅前淨利	12,688	13,959	32,194	37,278	20,970	34,833	24,366	18,399	14,341	
股東權益總額	111,636	116,278	111,713	108,869	81,611	85,937	67,526	52,744	42,638	
稅前股東權益報酬率(%)	11.37%	12.00%	28.82%	34.24%	25.70%	40.53%	36.08%	34.88%	33.63%	28.58%
每股淨值（元）	97.9	102.0	102.3	100.6	76.6	83.2	70.3	61.0	55.4	
每股最低價（元）	235.0	221.0	372.0	228.0	177.0	325.5	259.0	171.0	187.0	
最低股價淨值倍數	2.40	2.17	3.64	2.27	2.31	3.91	3.69	2.80	3.37	2.95
最低價報酬率平減數(%)	4.74%	5.54%	7.92%	15.11%	11.12%	10.36%	9.79%	12.45%	9.97%	9.67%

註：
1. 2012年之數據為上半年累計值，「股東權益總額」為2012年Q2之數據，「稅前淨利」2012年為上半年累計數據*2之預估值。
2.「股東權益總額」為求簡要考量以年底期末數據做計算。

$$股價（P）＝11.37\% ╱ 9.67\% ×97.9 ＝115.1（元）$$

以2004年至2012年最低價平均報酬率平減數（%）計算之股價為115.1元，低於此價位後，逢低買進、長期持有，投資風險值將不高。

【案例4】宏達電（2498）

1. 每年最高股價之最低平均報酬率平減數（％）

宏達電（2498）

單位：百萬元

期別	2012年	2011年	2010年	2009年	2008年	2007年	2006年	2005年	2004年	平均數
稅前淨利	26,122	69,850	44,491	25,212	31,590	32,151	26,958	12,156	3,961	
股東權益總額	75,817	101,427	74,714	65,640	60,661	56,076	42,572	22,986	11,369	
稅前股東權益報酬率(%)	34.45%	68.87%	59.55%	38.41%	52.08%	57.33%	63.32%	52.88%	34.84%	51.30%
每股淨值（元）	91.2	121.0	92.5	83.2	81.4	97.8	97.6	64.4	41.9	
每股最高價（元）	672.0	1300.0	921.0	543.0	888.0	703.0	1220.0	646.0	161.0	
最高股價淨值倍數	7.37	10.74	9.96	6.53	10.91	7.19	12.50	10.03	3.84	8.78
最高價報酬率平減數(%)	4.68%	6.41%	5.98%	5.89%	4.77%	7.98%	5.07%	5.27%	9.07%	6.12%

註：
1. 2012年之數據為上半年累計值，「股東權益總額」為2012年Q2之數據，「稅前淨利」2012年為上半年累計數據*2之預估值。
2.「股東權益總額」為求簡要考量以年底期末數據做計算。

$$股價（P）＝34.45\% ／ 6.12\% × 91.2 ＝ 513.4（元）$$

以2004年至2012年最高價平均報酬率平減數（％）計算之股價為513.4元，超過此價位後，再進行追價買進，投資風險值將不低。

2. 每年最低股價之最高平均報酬率平減數（％）

宏達電（2498）

單位：百萬元

期別	2012年	2011年	2010年	2009年	2008年	2007年	2006年	2005年	2004年	平均數
稅前淨利	26,122	69,850	44,491	25,212	31,590	32,151	26,958	12,156	3,961	
股東權益總額	75,817	101,427	74,714	65,640	60,661	56,076	42,572	22,986	11,369	
稅前股東權益報酬率(%)	34.45%	68.87%	59.55%	38.41%	52.08%	57.33%	63.32%	52.88%	34.84%	51.30%
每股淨值（元）	91.2	121.0	92.5	83.2	81.4	97.8	97.6	64.4	41.9	
每股最低價（元）	230.5	403.0	277.5	308.5	256.0	390.0	593.0	141.0	100.5	
最低股價淨值倍數	2.53	3.33	3.00	3.71	3.15	3.99	6.07	2.19	2.40	3.37
最低價報酬率平減數(%)	13.63%	20.68%	19.85%	10.36%	16.55%	14.38%	10.43%	24.15%	14.52%	16.06%

註：
1. 2012年之數據為上半年累計值，「股東權益總額」為2012年Q2之數據，「稅前淨利」2012年為上半年累計數據*2之預估值。
2.「股東權益總額」為求簡要考量以年底期末數據做計算。

$$股價（P）＝34.45\% ／ 16.06\% × 91.2 ＝ 195.6（元）$$

以2004年至2012年最低價平均報酬率平減數（％）計算之股價為195.6元，低於此價位後，逢低買進、長期持有，投資風險值將不高。

【案例5】精華（1565）

1. 每年最高股價之最低平均報酬率平減數（%）

精華（1565）　　　　　　　　　　　　　　　　　　　　　單位：百萬元

期別	2012年	2011年	2010年	2009年	2008年	2007年	2006年	2005年	2004年	平均數
稅前淨利	1,254	1,216	1,058	837	726	651	440	260	195	
股東權益總額	2,572	2,817	2,467	2,124	1,903	1,771	1,178	967	718	
稅前股東權益報酬率(%)	48.76%	43.17%	42.89%	39.41%	38.15%	36.76%	37.35%	26.89%	27.16%	37.84%
每股淨值（元）	51.0	55.9	48.9	42.1	37.8	35.2	26.4	23.6	19.8	
每股最高價（元）	413.0	456.5	445.0	191.0	156.5	175.5	149.5	83.6	50.0	
最高股價淨值倍數	8.10	8.17	9.09	4.53	4.14	4.99	5.65	3.54	2.53	5.64
最高價報酬率平減數(%)	6.02%	6.28%	4.72%	8.60%	0.22%	7.37%	6.61%	7.59%	10.74%	7.36%

註：
1. 2012年之數據為上半年累計值，「股東權益總額」為2012年Q2之數據，「稅前淨利」2012年為上半年累計數據*2之預估值。
2. 「股東權益總額」為求簡要考量以年底期末數據做計算。

$$股價（P）＝48.76\% ／ 7.36\% × 51.0 ＝ 337.9（元）$$

以2004年至2012年最高價平均報酬率平減數（%）計算之股價為337.9元，超過此價位後，再進行追價買進，投資風險值將不低。

2. 每年最低股價之最高平均報酬率平減數（%）

精華（1565）　　　　　　　　　　　　　　　　　　　　　單位：百萬元

期別	2012年	2011年	2010年	2009年	2008年	2007年	2006年	2005年	2004年	平均數
稅前淨利	1,254	1,216	1,058	837	726	651	440	260	195	
股東權益總額	2,572	2,817	2,467	2,124	1,903	1,771	1,178	967	718	
稅前股東權益報酬率(%)	48.76%	43.17%	42.89%	39.41%	38.15%	36.76%	37.35%	26.89%	27.16%	37.84%
每股淨值（元）	51.0	55.9	48.9	42.1	37.8	35.2	26.4	23.6	19.8	
每股最低價（元）	286.0	267.0	183.0	102.5	95.1	125.5	70.5	42.1	26.5	
最低股價淨值倍數	5.61	4.78	3.74	2.43	2.51	3.57	2.67	1.79	1.34	3.16
最低價報酬率平減數(%)	8.70%	9.03%	11.47%	16.20%	15.17%	10.31%	14.01%	15.06%	20.27%	13.36%

註：
1. 2012年之數據為上半年累計值，「股東權益總額」為2012年Q2之數據，「稅前淨利」2012年為上半年累計數據*2之預估值。
2. 「股東權益總額」為求簡要考量以年底期末數據做計算。

$$股價（P）＝48.76\% ／ 13.36\% × 51.0 ＝ 186.1（元）$$

以2004年至2012年最低價平均報酬率平減數（%）計算之股價為186.1元，低於此價位後，逢低買進、長期持有，投資風險值將不高。

【案例6】鴻海（2317）

1. 每年最高股價之最低平均報酬率平減數（%）

鴻海（2317）									單位：百萬元	
期別	2012年	2011年	2010年	2009年	2008年	2007年	2006年	2005年	2004年	平均數
稅前淨利	69,388	91,791	84,441	82,111	64,038	89,544	70,673	47,076	33,724	
股東權益總額	584,951	577,832	480,593	439,855	361,167	350,691	263,160	182,143	120,287	
稅前股東權益報酬率(%)	11.86%	15.89%	17.57%	18.67%	17.73%	25.53%	26.86%	25.85%	28.04%	20.89%
每股淨值（元）	47.4	54.1	49.8	51.3	48.7	55.8	50.9	45.1	37.2	
每股最高價（元）	117.0	126.5	155.5	151.5	202.0	300.0	243.0	187.5	157.0	
最高股價淨值倍數	2.47	2.34	3.13	2.95	4.15	5.38	4.77	4.16	4.22	3.73
最高價報酬率平減數(%)	4.80%	6.79%	5.62%	6.32%	4.28%	4.74%	5.63%	6.22%	6.65%	5.67%

註：
1. 2012年之數據為上半年累計值，「股東權益總額」為2012年Q2之數據，「稅前淨利」2012年為上半年累計數據*2之預估值。
2.「股東權益總額」為求簡要考量以年底期末數據做計算。

$$股價（P）＝11.86\% ／ 5.67\% × 47.4 ＝ 99.1（元）$$

以2004年至2012年最高價平均報酬率平減數（%）計算之股價為99.1元，超過此價位後，再進行追價買進，投資風險值將不低。

2. 每年最低股價之最高平均報酬率平減數（%）

鴻海（2317）									單位：百萬元	
期別	2012年	2011年	2010年	2009年	2008年	2007年	2006年	2005年	2004年	平均數
稅前淨利	69,388	91,791	84,441	82,111	64,038	89,544	70,673	47,076	33,724	
股東權益總額	584,951	577,832	480,593	439,855	361,167	350,691	263,160	182,143	120,287	
稅前股東權益報酬率(%)	11.86%	15.89%	17.57%	18.67%	17.73%	25.53%	26.86%	25.85%	28.04%	20.89%
每股淨值（元）	47.4	54.1	49.8	51.3	48.7	55.8	50.9	45.1	37.2	
每股最低價（元）	79.0	61.5	106.0	58.4	52.6	169.0	176.5	134.0	107.5	
最低股價淨值倍數	1.67	1.14	2.13	1.14	1.08	3.03	3.47	2.97	2.89	2.17
最低價報酬率平減數(%)	7.12%	13.96%	8.25%	16.39%	16.42%	8.42%	7.75%	8.70%	9.71%	10.75%

註：
1. 2012年之數據為上半年累計值，「股東權益總額」為2012年Q2之數據，「稅前淨利」2012年為上半年累計數據*2之預估值。
2.「股東權益總額」為求簡要考量以年底期末數據做計算。

$$股價（P）＝11.86\% ／ 10.75\% × 47.4 ＝ 52.3（元）$$

以2004年至2012年最低價平均報酬率平減數（%）計算之股價為52.3元，低於此價位後，逢低買進、長期持有，投資風險值將不高。

【案例7】欣銓（3264）

1. 每年最高股價之最低平均報酬率平減數（％）

欣銓（3264）										單位：百萬元
期別	2012年	2011年	2010年	2009年	2008年	2007年	2006年	2005年	2004年	平均數
稅前淨利	956	981	1,507	475	1,152	1,143	1,253	865	766	
股東權益總額	7,651	7,786	7,780	6,808	6,586	6,251	5,782	4,514	3,779	
稅前股東權益報酬率(%)	12.50%	12.60%	19.37%	6.98%	17.49%	18.29%	21.67%	19.16%	20.27%	16.48%
每股淨值（元）	17.2	17.7	18.0	15.9	16.5	16.2	15.9	13.9	13.3	
每股最高價（元）	24.8	35.3	32.5	21.7	27.4	38.0	42.3	33.2		
最高股價淨值倍數	1.44	1.99	1.81	1.36	1.66	2.35	2.66	2.39		1.96
最高價報酬率平減數(%)	8.65%	6.32%	10.70%	5.13%	10.54%	7.78%	8.16%	8.02%		8.16%

註：
1. 2012年之數據為上半年累計值，「股東權益總額」為2012年Q2之數據，「稅前淨利」2012年為上半年累計數據*2之預估值。
2. 「股東權益總額」為求簡要考量以年底期末數據做計算。

$$股價（P）＝12.5\% ／ 8.16\% × 17.2 ＝ 26.3（元）$$

以2004年至2012年最高價平均報酬率平減數（％）計算之股價為26.3元，超過此價位後，再進行追價買進，投資風險值將不低。

2. 每年最低股價之最高平均報酬率平減數（％）

欣銓（3264）										單位：百萬元
期別	2012年	2011年	2010年	2009年	2008年	2007年	2006年	2005年	2004年	平均數
稅前淨利	950	981	1,507	475	1,152	1,143	1,253	865	766	
股東權益總額	7,651	7,786	7,780	6,808	6,586	6,251	5,782	4,514	3,779	
稅前股東權益報酬率(%)	12.50%	12.60%	19.37%	6.98%	17.49%	18.29%	21.67%	19.16%	20.27%	16.48%
每股淨值（元）	17.2	17.7	18.0	15.9	16.5	16.2	15.9	13.9	13.3	
每股最低價（元）	18.4	16.3	19.6	10.2	9.8	18.3	23.5	14.1		
最低股價淨值倍數	1.07	0.92	1.09	0.64	0.59	1.13	1.48	1.02		0.99
最低價報酬率平減數(%)	11.66%	13.69%	17.75%	10.96%	29.56%	16.20%	14.69%	18.88%		16.67%

註：
1. 2012年之數據為上半年累計值，「股東權益總額」為2012年Q2之數據，「稅前淨利」2012年為上半年累計數據*2之預估值。
2. 「股東權益總額」為求簡要考量以年底期末數據做計算。

$$股價（P）＝12.5\% ／ 16.67\% × 17.2 ＝ 12.9（元）$$

以2004年至2012年最低價平均報酬率平減數（％）計算之股價為12.9元，低於此價位後，逢低買進、長期持有，投資風險值將不高。

【案例8】中保（9917）

1. 每年最高股價之最低平均報酬率平減數（%）

中保（9917）　　　　　　　　　　　　　　　　　　　　　　　　　單位：百萬元

期別	2012年	2011年	2010年	2009年	2008年	2007年	2006年	2005年	2004年	平均數
稅前淨利	2,124	2,001	1,945	1,774	1,671	2,177	2,030	1,706	1,554	
股東權益總額	9,006	9,493	9,037	8,829	8,818	9,192	8,829	8,240	7,777	
稅前股東權益報酬率(%)	23.58%	21.08%	21.52%	20.09%	18.95%	23.68%	22.99%	20.70%	19.98%	21.40%
每股淨值（元）	20.8	21.9	20.8	20.3	20.3	21.2	20.5	18.7	18.0	
每股最高價（元）	67.7	58.9	59.5	54.5	70.0	70.0	67.1	51.7	40.0	
最高股價淨值倍數	3.26	2.69	2.86	2.68	3.45	3.30	3.28	2.76	2.22	2.94
最高價報酬率平減數(%)	7.23%	7.83%	7.53%	7.50%	5.50%	7.19%	7.01%	7.50%	9.00%	7.36%

註：
1. 2012 年之數據為上半年累計值，「股東權益總額」為 2012 年 Q2 之數據，「稅前淨利」2012 年為上半年累計數據 *2 之預估值。
2.「股東權益總額」為求簡要考量以年底期末數據做計算。

$$股價（P）＝23.58\% ╱ 7.36\% ×20.8＝66.6（元）$$

以2004年至2012年最高價平均報酬率平減數（%）計算之股價為66.6元，超過此價位後，再進行追價買進，投資風險值將不低。

2. 每年最低股價之最高平均報酬率平減數（%）

中保（9917）　　　　　　　　　　　　　　　　　　　　　　　　　單位：百萬元

期別	2012年	2011年	2010年	2009年	2008年	2007年	2006年	2005年	2004年	平均數
稅前淨利	2,124	2,001	1,945	1,774	1,671	2,177	2,030	1,706	1,554	
股東權益總額	9,006	9,493	9,037	8,829	8,818	9,192	8,829	8,240	7,777	
稅前股東權益報酬率(%)	23.58%	21.08%	21.52%	20.09%	18.95%	23.68%	22.99%	20.70%	19.98%	21.40%
每股淨值（元）	20.8	21.9	20.8	20.3	20.3	21.2	20.5	18.7	18.0	
每股最低價（元）	53.5	50.1	48.4	40.6	34.5	46.3	47.0	36.8	29.9	
最低股價淨值倍數	2.58	2.29	2.32	2.00	1.70	2.18	2.30	1.97	1.66	2.11
最低價報酬率平減數(%)	9.15%	9.20%	9.26%	10.07%	11.16%	10.88%	10.01%	10.53%	12.04%	10.25%

註：
1. 2012 年之數據為上半年累計值，「股東權益總額」為 2012 年 Q2 之數據，「稅前淨利」2012 年為上半年累計數據 *2 之預估值。
2.「股東權益總額」為求簡要考量以年底期末數據做計算。

$$股價（P）＝23.58\% ╱ 10.25\% ×20.8＝47.9（元）$$

以2004年至2012年最低價平均報酬率平減數（%）計算之股價為47.9元，低於此價位後，逢低買進、長期持有，投資風險值將不高。

【案例9】新保（9925）

1. 每年最高股價之最低平均報酬率平減數（%）

新保（9925）										單位：百萬元
期別	2012年	2011年	2010年	2009年	2008年	2007年	2006年	2005年	2004年	平均數
稅前淨利	1,188	1,052	985	1,048	845	1,147	1,144	1,017	894	
股東權益總額	6,057	6,135	6,481	6,123	5,225	6,189	6,531	5,435	4,993	
稅前股東權益報酬率(%)	19.61%	17.15%	15.20%	17.12%	16.17%	18.53%	17.52%	18.71%	17.91%	17.55%
每股淨值（元）	16.1	16.3	17.2	16.3	13.9	16.8	18.0	15.2	14.5	
每股最高價（元）	35.0	28.1	24.8	23.3	32.0	35.7	31.0	23.6	19.9	
最高股價淨值倍數	2.18	1.72	1.44	1.43	2.31	2.12	1.72	1.55	1.37	1.76
最高價報酬率平減數(%)	9.01%	9.94%	10.55%	11.04%	7.01%	8.73%	10.17%	12.04%	13.07%	10.27%

註：
1. 2012年之數據為上半年累計值，「股東權益總額」為2012年Q2之數據，「稅前淨利」2012年為上半年累計數據*2之預估值。
2.「股東權益總額」為求簡要考量以年底期末數據做計算。

$$股價（P）= 19.61\% \diagup 10.27\% \times 16.1 = 30.7（元）$$

以2004年至2012年最高價平均報酬率平減數（%）計算之股價為30.7元，超過此價位後，再進行追價買進，投資風險值將不低。

2. 每年最低股價之最高平均報酬率平減數（%）

新保（9925）										單位：百萬元
期別	2012年	2011年	2010年	2009年	2008年	2007年	2006年	2005年	2004年	平均數
稅前淨利	1,188	1,052	985	1,048	845	1,147	1,144	1,017	894	
股東權益總額	6,057	6,135	6,481	6,123	5,225	6,189	6,531	5,435	4,993	
稅前股東權益報酬率(%)	19.61%	17.15%	15.20%	17.12%	16.17%	18.53%	17.52%	18.71%	17.91%	17.55%
每股淨值（元）	16.1	16.3	17.2	16.3	13.9	16.8	18.0	15.2	14.5	
每股最低價（元）	26.4	22.7	21.0	13.3	11.8	27.0	21.3	17.0	14.9	
最低股價淨值倍數	1.64	1.39	1.22	0.82	0.85	1.61	1.18	1.12	1.02	1.21
最低價報酬率平減數(%)	11.95%	12.31%	12.46%	20.93%	19.01%	11.55%	14.79%	16.71%	17.52%	15.25%

註：
1. 2012年之數據為上半年累計值，「股東權益總額」為2012年Q2之數據，「稅前淨利」2012年為上半年累計數據*2之預估值。
2.「股東權益總額」為求簡要考量以年底期末數據做計算。

$$股價（P）= 19.61\% \diagup 15.25\% \times 16.1 = 20.7（元）$$

以2004年至2012年最低價平均報酬率平減數（%）計算之股價為20.7元，低於此價位後，逢低買進、長期持有，投資風險值將不高。

【案例10】立錡（6286）

1. 每年最高股價之最低平均報酬率平減數（%）

立錡（6286）									單位：百萬元	
期別	2012年	2011年	2010年	2009年	2008年	2007年	2006年	2005年	2004年	平均數
稅前淨利	1,990	1,790	2,410	1,674	1,451	1,824	1,258	554	424	
股東權益總額	5,650	5,803	5,792	5,025	4,124	3,928	2,736	1,727	1,356	
稅前股東權益報酬率(%)	35.22%	30.85%	41.61%	33.31%	35.18%	46.44%	45.98%	32.08%	31.27%	36.88%
每股淨值（元）	38.1	39.1	39.0	35.3	30.8	33.1	27.1	20.2	19.2	
每股最高價（元）	211.5	255.0	375.0	335.0	334.0	544.0	288.0	148.0	228.0	
最高股價淨值倍數	5.56	6.53	9.62	9.49	10.84	16.45	10.61	7.31	11.87	9.81
最高價報酬率平減數(%)	6.34%	4.73%	4.33%	3.51%	3.25%	2.82%	4.33%	4.39%	2.63%	4.04%

註：
1. 2012年之數據為上半年累計值，「股東權益總額」為2012年Q2之數據，「稅前淨利」2012年為上半年累計數據*2之預估值。
2.「股東權益總額」為求簡要考量以年底期末數據做計算。

$$股價（P）＝35.22\% ／ 4.04\%×38.1＝332.1（元）$$

以2004年至2012年最高價平均報酬率平減數（%）計算之股價為332.1元，超過此價位後，再進行追價買進，投資風險值將不低。

2. 每年最低股價之最高平均報酬率平減數（%）

立錡（6286）									單位：百萬元	
期別	2012年	2011年	2010年	2009年	2008年	2007年	2006年	2005年	2004年	平均數
稅前淨利	1,990	1,790	2,410	1,674	1,451	1,824	1,258	554	424	
股東權益總額	5,650	5,803	5,792	5,025	4,124	3,928	2,736	1,727	1,356	
稅前股東權益報酬率(%)	35.22%	30.85%	41.61%	33.31%	35.18%	46.44%	45.98%	32.08%	31.27%	36.88%
每股淨值（元）	38.1	39.1	39.0	35.3	30.8	33.1	27.1	20.2	19.2	
每股最低價（元）	119.5	111.5	213.0	117.0	103.5	224.0	133.0	58.5	51.0	
最低股價淨值倍數	3.14	2.85	5.46	3.32	3.36	6.77	4.90	2.89	2.66	3.93
最低價報酬率平減數(%)	11.21%	10.81%	7.62%	10.05%	10.48%	6.86%	9.38%	11.10%	11.78%	9.92%

註：
1. 2012年之數據為上半年累計值，「股東權益總額」為2012年Q2之數據，「稅前淨利」2012年為上半年累計數據*2之預估值。
2.「股東權益總額」為求簡要考量以年底期末數據做計算。

$$股價（P）＝35.22\% ／ 9.92\%×38.1＝135.3（元）$$

以2004年至2012年最低價平均報酬率平減數（%）計算之股價為135.3元，低於此價位後，逢低買進、長期持有，投資風險值將不高。

【案例11】台泥（1101）

1. 每年最高股價之最低平均報酬率平減數（%）

台泥（1101）　　　　　　　　　　　　　　　　　　　　　　　單位：百萬元

期別	2012年	2011年	2010年	2009年	2008年	2007年	2006年	2005年	2004年	平均數
稅前淨利	7,880	8,712	8,163	7,558	5,283	8,639	6,944	6,086	4,654	
股東權益總額	92,775	96,784	94,921	79,110	72,039	82,827	67,043	56,420	52,105	
稅前股東權益報酬率(%)	8.49%	9.00%	8.60%	9.55%	7.33%	10.43%	10.36%	10.79%	8.93%	9.28%
每股淨值（元）	25.1	26.2	25.7	24.0	21.9	25.5	21.3	20.0	19.7	
每股最高價（元）	38.2	49.5	36.4	39.8	60.7	57.8	31.1	24.2	21.8	
最高股價淨值倍數	1.52	1.89	1.42	1.66	2.77	2.27	1.46	1.21	1.11	1.70
最高價報酬率平減數(%)	5.59%	4.77%	6.07%	5.77%	2.64%	4.60%	7.11%	8.89%	8.07%	5.95%

註：
1. 2012年之數據為上半年累計值，「股東權益總額」為2012年Q2之數據，「稅前淨利」2012年為上半年累計數據*2之預估值。
2. 「股東權益總額」為求簡要考量以年底期末數據做計算。

$$股價（P）＝8.49\% ／ 5.95\%×25.1＝35.8（元）$$

以2004年至2012年最高價平均報酬率平減數（%）計算之股價為35.8元，超過此價位後，再進行追價買進，投資風險值將不低。

2. 每年最低股價之最高平均報酬率平減數（%）

台泥（1101）　　　　　　　　　　　　　　　　　　　　　　　單位：百萬元

期別	2012年	2011年	2010年	2009年	2008年	2007年	2006年	2005年	2004年	平均數
稅前淨利	7,880	8,712	8,163	7,558	5,283	8,639	6,944	6,086	4,654	
股東權益總額	92,775	96,784	94,921	79,110	72,039	82,827	67,043	56,420	52,105	
稅前股東權益報酬率(%)	8.49%	9.00%	8.60%	9.55%	7.33%	10.43%	10.36%	10.79%	8.93%	9.28%
每股淨值（元）	25.1	26.2	25.7	24.0	21.9	25.5	21.3	20.0	19.7	
每股最低價（元）	31.6	29.0	24.6	21.9	14.2	24.9	20.9	17.5	13.5	
最低股價淨值倍數	1.26	1.11	0.96	0.91	0.65	0.98	0.98	0.88	0.68	0.93
最低價報酬率平減數(%)	6.75%	8.14%	8.99%	10.48%	11.34%	10.68%	10.60%	12.30%	13.08%	10.26%

註：
1. 2012年之數據為上半年累計值，「股東權益總額」為2012年Q2之數據，「稅前淨利」2012年為上半年累計數據*2之預估值。
2. 「股東權益總額」為求簡要考量以年底期末數據做計算。

$$股價（P）＝8.49\% ／ 10.26\%×25.1＝20.8（元）$$

以2004年至2012年最低價平均報酬率平減數（%）計算之股價為20.8元，低於此價位後，逢低買進、長期持有，投資風險值將不高。

【案例12】統一（1216）

1. 每年最高股價之最低平均報酬率平減數（%）

統一（1216）									單位：百萬元	
期別	2012年	2011年	2010年	2009年	2008年	2007年	2006年	2005年	2004年	平均數
稅前淨利	12,994	9,812	11,124	7,838	3,613	11,022	3,739	2,096	2,753	
股東權益總額	75,105	73,347	69,966	64,407	56,992	63,232	46,629	43,591	41,313	
稅前股東權益報酬率(%)	17.30%	13.38%	15.90%	12.17%	6.34%	17.43%	8.02%	4.81%	6.66%	11.33%
每股淨值（元）	15.5	16.1	16.3	16.5	15.3	17.8	13.9	13.0	12.2	
每股最高價（元）	55.0	49.3	43.9	40.4	49.9	53.4	33.7	16.8	22.2	
最高股價淨值倍數	3.56	3.05	2.69	2.44	3.27	3.00	2.42	1.29	1.81	2.62
最高價報酬率平減數(%)	4.86%	4.38%	5.91%	4.98%	1.94%	5.80%	3.31%	3.72%	3.67%	4.29%

註：
1. 2012年之數據為上半年累計值，「股東權益總額」為2012年Q2之數據，「稅前淨利」2012年為上半年累計數據＊2之預估值。
2. 「股東權益總額」為求簡要考量以年底期末數據做計算。

$$股價（P）＝17.3\% ／ 4.29\% ×15.5 ＝ 62.5（元）$$

以2004年至2012年最高價平均報酬率平減數（%）計算之股價為62.5元，超過此價位後，再進行追價買進，投資風險值將不低。

2. 每年最低股價之最高平均報酬率平減數（%）

統一（1216）									單位：百萬元	
期別	2012年	2011年	2010年	2009年	2008年	2007年	2006年	2005年	2004年	平均數
稅前淨利	12,994	9,812	11,124	7,838	3,613	11,022	3,739	2,096	2,753	
股東權益總額	75,105	73,347	69,966	64,407	56,992	63,232	46,629	43,591	41,313	
稅前股東權益報酬率(%)	17.30%	13.38%	15.90%	12.17%	6.34%	17.43%	8.02%	4.81%	6.66%	11.33%
每股淨值（元）	15.5	16.1	16.3	16.5	15.3	17.8	13.9	13.0	12.2	
每股最低價（元）	40.0	36.0	31.9	24.0	23.5	26.9	14.5	11.9	13.1	
最低股價淨值倍數	2.59	2.23	1.95	1.45	1.54	1.51	1.04	0.91	1.07	1.59
最低價報酬率平減數(%)	6.68%	6.00%	8.13%	8.40%	4.12%	11.52%	7.69%	5.27%	6.23%	7.12%

註：
1. 2012年之數據為上半年累計值，「股東權益總額」為2012年Q2之數據，「稅前淨利」2012年為上半年累計數據＊2之預估值。
2. 「股東權益總額」為求簡要考量以年底期末數據做計算。

$$股價（P）＝17.3\% ／ 7.12\% ×15.5 ＝ 37.7（元）$$

以2004年至2012年最低價平均報酬率平減數（%）計算之股價為37.7元，低於此價位後，逢低買進、長期持有，投資風險值將不高。

【案例13】儒鴻（1476）

1. 每年最高股價之最低平均報酬率平減數（%）

儒鴻（1476）										單位：百萬元
期別	2012年	2011年	2010年	2009年	2008年	2007年	2006年	2005年	2004年	平均數
稅前淨利	1,832	1,438	900	580	291	458	438	374	291	
股東權益總額	4,534	4,458	3,638	3,052	2,809	2,822	2,192	1,966	1,475	
稅前股東權益報酬率(%)	40.41%	32.26%	24.74%	19.00%	10.36%	16.23%	19.98%	19.02%	19.73%	22.41%
每股淨值（元）	20.1	21.1	18.3	15.8	14.8	15.3	15.3	15.2	15.4	
每股最高價（元）	86.5	53.9	48.9	21.8	18.2	26.5	19.5	19.8	18.6	
最高股價淨值倍數	4.31	2.55	2.68	1.38	1.23	1.73	1.28	1.30	1.21	1.96
最高價報酬率平減數(%)	9.37%	12.63%	9.23%	13.75%	8.43%	9.38%	15.66%	14.66%	16.33%	12.16%

註：
1. 2012年之數據為上半年累計值，「股東權益總額」為2012年Q2之數據，「稅前淨利」2012年為上半年累計數據*2之預估值。
2. 「股東權益總額」為求簡要考量以年底期末數據做計算。

$$股價（P）＝40.41\% ／ 12.16\% ×20.1 ＝ 66.8（元）$$

以2004年至2012年最高價平均報酬率平減數（%）計算之股價為66.8元，超過此價位後，再進行追價買進，投資風險值將不低。

2. 每年最低股價之最高平均報酬率平減數（%）

儒鴻（1476）										單位：百萬元
期別	2012年	2011年	2010年	2009年	2008年	2007年	2006年	2005年	2004年	平均數
稅前淨利	1,832	1,438	900	580	291	458	438	374	291	
股東權益總額	4,534	4,458	3,638	3,052	2,809	2,822	2,192	1,966	1,475	
稅前股東權益報酬率(%)	40.41%	32.26%	24.74%	19.00%	10.36%	16.23%	19.98%	19.02%	19.73%	22.41%
每股淨值（元）	20.1	21.1	18.3	15.8	14.8	15.3	15.3	15.2	15.4	
每股最低價（元）	45.1	30.7	18.7	9.2	8.0	15.8	13.1	15.1	13.3	
最低股價淨值倍數	2.25	1.45	1.02	0.58	0.54	1.03	0.86	0.99	0.86	1.07
最低價報酬率平減數(%)	17.99%	22.18%	24.14%	32.50%	19.18%	15.74%	23.31%	19.23%	22.84%	21.90%

註：
1. 2012年之數據為上半年累計值，「股東權益總額」為2012年Q2之數據，「稅前淨利」2012年為上半年累計數據*2之預估值。
2. 「股東權益總額」為求簡要考量以年底期末數據做計算。

$$股價（P）＝40.41\% ／ 21.9\% ×20.1 ＝ 37.1（元）$$

以2004年至2012年最低價平均報酬率平減數（%）計算之股價為37.1元，低於此價位後，逢低買進、長期持有，投資風險值將不高。

【案例14】聚陽（1477）

1. 每年最高股價之最低平均報酬率平減數（%）

期別	2012年	2011年	2010年	2009年	2008年	2007年	2006年	2005年	2004年	平均數
稅前淨利	1,552	1,383	1,157	1,206	403	1,518	1,139	795	691	
股東權益總額	4,081	4,410	3,789	3,606	2,942	3,388	2,818	2,181	1,935	
稅前股東權益報酬率(%)	38.03%	31.36%	30.54%	33.44%	13.70%	44.81%	40.42%	36.45%	35.71%	33.83%
每股淨值（元）	24.9	27.1	23.9	23.5	19.4	23.7	21.4	17.8	16.7	
每股最高價（元）	90.3	79.2	82.2	62.9	74.8	104.0	70.9	46.8	70.0	
最高股價淨值倍數	3.63	2.92	3.44	2.68	3.85	4.40	3.31	2.63	4.19	3.45
最高價報酬率平減數(%)	10.47%	10.73%	8.87%	12.50%	3.56%	10.19%	12.21%	13.86%	8.53%	10.10%

聚陽（1477）　單位：百萬元

註：
1. 2012年之數據為上半年累計值，「股東權益總額」為2012年Q2之數據，「稅前淨利」2012年為上半年累計數據*2之預估值。
2.「股東權益總額」為求簡要考量以年底期末數據做計算。

$$股價（P）＝38.03\% ／ 10.10\% \times 24.9 ＝ 93.8（元）$$

以2004年至2012年最高價平均報酬率平減數（%）計算之股價為93.8元，超過此價位後，再進行追價買進，投資風險值將不低。

2. 每年最低股價之最高平均報酬率平減數（%）

期別	2012年	2011年	2010年	2009年	2008年	2007年	2006年	2005年	2004年	平均數
稅前淨利	1,552	1,383	1,157	1,206	403	1,518	1,139	795	691	
股東權益總額	4,081	4,410	3,789	3,606	2,942	3,388	2,818	2,181	1,935	
稅前股東權益報酬率(%)	38.03%	31.36%	30.54%	33.44%	13.70%	44.81%	40.42%	36.45%	35.71%	33.83%
每股淨值（元）	24.9	27.1	23.9	23.5	19.4	23.7	21.4	17.8	16.7	
每股最低價（元）	69.0	63.3	57.0	23.0	20.9	65.6	41.6	38.8	41.9	
最低股價淨值倍數	2.78	2.34	2.39	0.98	1.08	2.77	1.94	2.18	2.51	2.11
最低價報酬率平減數(%)	13.70%	13.43%	12.79%	34.26%	12.74%	16.15%	20.81%	16.73%	14.25%	17.21%

聚陽（1477）　單位：百萬元

註：
1. 2012年之數據為上半年累計值，「股東權益總額」為2012年Q2之數據，「稅前淨利」2012年為上半年累計數據*2之預估值。
2.「股東權益總額」為求簡要考量以年底期末數據做計算。

$$股價（P）＝38.03\% ／ 17.21\% \times 24.9 ＝ 55.0（元）$$

以2004年至2012年最低價平均報酬率平減數（%）計算之股價為55.0元，低於此價位後，逢低買進、長期持有，投資風險值將不高。

【案例15】伸興（1558）

1. 每年最高股價之最低平均報酬率平減數（%）

伸興（1558）									單位：百萬元
期別	2012年	2011年	2010年	2009年	2008年	2007年	2006年	2005年	2004年	平均數
稅前淨利	620	749	685	613	165	184	245	158	331	
股東權益總額	2,230	2,011	1,943	1,704	1,103	1,065	917	757	756	
稅前股東權益報酬率(%)	27.80%	37.25%	35.25%	35.97%	14.96%	17.28%	26.72%	20.87%	43.78%	28.88%
每股淨值（元）	43.2	42.6	41.4	36.3	25.4	25.0	24.9	21.5	21.5	
每股最高價（元）	122.0	127.5	170.5	86.4	35.1	32.0				
最高股價淨值倍數	2.83	2.99	4.12	2.38	1.38	1.28				2.50
最高價報酬率平減數(%)	9.84%	12.45%	8.55%	15.11%	10.81%	13.48%				11.71%

註：
1. 2012年之數據為上半年累計值，「股東權益總額」為2012年Q2之數據，「稅前淨利」2012年為上半年累計數據*2之預估值。
2. 「股東權益總額」為求簡要考量以年底期末數據做計算。

$$股價（P）＝27.80\% ／ 11.71\% ×43.2＝102.6（元）$$

以2004年至2012年最高價平均報酬率平減數（%）計算之股價為102.6元，超過此價位後，再進行追價買進，投資風險值將不低。

2. 每年最低股價之最高平均報酬率平減數（%）

伸興（1558）									單位：百萬元
期別	2012年	2011年	2010年	2009年	2008年	2007年	2006年	2005年	2004年	平均數
稅前淨利	620	749	685	613	165	184	245	158	331	
股東權益總額	2,230	2,011	1,943	1,704	1,103	1,065	917	757	756	
稅前股東權益報酬率(%)	27.80%	37.25%	35.25%	35.97%	14.96%	17.28%	26.72%	20.87%	43.78%	28.88%
每股淨值（元）	43.2	42.6	41.4	36.3	25.4	25.0	24.9	21.5	21.5	
每股最低價（元）	91.2	79.5	77.0	18.0	17.3	27.1				
最低股價淨值倍數	2.11	1.86	1.86	0.50	0.68	1.09				1.35
最低價報酬率平減數(%)	13.16%	19.97%	18.94%	72.51%	21.94%	15.91%				27.07%

註：
1. 2012年之數據為上半年累計值，「股東權益總額」為2012年Q2之數據，「稅前淨利」2012年為上半年累計數據*2之預估值。
2. 「股東權益總額」為求簡要考量以年底期末數據做計算。

$$股價（P）＝27.80\% ／ 27.07\% ×43.2＝44.4（元）$$

以2004年至2012年最低價平均報酬率平減數（%）計算之股價為44.4元，低於此價位後，逢低買進、長期持有，投資風險值將不高。

【案例16】新麥（1580）

1. 每年最高股價之最低平均報酬率平減數（%）

新麥（1580）　　　　　　　　　　　　　　　　　　　　單位：百萬元

期別	2012年	2011年	2010年	2009年	2008年	2007年	2006年	2005年	2004年	平均數
稅前淨利	410	441	396	300	184	186	112	95	60	
股東權益總額	1,062	1,195	1,004	873	730	697	469	427	287	
稅前股東權益報酬率(%)	38.61%	36.90%	39.44%	34.36%	25.21%	26.69%	23.88%	22.25%	20.91%	29.80%
每股淨值（元）	24.8	29.4	25.9	23.6	20.8	19.8	17.3	17.4	13.7	
每股最高價（元）	139.5	127.5	157.5	74.0	41.7	37.9				
最高股價淨值倍數	5.62	4.34	6.08	3.13	2.01	1.91				3.85
最高價報酬率平減數(%)	6.87%	8.50%	6.49%	10.98%	12.55%	13.96%				9.89%

註：
1. 2012年之數據為上半年累計值，「股東權益總額」為2012年Q2之數據，「稅前淨利」2012年為上半年累計數據*2之預估值。
2. 「股東權益總額」為求簡要考量以年底期末數據做計算。

$$股價（P）＝38.61\% ／ 9.89\% × 24.8 = 96.8（元）$$

　　以2004年至2012年最高價平均報酬率平減數（%）計算之股價為96.8元，超過此價位後，再進行追價買進，投資風險值將不低。

2. 每年最低股價之最高平均報酬率平減數（%）

新麥（1580）　　　　　　　　　　　　　　　　　　　　單位：百萬元

期別	2012年	2011年	2010年	2009年	2008年	2007年	2006年	2005年	2004年	平均數
稅前淨利	410	441	396	300	184	186	112	95	60	
股東權益總額	1,062	1,195	1,004	873	730	697	469	427	287	
稅前股東權益報酬率(%)	38.61%	36.90%	39.44%	34.36%	25.21%	26.69%	23.88%	22.25%	20.91%	29.80%
每股淨值（元）	24.8	29.4	25.9	23.6	20.8	19.8	17.3	17.4	13.7	
每股最低價（元）	86.5	75.4	56.1	22.0	21.3	33.8				
最低股價淨值倍數	3.48	2.57	2.17	0.93	1.02	1.70				1.98
最低價報酬率平減數(%)	11.09%	14.37%	18.21%	36.93%	24.64%	15.66%				20.15%

註：
1. 2012年之數據為上半年累計值，「股東權益總額」為2012年Q2之數據，「稅前淨利」2012年為上半年累計數據*2之預估值。
2. 「股東權益總額」為求簡要考量以年底期末數據做計算。

$$股價（P）＝38.61\% ／ 20.15\% × 24.8 = 47.5（元）$$

　　以2004年至2012年最低價平均報酬率平減數（%）計算之股價為47.5元，低於此價位後，逢低買進、長期持有，投資風險值將不高。

【案例17】五鼎（1733）

1. 每年最高股價之最低平均報酬率平減數（%）

五鼎（1733）									單位：百萬元	
期別	2012年	2011年	2010年	2009年	2008年	2007年	2006年	2005年	2004年	平均數
稅前淨利	678	596	533	427	377	484	344	173	171	
股東權益總額	1,564	1,750	1,630	1,471	1,264	1,348	1,101	890	866	
稅前股東權益報酬率(%)	43.35%	34.06%	32.70%	29.03%	29.83%	35.91%	31.24%	19.44%	19.75%	30.59%
每股淨值（元）	16.4	18.3	17.1	15.4	15.2	16.2	15.1	12.4	12.1	
每股最高價（元）	86.9	75.8	79.1	68.0	79.0	115.5	47.2	28.9	47.0	
最高股價淨值倍數	5.31	4.14	4.64	4.42	5.19	7.12	3.13	2.33	3.90	4.46
最高價報酬率平減數(%)	8.17%	8.23%	7.05%	6.57%	5.75%	5.04%	9.99%	8.34%	5.07%	7.13%

註：
1. 2012年之數據為上半年累計值，「股東權益總額」為2012年Q2之數據，「稅前淨利」2012年為上半年累計數據*2之預估值。
2.「股東權益總額」為求簡要考量以年底期末數據做計算。

$$股價（P）＝43.35\% ／ 7.13\%×16.4＝99.7（元）$$

　　以2004年至2012年最高價平均報酬率平減數（%）計算之股價為99.7元，超過此價位後，再進行追價買進，投資風險值將不低。

2. 每年最低股價之最高平均報酬率平減數（%）

五鼎（1733）									單位：百萬元	
期別	2012年	2011年	2010年	2009年	2008年	2007年	2006年	2005年	2004年	平均數
稅前淨利	678	596	533	427	377	484	344	173	171	
股東權益總額	1,564	1,750	1,630	1,471	1,264	1,348	1,101	890	866	
稅前股東權益報酬率(%)	43.35%	34.06%	32.70%	29.03%	29.83%	35.91%	31.24%	19.44%	19.75%	30.59%
每股淨值（元）	16.4	18.3	17.1	15.4	15.2	16.2	15.1	12.4	12.1	
每股最低價（元）	59.7	56.0	53.6	43.3	38.8	43.4	24.8	21.6	21.2	
最低股價淨值倍數	3.65	3.06	3.14	2.81	2.55	2.68	1.64	1.74	1.76	2.56
最低價報酬率平減數(%)	11.89%	11.14%	10.41%	10.32%	11.70%	13.42%	19.01%	11.15%	11.23%	12.25%

註：
1. 2012年之數據為上半年累計值，「股東權益總額」為2012年Q2之數據，「稅前淨利」2012年為上半年累計數據*2之預估值。
2.「股東權益總額」為求簡要考量以年底期末數據做計算。

$$股價（P）＝43.35\% ／ 12.25\%×16.4＝58.0（元）$$

　　以2004年至2012年最低價平均報酬率平減數（%）計算之股價為58.0元，低於此價位後，逢低買進、長期持有，投資風險值將不高。

【案例18】中碳（1723）

1. 每年最高股價之最低平均報酬率平減數（%）

中碳（1723）										單位：百萬元
期別	2012年	2011年	2010年	2009年	2008年	2007年	2006年	2005年	2004年	平均數
稅前淨利	2,364	2,640	2,241	1,549	1,797	1,848	1,515	1,324	1,422	
股東權益總額	5,366	6,250	5,778	5,152	4,612	4,708	4,120	3,624	3,416	
稅前股東權益報酬率(%)	44.06%	42.24%	38.79%	30.07%	38.96%	39.25%	36.77%	36.53%	41.63%	38.70%
每股淨值（元）	23.3	27.2	25.1	22.4	20.1	21.7	20.1	17.8	17.3	
每股最高價（元）	144.0	188.0	128.5	92.8	96.5	95.2	53.2	53.1	53.0	
最高股價淨值倍數	6.17	6.92	5.12	4.14	4.81	4.39	2.64	2.98	3.06	4.47
最高價報酬率平減數(%)	7.13%	6.10%	7.58%	7.26%	8.10%	8.95%	13.91%	12.25%	13.62%	9.43%

註：
1. 2012年之數據為上半年累計值，「股東權益總額」為2012年Q2之數據，「稅前淨利」2012年為上半年累計數據*2之預估值。
2.「股東權益總額」為求簡要考量以年底期末數據做計算。

$$股價（P）＝44.06\% ／ 9.43\% ×23.3＝108.9（元）$$

以2004年至2012年最高價平均報酬率平減數（%）計算之股價為108.9元，超過此價位後，再進行追價買進，投資風險值將不低。

2. 每年最低股價之最高平均報酬率平減數（%）

中碳（1723）										單位：百萬元
期別	2012年	2011年	2010年	2009年	2008年	2007年	2006年	2005年	2004年	平均數
稅前淨利	2,364	2,640	2,241	1,549	1,797	1,848	1,515	1,324	1,422	
股東權益總額	5,366	6,250	5,778	5,152	4,612	4,708	4,120	3,624	3,416	
稅前股東權益報酬率(%)	44.06%	42.24%	38.79%	30.07%	38.96%	39.25%	36.77%	36.53%	41.63%	38.70%
每股淨值（元）	23.3	27.2	25.1	22.4	20.1	21.7	20.1	17.8	17.3	
每股最低價（元）	112.5	109.0	80.1	50.0	43.0	52.5	40.4	39.9	41.1	
最低股價淨值倍數	4.82	4.01	3.19	2.23	2.14	2.42	2.01	2.24	2.37	2.83
最低價報酬率平減數(%)	9.13%	10.53%	12.16%	13.47%	18.17%	16.23%	18.32%	16.31%	17.56%	14.65%

註：
1. 2012年之數據為上半年累計值，「股東權益總額」為2012年Q2之數據，「稅前淨利」2012年為上半年累計數據*2之預估值。
2.「股東權益總額」為求簡要考量以年底期末數據做計算。

$$股價（P）＝44.06\% ／ 14.65\% ×23.3＝70.1（元）$$

以2004年至2012年最低價平均報酬率平減數（%）計算之股價為70.1元，低於此價位後，逢低買進、長期持有，投資風險值將不高。

【案例19】矽格（6257）

1. 每年最高股價之最低平均報酬率平減數（%）

矽格（6257）										單位：百萬元
期別	2012年	2011年	2010年	2009年	2008年	2007年	2006年	2005年	2004年	平均數
稅前淨利	972	888	1,167	573	363	654	609	313	445	
股東權益總額	6,830	6,942	6,873	5,521	5,110	5,219	4,453	3,064	2,575	
稅前股東權益報酬率(%)	14.23%	12.79%	16.98%	10.38%	7.10%	12.53%	13.68%	10.22%	17.28%	12.80%
每股淨值（元）	19.1	19.7	20.0	17.8	16.4	17.7	17.3	16.5	18.1	
每股最高價（元）	26.2	30.3	28.6	20.9	20.0	30.9	25.8	24.5	59.5	
最高股價淨值倍數	1.37	1.54	1.43	1.17	1.22	1.74	1.50	1.49	3.28	1.64
最高價報酬率平減數(%)	10.38%	8.30%	11.87%	8.85%	5.83%	7.19%	9.14%	6.88%	5.27%	8.19%

註：
1. 2012年之數據為上半年累計值，「股東權益總額」為2012年Q2之數據，「稅前淨利」2012年為上半年累計數據*2之預估值。
2.「股東權益總額」為求簡要考量以年底期末數據做計算。

$$股價（P）＝14.23\% / 8.19\% \times 19.1 ＝ 33.2（元）$$

以2004年至2012年最高價平均報酬率平減數（%）計算之股價為33.2元，超過此價位後，再進行追價買進，投資風險值將不低。

2. 每年最低股價之最高平均報酬率平減數（%）

矽格（6257）										單位：百萬元
期別	2012年	2011年	2010年	2009年	2008年	2007年	2006年	2005年	2004年	平均數
稅前淨利	972	888	1,167	573	363	654	609	313	445	
股東權益總額	6,830	6,942	6,873	5,521	5,110	5,219	4,453	3,064	2,575	
稅前股東權益報酬率(%)	14.23%	12.79%	16.98%	10.38%	7.10%	12.53%	13.68%	10.22%	17.28%	12.80%
每股淨值（元）	19.1	19.7	20.0	17.8	16.4	17.7	17.3	16.5	18.1	
每股最低價（元）	19.0	16.8	16.3	6.4	5.4	14.4	16.1	13.7	19.8	
最低股價淨值倍數	0.99	0.85	0.82	0.36	0.33	0.81	0.93	0.83	1.09	0.78
最低價報酬率平減數(%)	14.32%	14.96%	20.82%	29.04%	21.48%	15.43%	14.70%	12.34%	15.84%	17.66%

註：
1. 2012年之數據為上半年累計值，「股東權益總額」為2012年Q2之數據，「稅前淨利」2012年為上半年累計數據*2之預估值。
2.「股東權益總額」為求簡要考量以年底期末數據做計算。

$$股價（P）＝14.23\% / 17.66\% \times 19.1 ＝ 15.4（元）$$

以2004年至2012年最低價平均報酬率平減數（%）計算之股價為15.4元，低於此價位後，逢低買進、長期持有，投資風險值將不高。

【案例20】上銀（2049）

1. 每年最高股價之最低平均報酬率平減數（%）

上銀（2049）									單位：百萬元
期別	2012年	2011年	2010年	2009年	2008年	2007年	2006年	2005年	2004年	平均數
稅前淨利	3,214	4,433	1,916	280	916	1,023	618	593	491	
股東權益總額	9,104	9,239	6,092	4,653	3,871	3,573	2,927	2,481	2,078	
稅前股東權益報酬率(%)	35.30%	47.98%	31.45%	6.02%	23.66%	28.63%	21.11%	23.90%	23.63%	26.85%
每股淨值（元）	36.9	39.4	26.7	20.8	19.2	17.8	14.5	14.0	13.2	
每股最高價（元）	342.0	400.0	163.5	43.8						
最高股價淨值倍數	9.26	10.16	6.11	2.10						6.91
最高價報酬率平減數(%)	3.81%	4.72%	5.14%	2.86%						4.14%

註：
1. 2012年之數據為上半年累計值，「股東權益總額」為2012年Q2之數據，「稅前淨利」2012年為上半年累計數據＊2之預估值。
2. 「股東權益總額」為求簡要考量以年底期末數據做計算。

股價（P）＝ 35.3%／4.14%×36.9 ＝ 314.6（元）

以2004年至2012年最高價平均報酬率平減數（%）計算之股價為314.6元，超過此價位後，再進行追價買進，投資風險值將不低。

2. 每年最低股價之最高平均報酬率平減數（%）

上銀（2049）									單位：百萬元
期別	2012年	2011年	2010年	2009年	2008年	2007年	2006年	2005年	2004年	平均數
稅前淨利	3,214	4,433	1,916	280	916	1,023	618	593	491	
股東權益總額	9,104	9,239	6,092	4,653	3,871	3,573	2,927	2,481	2,078	
稅前股東權益報酬率(%)	35.30%	47.98%	31.45%	6.02%	23.66%	28.63%	21.11%	23.90%	23.63%	26.85%
每股淨值（元）	36.9	39.4	26.7	20.8	19.2	17.8	14.5	14.0	13.2	
每股最低價（元）	207.0	139.0	39.3	26.0						
最低股價淨值倍數	5.60	3.53	1.47	1.25						2.96
最低價報酬率平減數(%)	6.30%	13.59%	21.43%	4.82%						11.53%

註：
1. 2012年之數據為上半年累計值，「股東權益總額」為2012年Q2之數據，「稅前淨利」2012年為上半年累計數據＊2之預估值。
2. 「股東權益總額」為求簡要考量以年底期末數據做計算。

股價（P）＝ 35.3%／11.53%×36.9 ＝ 113.0（元）

以2004年至2012年最低價平均報酬率平減數（%）計算之股價為113.0元，低於此價位後，逢低買進、長期持有，投資風險值將不高。

【案例21】台橡（2103）

1. 每年最高股價之最低平均報酬率平減數（%）

台橡（2103）										單位：百萬元
期別	2012年	2011年	2010年	2009年	2008年	2007年	2006年	2005年	2004年	平均數
稅前淨利	3,292	7,035	3,785	2,882	2,839	3,618	2,383	2,351	1,389	
股東權益總額	14,704	17,167	12,959	12,128	11,939	11,720	10,386	9,237	8,313	
稅前股東權益報酬率(%)	22.39%	40.98%	29.21%	23.76%	23.78%	30.87%	22.94%	25.45%	16.71%	26.23%
每股淨值（元）	18.7	24.0	19.9	18.7	18.4	18.0	16.0	15.2	13.6	
每股最高價（元）	81.7	91.0	68.5	42.8	57.3	58.1	24.9	18.6	17.3	
最高股價淨值倍數	4.37	3.79	3.44	2.29	3.12	3.22	1.56	1.23	1.27	2.70
最高價報酬率平減數(%)	5.12%	10.81%	8.50%	10.36%	7.62%	9.58%	14.72%	20.74%	13.17%	11.18%

註：
1. 2012年之數據為上半年累計值，「股東權益總額」為2012年Q2之數據，「稅前淨利」2012年為上半年累計數據*2之預估值。
2. 「股東權益總額」為求簡要考量以年底期末數據做計算。

$$股價（P）= 22.39\% ／ 11.18\% × 18.7 = 37.5（元）$$

以2004年至2012年最高價平均報酬率平減數（%）計算之股價為37.5元，超過此價位後，再進行追價買進，投資風險值將不低。

2. 每年最低股價之最高平均報酬率平減數（%）

台橡（2103）										單位：百萬元
期別	2012年	2011年	2010年	2009年	2008年	2007年	2006年	2005年	2004年	平均數
稅前淨利	3,292	7,035	3,785	2,882	2,839	3,618	2,383	2,351	1,389	
股東權益總額	14,704	17,167	12,959	12,128	11,939	11,720	10,386	9,237	8,313	
稅前股東權益報酬率(%)	22.39%	40.98%	29.21%	23.76%	23.78%	30.87%	22.94%	25.45%	16.71%	26.23%
每股淨值（元）	18.7	24.0	19.9	18.7	18.4	18.0	16.0	15.2	13.6	
每股最低價（元）	60.1	57.6	36.1	22.8	19.2	22.5	16.8	13.2	10.4	
最低股價淨值倍數	3.21	2.40	1.81	1.22	1.05	1.25	1.05	0.87	0.76	1.51
最低價報酬率平減數(%)	6.97%	17.08%	16.13%	19.45%	22.75%	24.79%	21.89%	29.33%	22.02%	20.05%

註：
1. 2012年之數據為上半年累計值，「股東權益總額」為2012年Q2之數據，「稅前淨利」2012年為上半年累計數據*2之預估值。
2. 「股東權益總額」為求簡要考量以年底期末數據做計算。

$$股價（P）= 22.39\% ／ 20.05\% × 18.7 = 20.9（元）$$

以2004年至2012年最低價平均報酬率平減數（%）計算之股價為20.9元，低於此價位後，逢低買進、長期持有，投資風險值將不高。

【案例22】和泰車（2207）

1. 每年最高股價之最低平均報酬率平減數（%）

和泰車（2207）										單位：百萬元
期別	2012年	2011年	2010年	2009年	2008年	2007年	2006年	2005年	2004年	平均數
稅前淨利	9,442	7,418	5,525	4,211	3,317	4,301	4,284	5,375	4,061	
股東權益總額	26,991	27,283	23,763	21,229	19,250	19,237	18,243	17,595	15,309	
稅前股東權益報酬率(%)	34.98%	27.19%	23.25%	19.84%	17.23%	22.36%	23.48%	30.55%	26.53%	25.05%
每股淨值（元）	49.4	50.0	43.5	38.9	35.3	35.2	33.4	32.2	28.0	
每股最高價（元）	261.0	173.5	96.2	85.7	102.5	94.0	84.3	93.7	65.5	
最高股價淨值倍數	5.28	3.47	2.21	2.20	2.91	2.67	2.52	2.91	2.34	2.95
最高價報酬率平減數(%)	6.62%	7.83%	10.52%	9.00%	5.93%	8.38%	9.30%	10.50%	11.35%	8.82%

註：
1. 2012年之數據為上半年累計值，「股東權益總額」為2012年Q2之數據，「稅前淨利」2012年為上半年累計數據*2之預估值。
2. 「股東權益總額」為求簡要考量以年底期末數據做計算。

股價（P）＝34.98%／8.82%×49.4＝195.9（元）

以2004年至2012年最高價平均報酬率平減數（%）計算之股價為195.9元，超過此價位後，再進行追價買進，投資風險值將不低。

2. 每年最低股價之最高平均報酬率平減數（%）

和泰車（2207）										單位：百萬元
期別	2012年	2011年	2010年	2009年	2008年	2007年	2006年	2005年	2004年	平均數
稅前淨利	9,442	7,418	5,525	4,211	3,317	4,301	4,284	5,375	4,061	
股東權益總額	26,991	27,283	23,763	21,229	19,250	19,237	18,243	17,595	15,309	
稅前股東權益報酬率(%)	34.98%	27.19%	23.25%	19.84%	17.23%	22.36%	23.48%	30.55%	26.53%	25.05%
每股淨值（元）	49.4	50.0	43.5	38.9	35.3	35.2	33.4	32.2	28.0	
每股最低價（元）	138.0	80.9	62.8	44.0	44.0	73.0	60.0	60.5	38.5	
最低股價淨值倍數	2.79	1.62	1.44	1.13	1.25	2.07	1.80	1.88	1.37	1.71
最低價報酬率平減數(%)	12.53%	16.79%	16.11%	17.52%	13.80%	10.79%	13.07%	16.27%	19.31%	15.13%

註：
1. 2012年之數據為上半年累計值，「股東權益總額」為2012年Q2之數據，「稅前淨利」2012年為上半年累計數據*2之預估值。
2. 「股東權益總額」為求簡要考量以年底期末數據做計算。

股價（P）＝34.98%／15.13%×49.4＝114.2（元）

以2004年至2012年最低價平均報酬率平減數（%）計算之股價為114.2元，低於此價位後，逢低買進、長期持有，投資風險值將不高。

【案例23】台達電（2308）

1. 每年最高股價之最低平均報酬率平減數（%）

台達電（2308）										單位：百萬元
期別	2012年	2011年	2010年	2009年	2008年	2007年	2006年	2005年	2004年	平均數
稅前淨利	16,316	11,576	16,362	11,577	11,387	16,735	12,686	7,525	5,959	
股東權益總額	76,810	77,821	75,831	63,301	58,343	59,781	49,820	43,400	33,124	
稅前股東權益報酬率(%)	21.24%	14.88%	21.58%	18.29%	19.52%	27.99%	25.46%	17.34%	17.99%	20.48%
每股淨值（元）	31.9	32.4	31.7	28.0	26.7	28.4	25.3	23.7	20.9	
每股最高價（元）	114.5	143.0	143.5	103.5	110.0	135.0	109.0	70.7	56.0	
最高股價淨值倍數	3.59	4.42	4.53	3.69	4.12	4.76	4.31	2.98	2.68	3.90
最高價報酬率平減數(%)	5.92%	3.37%	4.70%	4.95%	4.74%	5.00%	5.91%	5.81%	6.71%	5.34%

註：
1. 2012年之數據為上半年累計值，「股東權益總額」為2012年Q2之數據，「稅前淨利」2012年為上半年累計數據*2之預估值。
2. 「股東權益總額」為求簡要考量以年底期末數據做計算。

股價（P）＝21.24% ／ 5.34%×31.9 = 126.9（元）

以2004年至2012年最高價平均報酬率平減數（%）計算之股價為126.9元，超過此價位後，再進行追價買進，投資風險值將不低。

2. 每年最低股價之最高平均報酬率平減數（%）

台達電（2308）										單位：百萬元
期別	2012年	2011年	2010年	2009年	2008年	2007年	2006年	2005年	2004年	平均數
稅前淨利	16,316	11,576	16,362	11,577	11,387	16,735	12,686	7,525	5,959	
股東權益總額	76,810	77,821	75,831	63,301	58,343	59,781	49,820	43,400	33,124	
稅前股東權益報酬率(%)	21.24%	14.88%	21.58%	18.29%	19.52%	27.99%	25.46%	17.34%	17.99%	20.48%
每股淨值（元）	31.9	32.4	31.7	28.0	26.7	28.4	25.3	23.7	20.9	
每股最低價（元）	70.3	63.0	90.3	50.6	56.5	94.4	62.9	48.1	37.2	
最低價淨值倍數	2.20	1.95	2.85	1.80	2.12	3.33	2.49	2.03	1.78	2.28
最低價報酬率平減數(%)	9.64%	7.65%	7.57%	10.13%	9.22%	8.42%	10.24%	8.55%	10.10%	9.06%

註：
1. 2012年之數據為上半年累計值，「股東權益總額」為2012年Q2之數據，「稅前淨利」2012年為上半年累計數據*2之預估值。
2. 「股東權益總額」為求簡要考量以年底期末數據做計算。

股價（P）＝21.24% ／ 9.06%×31.9 = 74.8（元）

以2004年至2012年最低價平均報酬率平減數（%）計算之股價為74.8元，低於此價位後，逢低買進、長期持有，投資風險值將不高。

【案例24】敬鵬（2355）

1. 每年最高股價之最低平均報酬率平減數（%）

敬鵬（2355）										單位：百萬元
期別	2012年	2011年	2010年	2009年	2008年	2007年	2006年	2005年	2004年	平均數
稅前淨利	1,954	1,432	1,144	1,179	822	2,312	1,007	869	838	
股東權益總額	11,319	11,263	10,352	10,101	9,534	9,984	7,451	6,886	6,641	
稅前股東權益報酬率(%)	17.26%	12.71%	11.05%	11.67%	8.62%	23.16%	13.51%	12.62%	12.62%	13.69%
每股淨值（元）	28.5	28.3	26.0	25.4	24.0	24.2	21.8	20.7	20.0	
每股最高價（元）	38.8	26.3	30.0	30.4	28.5	36.6	25.5	23.1	29.0	
最高股價淨值倍數	1.36	0.93	1.15	1.19	1.19	1.51	1.17	1.12	1.45	1.23
最高價報酬率平減數(%)	12.68%	13.73%	9.59%	9.77%	7.26%	15.32%	11.54%	11.31%	8.72%	11.10%

註：
1. 2012年之數據為上半年累計值，「股東權益總額」為2012年Q2之數據，「稅前淨利」2012年為上半年累計數據*2之預估值。
2.「股東權益總額」為求簡要考量以年底期末數據做計算。

$$股價（P）= 17.26\% \diagup 11.10\% \times 28.5 = 44.3（元）$$

　　以2004年至2012年最高價平均報酬率平減數（%）計算之股價為44.3元，超過此價位後，再進行追價買進，投資風險值將不低。

2. 每年最低股價之最高平均報酬率平減數（%）

敬鵬（2355）										單位：百萬元
期別	2012年	2011年	2010年	2009年	2008年	2007年	2006年	2005年	2004年	平均數
稅前淨利	1,954	1,432	1,144	1,179	822	2,312	1,007	869	838	
股東權益總額	11,319	11,263	10,352	10,101	9,534	9,984	7,451	6,886	6,641	
稅前股東權益報酬率(%)	17.26%	12.71%	11.05%	11.67%	8.62%	23.16%	13.51%	12.62%	12.62%	13.69%
每股淨值（元）	28.5	28.3	26.0	25.4	24.0	24.2	21.8	20.7	20.0	
每股最低價（元）	19.3	16.9	21.2	9.4	8.7	22.1	19.5	14.7	17.5	
最低股價淨值倍數	0.68	0.59	0.81	0.37	0.36	0.91	0.89	0.71	0.87	0.69
最低價報酬率平減數(%)	25.53%	21.38%	13.61%	31.65%	23.79%	25.38%	15.13%	17.78%	14.45%	20.97%

註：
1. 2012年之數據為上半年累計值，「股東權益總額」為2012年Q2之數據，「稅前淨利」2012年為上半年累計數據*2之預估值。
2.「股東權益總額」為求簡要考量以年底期末數據做計算。

$$股價（P）= 17.26\% \diagup 20.97\% \times 28.5 = 23.5（元）$$

　　以2004年至2012年最低價平均報酬率平減數（%）計算之股價為23.5元，低於此價位後，逢低買進、長期持有，投資風險值將不高。

【案例25】廣達（2382）

1. 每年最高股價之最低平均報酬率平減數（%）

廣達（2382）										單位：百萬元
期別	2012年	2011年	2010年	2009年	2008年	2007年	2006年	2005年	2004年	平均數
稅前淨利	26,850	27,435	23,254	25,986	25,235	22,057	15,496	13,507	12,485	
股東權益總額	112,244	116,344	111,603	106,619	86,075	87,390	72,397	69,354	65,126	
稅前股東權益報酬率(%)	23.92%	23.58%	20.84%	24.37%	29.32%	25.24%	21.40%	19.48%	19.17%	23.04%
每股淨值（元）	29.2	30.4	29.2	28.2	24.0	25.3	21.6	21.4	21.0	
每股最高價（元）	86.4	73.0	72.3	75.3	53.1	59.9	61.9	64.1	90.0	
最高股價淨值倍數	2.95	2.41	2.48	2.67	2.22	2.37	2.86	2.99	4.29	2.81
最高價報酬率平減數(%)	8.10%	9.80%	8.42%	9.12%	13.22%	10.64%	7.48%	6.51%	4.40%	8.64%

註：
1. 2012年之數據為上半年累計值，「股東權益總額」為2012年Q2之數據，「稅前淨利」2012年為上半年累計數據*2之預估值。
2.「股東權益總額」為求簡要考量以年底期末數據做計算。

$$股價（P）= 23.92\% / 8.64\% \times 29.2 = 80.8（元）$$

以2004年至2012年最高價平均報酬率平減數（%）計算之股價為80.8元，超過此價位後，再進行追價買進，投資風險值將不低。

2. 每年最低股價之最高平均報酬率平減數（%）

廣達（2382）										單位：百萬元
期別	2012年	2011年	2010年	2009年	2008年	2007年	2006年	2005年	2004年	平均數
稅前淨利	26,850	27,435	23,254	25,986	25,235	22,057	15,496	13,507	12,485	
股東權益總額	112,244	116,344	111,603	106,619	86,075	87,390	72,397	69,354	65,126	
稅前股東權益報酬率(%)	23.92%	23.58%	20.84%	24.37%	29.32%	25.24%	21.40%	19.48%	19.17%	23.04%
每股淨值（元）	29.2	30.4	29.2	28.2	24.0	25.3	21.6	21.4	21.0	
每股最低價（元）	62.1	48.1	45.4	29.6	29.4	42.5	43.1	44.0	52.0	
最低股價淨值倍數	2.12	1.58	1.55	1.05	1.23	1.68	1.99	2.06	2.48	1.75
最低價報酬率平減數(%)	11.26%	14.88%	13.40%	23.23%	23.92%	15.00%	10.74%	9.48%	7.73%	14.40%

註：
1. 2012年之數據為上半年累計值，「股東權益總額」為2012年Q2之數據，「稅前淨利」2012年為上半年累計數據*2之預估值。
2.「股東權益總額」為求簡要考量以年底期末數據做計算。

$$股價（P）= 23.92\% / 14.40\% \times 29.2 = 48.5（元）$$

以2004年至2012年最低價平均報酬率平減數（%）計算之股價為48.5元，低於此價位後，逢低買進、長期持有，投資風險值將不高。

【案例26】可成（2474）

1. 每年最高股價之最低平均報酬率平減數（%）

可成（2474）										單位：百萬元
期別	2012年	2011年	2010年	2009年	2008年	2007年	2006年	2005年	2004年	平均數
稅前淨利	10,560	11,339	4,627	3,562	4,715	7,603	6,732	3,837	1,803	
股東權益總額	55,680	55,812	32,676	31,959	29,454	25,852	19,264	10,907	5,051	
稅前股東權益報酬率(%)	18.97%	20.32%	14.16%	11.15%	16.01%	29.41%	34.95%	35.18%	35.70%	23.98%
每股淨值（元）	74.2	74.4	49.1	48.1	49.1	47.7	46.5	38.4	26.9	
每股最高價（元）	237.0	277.5	113.0	100.5	191.5	382.0	399.5	330.5	149.0	
最高股價淨值倍數	3.20	3.73	2.30	2.09	3.90	8.00	8.59	8.60	5.55	5.11
最高價報酬率平減數(%)	5.94%	5.44%	6.16%	5.33%	4.11%	3.67%	4.07%	4.09%	6.43%	5.03%

註：
1. 2012年之數據為上半年累計值，「股東權益總額」為2012年Q2之數據，「稅前淨利」2012年為上半年累計數據*2之預估值。
2.「股東權益總額」為求簡要考量以年底期末數據做計算。

股價（P）＝18.97% ／ 5.03%×74.2 ＝ 279.8（元）

　　以2004年至2012年最高價平均報酬率平減數（%）計算之股價為279.8元，超過此價位後，再進行追價買進，投資風險值將不低。

2. 每年最低股價之最高平均報酬率平減數（%）

可成（2474）										單位：百萬元
期別	2012年	2011年	2010年	2009年	2008年	2007年	2006年	2005年	2004年	平均數
稅前淨利	10,560	11,339	4,627	3,562	4,715	7,603	6,732	3,837	1,803	
股東權益總額	55,680	55,812	32,676	31,959	29,454	25,852	19,264	10,907	5,051	
稅前股東權益報酬率(%)	18.97%	20.32%	14.16%	11.15%	16.01%	29.41%	34.95%	35.18%	35.70%	23.98%
每股淨值（元）	74.2	74.4	49.1	48.1	49.1	47.7	46.5	38.4	26.9	
每股最低價（元）	133.5	104.0	60.0	54.3	45.5	156.0	215.0	94.0	77.5	
最低股價淨值倍數	1.80	1.40	1.22	1.13	0.93	3.27	4.62	2.45	2.89	2.19
最低價報酬率平減數(%)	10.54%	14.52%	11.60%	9.86%	17.28%	9.00%	7.56%	14.39%	12.37%	11.90%

註：
1. 2012年之數據為上半年累計值，「股東權益總額」為2012年Q2之數據，「稅前淨利」2012年為上半年累計數據*2之預估值。
2.「股東權益總額」為求簡要考量以年底期末數據做計算。

股價（P）＝18.97% ／ 11.90%×74.2 ＝ 118.3（元）

　　以2004年至2012年最低價平均報酬率平減數（%）計算之股價為118.3元，低於此價位後，逢低買進、長期持有，投資風險值將不高。

【案例27】裕民（2606）

1. 每年最高股價之最低平均報酬率平減數（%）

裕民（2606）										單位：百萬元
期別	2012年	2011年	2010年	2009年	2008年	2007年	2006年	2005年	2004年	平均數
稅前淨利	2,088	2,793	6,864	6,176	10,962	9,460	5,130	6,151	7,190	
股東權益總額	24,603	26,849	27,700	28,183	26,791	24,804	20,422	19,209	15,555	
稅前股東權益報酬率(%)	8.49%	10.40%	24.78%	21.91%	40.92%	38.14%	25.12%	32.02%	46.22%	27.56%
每股淨值（元）	28.7	31.3	32.3	32.9	31.2	28.9	23.8	22.4	21.8	
每股最高價（元）	52.5	63.6	71.5	73.6	118.5	123.5	44.5	57.4	61.0	
最高股價淨值倍數	1.83	2.03	2.21	2.24	3.80	4.27	1.87	2.56	2.80	2.62
最高價報酬率平減數(%)	4.63%	5.12%	11.19%	9.78%	10.78%	8.03%	13.45%	12.40%	16.49%	10.32%

註：
1. 2012年之數據為上半年累計值，「股東權益總額」為2012年Q2之數據，「稅前淨利」2012年為上半年累計數據*2之預估值。
2.「股東權益總額」為求簡要考量以年底期末數據做計算。

股價（P）＝8.49% ／ 10.32%×28.7＝23.6（元）

以2004年至2012年最高價平均報酬率平減數（%）計算之股價為23.6元，超過此價位後，再進行追價買進，投資風險值將不低。

2. 每年最低股價之最高平均報酬率平減數（%）

裕民（2606）										單位：百萬元
期別	2012年	2011年	2010年	2009年	2008年	2007年	2006年	2005年	2004年	平均數
稅前淨利	2,088	2,793	6,864	6,176	10,962	9,460	5,130	6,151	7,190	
股東權益總額	24,603	26,849	27,700	28,183	26,791	24,804	20,422	19,209	15,555	
稅前股東權益報酬率(%)	8.49%	10.40%	24.78%	21.91%	40.92%	38.14%	25.12%	32.02%	46.22%	27.56%
每股淨值（元）	28.7	31.3	32.3	32.9	31.2	28.9	23.8	22.4	21.8	
每股最低價（元）	43.2	40.0	53.8	38.4	31.4	44.3	31.0	31.4	34.0	
最低股價淨值倍數	1.51	1.28	1.67	1.17	1.01	1.53	1.30	1.40	1.56	1.38
最低價報酬率平減數(%)	5.63%	8.14%	14.87%	18.75%	40.68%	24.89%	19.29%	22.83%	29.58%	20.52%

註：
1. 2012年之數據為上半年累計值，「股東權益總額」為2012年Q2之數據，「稅前淨利」2012年為上半年累計數據*2之預估值。
2.「股東權益總額」為求簡要考量以年底期末數據做計算。

股價（P）＝8.49% ／ 20.52%×28.7＝11.9（元）

以2004年至2012年最低價平均報酬率平減數（%）計算之股價為11.9元，低於此價位後，逢低買進、長期持有，投資風險值將不高。

【案例28】晶華（2707）

1. 每年最高股價之最低平均報酬率平減數（%）

晶華（2707）　　　　　　　　　　　　　　　　　　　　　　　單位：百萬元

期別	2012年	2011年	2010年	2009年	2008年	2007年	2006年	2005年	2004年	平均數
稅前淨利	1,336	1,147	1,077	899	936	1,127	1,044	1,134	905	
股東權益總額	2,687	3,125	2,820	2,690	2,725	2,816	2,710	4,329	3,102	
稅前股東權益報酬率(%)	49.72%	36.70%	38.19%	33.42%	34.35%	40.02%	38.52%	26.20%	29.17%	36.26%
每股淨值（元）	27.8	35.6	35.3	37.1	41.3	46.9	45.2	20.1	14.4	
每股最高價（元）	479.0	594.0	553.0	534.0	738.0	414.5	105.0	66.8	48.2	
最高股價淨值倍數	17.22	16.70	15.66	14.41	17.87	8.83	2.32	3.33	3.35	11.08
最高價報酬率平減數(%)	2.89%	2.20%	2.44%	2.32%	1.92%	4.53%	16.57%	7.87%	8.71%	5.49%

註：
1. 2012年之數據為上半年累計值，「股東權益總額」為2012年Q2之數據，「稅前淨利」2012年為上半年累計數據*2之預估值。
2. 「股東權益總額」為求簡要考量以年底期末數據做計算。

股價（P）＝49.72% ／ 5.49%×27.8＝251.8（元）

以2004年至2012年最高價平均報酬率平減數（%）計算之股價為251.8元，超過此價位後，再進行追價買進，投資風險值將不低。

2. 每年最低股價之最高平均報酬率平減數（%）

晶華（2707）　　　　　　　　　　　　　　　　　　　　　　　單位：百萬元

期別	2012年	2011年	2010年	2009年	2008年	2007年	2006年	2005年	2004年	平均數
稅前淨利	1,336	1,147	1,077	899	936	1,127	1,044	1,134	905	
股東權益總額	2,687	3,125	2,820	2,690	2,725	2,816	2,710	4,329	3,102	
稅前股東權益報酬率	49.72%	36.70%	38.19%	33.42%	34.35%	40.02%	38.52%	26.20%	29.17%	36.26%
每股淨值（元）	27.8	35.6	35.3	37.1	41.3	46.9	45.2	20.1	14.4	
每股最低價（元）	270.0	352.5	322.0	253.0	165.0	97.6	61.0	37.7	34.2	
最低股價淨值倍數	9.71	9.91	9.12	6.83	4.00	2.08	1.35	1.88	2.38	5.25
最低價報酬率平減數(%)	5.12%	3.70%	4.19%	4.89%	8.60%	19.24%	28.53%	13.95%	12.27%	11.17%

註：
1. 2012年之數據為上半年累計值，「股東權益總額」為2012年Q2之數據，「稅前淨利」2012年為上半年累計數據*2之預估值。
2. 「股東權益總額」為求簡要考量以年底期末數據做計算。

股價（P）＝49.72% ／ 11.17%×27.8＝123.7（元）

以2004年至2012年最低價平均報酬率平減數（%）計算之股價為123.7元，低於此價位後，逢低買進、長期持有，投資風險值將不高。

【案例29】國泰金（2882）

1. 每年最高股價之最低平均報酬率平減數（％）

國泰金（2882）										單位：百萬元
期別	2012年	2011年	2010年	2009年	2008年	2007年	2006年	2005年	2004年	平均數
稅前淨利	10,888	11,044	4,751	11,728	2,125	31,099	11,844	21,966	29,886	
股東權益總額	216,724	213,661	218,576	212,195	142,353	226,563	216,146	187,731	175,349	
稅前股東權益報酬率(%)	5.02%	5.17%	2.17%	5.53%	1.49%	13.73%	5.48%	11.70%	17.04%	7.48%
每股淨值（元）	20.0	20.6	21.5	21.9	14.6	24.4	23.5	22.0	21.1	
每股最高價（元）	37.0	55.4	61.2	62.4	87.6	94.3	78.5	65.0	68.5	
最高股價淨值倍數	1.85	2.69	2.84	2.84	5.99	3.86	3.34	2.95	3.25	3.29
最高價報酬率平減數(%)	2.71%	1.02%	0.76%	1.01%	0.25%	3.55%	1.64%	3.96%	5.25%	2.44%

註：
1. 2012年之數據為上半年累計值，「股東權益總額」為2012年Q2之數據，「稅前淨利」2012年為上半年累計數據*2之預估值。
2.「股東權益總額」為求簡要考量以年底期末數據做計算。

股價（P）＝5.02％／2.44％×20.0＝41.1（元）

以2004年至2012年最高價平均報酬率平減數（％）計算之股價為41.1元，超過此價位後，再進行追價買進，投資風險值將不低。

2. 每年最低股價之最高平均報酬率平減數（％）

國泰金（2882）										單位：百萬元
期別	2012年	2011年	2010年	2009年	2008年	2007年	2006年	2005年	2004年	平均數
稅前淨利	10,888	11,044	4,751	11,728	2,125	31,099	11,844	21,900	29,880	
股東權益總額	216,724	213,661	218,576	212,195	142,353	226,563	216,146	187,731	175,349	
稅前股東權益報酬率(%)	5.02%	5.17%	2.17%	5.53%	1.49%	13.73%	5.48%	11.70%	17.04%	7.48%
每股淨值（元）	20.0	20.6	21.5	21.9	14.6	24.4	23.5	22.0	21.1	
每股最低價（元）	27.8	28.0	42.8	24.0	28.1	63.5	57.1	55.5	51.0	
最低股價淨值倍數	1.39	1.36	1.99	1.09	1.92	2.60	2.43	2.52	2.42	1.97
最低價報酬率平減數(%)	3.61%	3.81%	1.09%	5.05%	0.78%	5.28%	2.25%	4.64%	7.05%	3.73%

註：
1. 2012年之數據為上半年累計值，「股東權益總額」為2012年Q2之數據，「稅前淨利」2012年為上半年累計數據*2之預估值。
2.「股東權益總額」為求簡要考量以年底期末數據做計算。

股價（P）＝5.02％／3.73％×20.0＝26.9（元）

以2004年至2012年最低價平均報酬率平減數（％）計算之股價為26.9元，低於此價位後，逢低買進、長期持有，投資風險值將不高。

【案例30】統一超（2912）

1. 每年最高股價之最低平均報酬率平減數（%）

統一超（2912）									單位：百萬元
期別	2012年	2011年	2010年	2009年	2008年	2007年	2006年	2005年	2004年	平均數
稅前淨利	7,958	7,430	6,629	4,644	4,382	4,810	5,058	4,631	3,786	
股東權益總額	19,120	20,694	20,212	18,921	16,448	16,254	15,983	15,173	14,372	
稅前股東權益報酬率(%)	41.62%	35.90%	32.80%	24.54%	26.64%	29.59%	31.65%	30.52%	26.34%	31.07%
每股淨值（元）	18.4	19.9	19.4	18.2	18.0	17.8	17.5	16.6	15.7	
每股最高價（元）	172.0	195.0	138.0	89.8	122.5	102.5	81.4	69.2	69.5	
最高股價淨值倍數	9.35	9.79	7.10	4.93	6.82	5.77	4.66	4.17	4.43	6.34
最高價報酬率平減數(%)	4.45%	3.67%	4.62%	4.97%	3.91%	5.13%	6.79%	7.31%	5.95%	5.20%

註：
1. 2012 年之數據為上半年累計值，「股東權益總額」為 2012 年 Q2 之數據，「稅前淨利」2012 年為上半年累計數據 *2 之預估值。
2. 「股東權益總額」為求簡要考量以年底期末數據做計算。

$$股價（P）＝41.62\% ／ 5.20\% × 18.4 ＝ 147.3（元）$$

以 2004 年至 2012 年最高價平均報酬率平減數（%）計算之股價為 147.3 元，超過此價位後，再進行追價買進，投資風險值將不低。

2. 每年最低股價之最高平均報酬率平減數（%）

統一超（2912）									單位：百萬元
期別	2012年	2011年	2010年	2009年	2008年	2007年	2006年	2005年	2004年	平均數
稅前淨利	7,958	7,430	6,629	4,644	4,382	4,810	5,058	4,631	3,786	
股東權益總額	19,120	20,694	20,212	18,921	16,448	16,254	15,983	15,173	14,372	
稅前股東權益報酬率(%)	41.62%	35.90%	32.80%	24.54%	26.64%	29.59%	31.65%	30.52%	26.34%	31.07%
每股淨值（元）	18.4	19.9	19.4	18.2	18.0	17.8	17.5	16.6	15.7	
每股最低價（元）	149.0	119.5	71.9	68.9	65.9	73.9	64.5	49.9	47.2	
最低股價淨值倍數	8.10	6.00	3.70	3.79	3.67	4.16	3.69	3.01	3.01	4.35
最低價報酬率平減數(%)	5.14%	5.98%	8.87%	6.48%	7.26%	7.11%	8.57%	10.14%	8.76%	7.59%

註：
1. 2012 年之數據為上半年累計值，「股東權益總額」為 2012 年 Q2 之數據，「稅前淨利」2012 年為上半年累計數據 *2 之預估值。
2. 「股東權益總額」為求簡要考量以年底期末數據做計算。

$$股價（P）＝41.62\% ／ 7.59\% × 18.4 ＝ 100.9（元）$$

以 2004 年至 2012 年最低價平均報酬率平減數（%）計算之股價為 100.9 元，低於此價位後，逢低買進、長期持有，投資風險值將不高。

【案例31】大立光（3008）

1. 每年最高股價之最低平均報酬率平減數（%）

大立光（3008）										單位：百萬元
期別	2012年	2011年	2010年	2009年	2008年	2007年	2006年	2005年	2004年	平均數
稅前淨利	4,128	5,763	4,299	2,633	3,327	2,988	4,160	1,664	1,087	
股東權益總額	19,070	19,810	16,386	13,706	11,931	10,121	9,154	6,095	4,904	
稅前股東權益報酬率(%)	21.65%	29.09%	26.24%	19.21%	27.89%	29.52%	45.44%	27.30%	22.17%	27.61%
每股淨值（元）	142.2	147.7	122.2	102.2	91.7	80.5	75.5	53.2	45.7	
每股最高價（元）	716.0	1005.0	765.0	465.5	470.0	645.0	766.0	551.0	469.0	
最高股價淨值倍數	5.04	6.81	6.26	4.56	5.13	8.01	10.15	10.36	10.27	7.40
最高價報酬率平減數(%)	4.30%	4.27%	4.19%	4.22%	5.44%	3.68%	4.48%	2.64%	2.16%	3.93%

註：
1. 2012年之數據為上半年累計值，「股東權益總額」為2012年Q2之數據，「稅前淨利」2012年為上半年累計數據*2之預估值。
2. 「股東權益總額」為求簡要考量以年底期末數據做計算。

$$股價（P）＝21.65\% ／ 3.93\% × 142.2 ＝ 783.4（元）$$

以2004年至2012年最高價平均報酬率平減數（%）計算之股價為783.4元，超過此價位後，再進行追價買進，投資風險值將不低。

2. 每年最低股價之最高平均報酬率平減數（%）

大立光（3008）										單位：百萬元
期別	2012年	2011年	2010年	2009年	2008年	2007年	2006年	2005年	2004年	平均數
稅前淨利	4,128	5,763	4,299	2,633	3,327	2,988	4,160	1,664	1,087	
股東權益總額	19,070	19,810	16,386	13,706	11,931	10,121	9,154	6,095	4,904	
稅前股東權益報酬率(%)	21.65%	29.09%	26.24%	19.21%	27.89%	29.52%	45.44%	27.30%	22.17%	27.61%
每股淨值（元）	142.2	147.7	122.2	102.2	91.7	80.5	75.5	53.2	45.7	
每股最低價（元）	451.0	466.0	388.0	194.5	167.0	260.0	482.0	128.0	168.0	
最低股價淨值倍數	3.17	3.16	3.18	1.90	1.82	3.23	6.39	2.41	3.68	3.21
最低價報酬率平減數(%)	6.82%	9.22%	8.26%	10.09%	15.31%	9.14%	7.11%	11.34%	6.02%	9.26%

註：
1. 2012年之數據為上半年累計值，「股東權益總額」為2012年Q2之數據，「稅前淨利」2012年為上半年累計數據*2之預估值。
2. 「股東權益總額」為求簡要考量以年底期末數據做計算。

$$股價（P）＝21.65\% ／ 9.26\% × 142.2 ＝ 332.5（元）$$

以2004年至2012年最低價平均報酬率平減數（%）計算之股價為332.5元，低於此價位後，逢低買進、長期持有，投資風險值將不高。

【案例32】順達（3211）

1. 每年最高股價之最低平均報酬率平減數（%）

順達（3211）										單位：百萬元
期別	2012年	2011年	2010年	2009年	2008年	2007年	2006年	2005年	2004年	平均數
稅前淨利	2,148	1,873	1,376	1,449	1,654	1,280	618	608	428	
股東權益總額	6,613	5,818	4,802	4,516	3,854	3,095	2,236	1,348	1,061	
稅前股東權益報酬率(%)	32.48%	32.19%	28.65%	32.09%	42.92%	41.36%	27.64%	45.10%	40.34%	35.86%
每股淨值（元）	43.6	44.6	37.0	35.0	33.7	31.1	25.7	23.0	21.2	
每股最高價（元）	188.5	154.0	114.0	116.0	153.5	124.0	81.1	74.5	56.5	
最高股價淨值倍數	4.33	3.45	3.08	3.31	4.55	3.98	3.16	3.23	2.66	3.53
最高價報酬率平減數(%)	7.51%	9.33%	9.31%	9.69%	9.42%	10.39%	8.75%	13.95%	15.15%	10.39%

註：
1. 2012年之數據為上半年累計值，「股東權益總額」為2012年Q2之數據，「稅前淨利」2012年為上半年累計數據*2之預估值。
2.「股東權益總額」為求簡要考量以年底期末數據做計算。

股價（P）＝ 32.48%／10.39%×43.6 ＝ 136.3（元）

以2004年至2012年最高價平均報酬率平減數（%）計算之股價為136.3元，超過此價位後，再進行追價買進，投資風險值將不低。

2. 每年最低股價之最高平均報酬率平減數（%）

順達（3211）										單位：百萬元
期別	2012年	2011年	2010年	2009年	2008年	2007年	2006年	2005年	2004年	平均數
稅前淨利	2,148	1,873	1,376	1,449	1,654	1,280	618	608	428	
股東權益總額	6,613	5,818	4,802	4,516	3,854	3,095	2,236	1,348	1,061	
稅前股東權益報酬率(%)	32.48%	32.19%	28.65%	32.09%	42.92%	41.36%	27.64%	45.10%	40.34%	35.86%
每股淨值（元）	43.6	44.6	37.0	35.0	33.7	31.1	25.7	23.0	21.2	
每股最低價（元）	112.0	90.0	86.3	59.0	54.0	57.0	53.8	39.8	32.1	
最低股價淨值倍數	2.57	2.02	2.33	1.68	1.60	1.83	2.10	1.73	1.51	1.93
最低價報酬率平減數(%)	12.64%	15.97%	12.29%	19.04%	26.78%	22.59%	13.19%	26.11%	26.67%	19.48%

註：
1. 2012年之數據為上半年累計值，「股東權益總額」為2012年Q2之數據，「稅前淨利」2012年為上半年累計數據*2之預估值。
2.「股東權益總額」為求簡要考量以年底期末數據做計算。

股價（P）＝ 32.48%／19.48%×43.6 ＝ 72.7（元）

以2004年至2012年最低價平均報酬率平減數（%）計算之股價為72.7元，低於此價位後，逢低買進、長期持有，投資風險值將不高。

【案例33】台星科（3265）

1. 每年最高股價之最低平均報酬率平減數（%）

| 台星科（3265） | | | | | | | | | 單位：百萬元 |
期別	2012年	2011年	2010年	2009年	2008年	2007年	2006年	2005年	2004年	平均數
税前淨利	678	565	718	199	330	405	530	248	253	
股東權益總額	2,959	3,007	4,151	3,659	3,695	3,809	3,857	3,517	3,106	
税前股東權益報酬率(%)	22.91%	18.79%	17.30%	5.44%	8.93%	10.63%	13.74%	7.05%	8.15%	12.55%
每股淨值（元）	21.7	22.1	15.2	13.4	13.6	14.0	14.7	13.8	12.7	
每股最高價（元）	36.5	34.9	22.5	13.9	15.3	31.8	30.0	25.0		
最高價淨值倍數	1.68	1.58	1.47	1.03	1.13	2.27	2.04	1.81		1.63
最高價報酬率平減數(%)	13.63%	11.88%	11.73%	5.26%	7.02%	4.68%	6.73%	3.90%		8.22%

註：
1. 2012年之數據為上半年累計值，「股東權益總額」為2012年Q2之數據，「税前淨利」2012年為上半年累計數據*2之預估值。
2. 「股東權益總額」為求簡要考量以年底期末數據做計算。

$$股價（P）＝22.91\% ／ 8.22\% ×21.7 ＝60.5（元）$$

以2004年至2012年最高價平均報酬率平減數（%）計算之股價為60.5元，超過此價位後，再進行追價買進，投資風險值將不低。

2. 每年最低股價之最高平均報酬率平減數（%）

| 台星科（3265） | | | | | | | | | 單位：百萬元 |
期別	2012年	2011年	2010年	2009年	2008年	2007年	2006年	2005年	2004年	平均數
税前淨利	678	565	718	199	330	405	530	248	253	
股東權益總額	2,959	3,007	4,151	3,659	3,695	3,809	3,857	3,517	3,106	
税前股東權益報酬率(%)	22.91%	18.79%	17.30%	5.44%	8.93%	10.63%	13.74%	7.05%	8.15%	12.55%
每股淨值（元）	21.7	22.1	15.2	13.4	13.6	14.0	14.7	13.8	12.7	
每股最低價（元）	19.4	16.7	13.7	6.0	5.7	12.2	16.5	11.2		
最低價淨值倍數	0.89	0.75	0.90	0.45	0.42	0.87	1.12	0.81		0.78
最低價報酬率平減數(%)	25.72%	24.91%	19.23%	12.17%	21.43%	12.19%	12.24%	8.72%		17.08%

註：
1. 2012年之數據為上半年累計值，「股東權益總額」為2012年Q2之數據，「税前淨利」2012年為上半年累計數據*2之預估值。
2. 「股東權益總額」為求簡要考量以年底期末數據做計算。

$$股價（P）＝22.91\% ／ 17.08\% ×21.7 ＝29.1（元）$$

以2004年至2012年最低價平均報酬率平減數（%）計算之股價為29.1元，低於此價位後，逢低買進、長期持有，投資風險值將不高。

【案例34】聚積（3527）

1. 每年最高股價之最低平均報酬率平減數（%）

聚積（3527）　　　　　　　　　　　　　　　　　　　　　　　　　　　　　單位：百萬元

期別	2012年	2011年	2010年	2009年	2008年	2007年	2006年	2005年	2004年	平均數
稅前淨利	370	326	333	193	255	340	202	70	9	
股東權益總額	1,477	1,559	1,551	1,431	1,243	1,296	435	241	102	
稅前股東權益報酬率(%)	25.05%	20.91%	21.47%	13.49%	20.51%	26.23%	46.44%	29.05%	8.82%	23.55%
每股淨值（元）	45.2	47.7	46.8	43.6	41.2	49.0	24.0	14.2	6.8	
每股最高價（元）	145.0	149.5	174.0	197.5	303.0	385.0				
最高股價淨值倍數	3.21	3.13	3.72	4.53	7.35	7.85				4.96
最高價報酬率平減數(%)	7.82%	6.68%	5.77%	2.98%	2.79%	3.34%				4.90%

註：
1. 2012年之數據為上半年累計值，「股東權益總額」為2012年Q2之數據，「稅前淨利」2012年為上半年累計數據*2之預估值。
2. 「股東權益總額」為求簡要考量以年底期末數據做計算。

$$股價（P）＝25.05\% ╱ 4.90\% × 45.2 ＝ 231.1（元）$$

以2004年至2012年最高價平均報酬率平減數（%）計算之股價為231.1元，超過此價位後，再進行追價買進，投資風險值將不低。

2. 每年最低股價之最高平均報酬率平減數（%）

聚積（3527）　　　　　　　　　　　　　　　　　　　　　　　　　　　　　單位：百萬元

期別	2012年	2011年	2010年	2009年	2008年	2007年	2006年	2005年	2004年	平均數
稅前淨利	370	326	333	193	255	340	202	70	9	
股東權益總額	1,477	1,559	1,551	1,431	1,243	1,296	435	241	102	
稅前股東權益報酬率(%)	25.05%	20.91%	21.47%	13.49%	20.51%	26.23%	46.44%	29.05%	8.82%	23.55%
每股淨值（元）	45.2	47.7	46.8	43.6	41.2	49.0	24.0	14.2	6.8	
每股最低價（元）	88.1	86.1	102.5	76.1	63.3	205.0				
最低股價淨值倍數	1.95	1.80	2.19	1.74	1.54	4.18				2.23
最低價報酬率平減數(%)	12.86%	11.59%	9.80%	7.73%	13.36%	6.28%				10.27%

註：
1. 2012年之數據為上半年累計值，「股東權益總額」為2012年Q2之數據，「稅前淨利」2012年為上半年累計數據*2之預估值。
2. 「股東權益總額」為求簡要考量以年底期末數據做計算。

$$股價（P）＝25.05\% ╱ 10.27\% × 45.2 ＝ 110.2（元）$$

以2004年至2012年最低價平均報酬率平減數（%）計算之股價為110.2元，低於此價位後，逢低買進、長期持有，投資風險值將不高。

【案例35】恆義（4205）

1. 每年最高股價之最低平均報酬率平減數（%）

恆義（4205）										單位：百萬元
期別	2012年	2011年	2010年	2009年	2008年	2007年	2006年	2005年	2004年	平均數
稅前淨利	192	148	176	203	146	154	153	139	124	
股東權益總額	1,050	1,103	1,114	1,017	959	918	877	792	755	
稅前股東權益報酬率(%)	18.29%	13.42%	15.80%	19.96%	15.22%	16.78%	17.45%	17.55%	16.42%	16.76%
每股淨值（元）	15.9	16.7	16.9	16.9	16.0	15.3	14.9	14.4	13.7	
每股最高價（元）	36.0	31.5	32.5	26.7	25.9	31.4	19.5	18.8	19.5	
最高股價淨值倍數	2.27	1.89	1.93	1.58	1.62	2.05	1.31	1.31	1.42	1.71
最高價報酬率平減數(%)	8.07%	7.11%	8.19%	12.60%	9.38%	8.10%	13.02%	13.42%	11.54%	10.21%

註：
1. 2012年之數據為上半年累計值，「股東權益總額」為2012年Q2之數據，「稅前淨利」2012年為上半年計數據*2之預估值。
2. 「股東權益總額」為求簡要考量以年底期末數據做計算。

$$股價（P）= 18.29\% \diagup 10.21\% \times 15.9 = 28.5（元）$$

以2004年至2012年最高價平均報酬率平減數（%）計算之股價為28.5元，超過此價位後，再進行追價買進，投資風險值將不低。

2. 每年最低股價之最高平均報酬率平減數（%）

恆義（4205）										單位：百萬元
期別	2012年	2011年	2010年	2009年	2008年	2007年	2006年	2005年	2004年	平均數
稅前淨利	192	148	176	203	146	154	153	139	124	
股東權益總額	1,050	1,103	1,114	1,017	959	918	877	792	755	
稅前股東權益報酬率(%)	18.29%	13.42%	15.80%	19.96%	15.22%	16.78%	17.45%	17.55%	16.42%	16.76%
每股淨值（元）	15.9	16.7	16.9	16.9	16.0	15.3	14.9	14.4	13.7	
每股最低價（元）	28.6	27.0	25.6	18.1	15.7	18.0	16.8	15.8	15.0	
最低股價淨值倍數	1.80	1.62	1.52	1.07	0.98	1.18	1.13	1.10	1.09	1.28
最低價報酬率平減數(%)	10.16%	8.29%	10.40%	18.67%	15.48%	14.24%	15.46%	16.02%	15.00%	13.75%

註：
1. 2012年之數據為上半年累計值，「股東權益總額」為2012年Q2之數據，「稅前淨利」2012年為上半年計數據*2之預估值。
2. 「股東權益總額」為求簡要考量以年底期末數據做計算。

$$股價（P）= 18.29\% \diagup 13.75\% \times 15.9 = 21.1（元）$$

以2004年至2012年最低價平均報酬率平減數（%）計算之股價為21.1元，低於此價位後，逢低買進、長期持有，投資風險值將不高。

【案例36】瑞傳（6105）

1. 每年最高股價之最低平均報酬率平減數（%）

瑞傳（6105）									單位：百萬元	
期別	2012年	2011年	2010年	2009年	2008年	2007年	2006年	2005年	2004年	平均數
稅前淨利	478	429	376	358	459	599	716	468	465	
股東權益總額	2,572	2,587	2,508	2,530	2,305	2,289	2,073	1,628	1,314	
稅前股東權益報酬率(%)	18.58%	16.58%	14.99%	14.15%	19.91%	26.17%	34.54%	28.75%	35.39%	23.23%
每股淨值（元）	25.7	25.8	23.5	23.0	21.7	22.9	23.8	20.7	19.1	
每股最高價（元）	34.5	31.2	40.5	37.5	63.9	125.5	66.9	52.5	67.0	
最高股價淨值倍數	1.34	1.21	1.72	1.63	2.94	5.48	2.81	2.53	3.51	2.57
最高價報酬率平減數(%)	13.89%	13.73%	8.69%	8.68%	6.77%	4.77%	12.30%	11.36%	10.09%	10.03%

註：
1. 2012年之數據為上半年累計值，「股東權益總額」為2012年Q2之數據，「稅前淨利」2012年為上半年累計數據*2之預估值。
2. 「股東權益總額」為求簡要考量以年底期末數據做計算。

$$股價（P）= 18.58\% ／ 10.03\% × 25.7 = 47.6（元）$$

　　以2004年至2012年最高價平均報酬率平減數（%）計算之股價為47.6元，超過此價位後，再進行追價買進，投資風險值將不低。

2. 每年最低股價之最高平均報酬率平減數（%）

瑞傳（6105）									單位：百萬元	
期別	2012年	2011年	2010年	2009年	2008年	2007年	2006年	2005年	2004年	平均數
稅前淨利	478	429	376	358	459	599	716	468	465	
股東權益總額	2,572	2,587	2,508	2,530	2,305	2,289	2,073	1,628	1,314	
稅前股東權益報酬率(%)	18.58%	16.58%	14.99%	14.15%	19.91%	26.17%	34.54%	28.75%	35.39%	23.23%
每股淨值（元）	25.7	25.8	23.5	23.0	21.7	22.9	23.8	20.7	19.1	
每股最低價（元）	23.5	18.6	27.6	19.9	16.1	53.2	47.1	39.1	34.0	
最低股價淨值倍數	0.91	0.72	1.18	0.86	0.74	2.32	1.98	1.89	1.78	1.38
最低價報酬率平減數(%)	20.40%	23.00%	12.75%	16.36%	26.88%	11.26%	17.47%	15.25%	19.88%	18.14%

註：
1. 2012年之數據為上半年累計值，「股東權益總額」為2012年Q2之數據，「稅前淨利」2012年為上半年累計數據*2之預估值。
2. 「股東權益總額」為求簡要考量以年底期末數據做計算。

$$股價（P）= 18.58\% ／ 18.14\% × 25.7 = 26.3（元）$$

　　以2004年至2012年最低價平均報酬率平減數（%）計算之股價為26.3元，低於此價位後，逢低買進、長期持有，投資風險值將不高。

【案例37】新普（6121）

1. 每年最高股價之最低平均報酬率平減數（%）

新普（6121）										單位：百萬元
期別	2012年	2011年	2010年	2009年	2008年	2007年	2006年	2005年	2004年	平均數
稅前淨利	4,514	4,338	4,173	3,400	3,165	2,701	1,816	1,299	932	
股東權益總額	15,913	15,967	13,292	11,470	9,966	8,454	5,603	3,816	2,519	
稅前股東權益報酬率(%)	28.37%	27.17%	31.39%	29.64%	31.76%	31.95%	32.41%	34.04%	37.00%	31.53%
每股淨值（元）	51.6	57.0	52.2	49.5	47.8	45.6	37.3	31.7	29.1	
每股最高價（元）	235.0	270.0	221.5	193.0	181.0	235.0	119.0	88.5	109.0	
最高股價淨值倍數	4.55	4.74	4.25	3.90	3.79	5.16	3.19	2.79	3.75	4.01
最高價報酬率平減數(%)	0.23%	5.73%	7.39%	7.61%	8.38%	6.19%	10.17%	12.21%	9.87%	8.20%

註：
1. 2012年之數據為上半年累計值，「股東權益總額」為2012年Q2之數據，「稅前淨利」2012年為上半年累計數據*2之預估值。
2.「股東權益總額」為求簡要考量以年底期末數據做計算。

$$股價（P）＝28.37\% ／ 8.20\% × 51.6 ＝ 178.5（元）$$

　　以2004年至2012年最高價平均報酬率平減數（%）計算之股價為178.5元，超過此價位後，再進行追價買進，投資風險值將不低。

2. 每年最低股價之最高平均報酬率平減數（%）

新普（6121）										單位：百萬元
期別	2012年	2011年	2010年	2009年	2008年	2007年	2006年	2005年	2004年	平均數
稅前淨利	4,514	4,338	4,173	3,400	3,165	2,701	1,816	1,299	932	
股東權益總額	15,913	15,967	13,292	11,470	9,966	8,454	5,603	3,816	2,519	
稅前股東權益報酬率(%)	28.37%	27.17%	31.39%	29.64%	31.76%	31.95%	32.41%	34.04%	37.00%	31.53%
每股淨值（元）	51.6	57.0	52.2	49.5	47.8	45.6	37.3	31.7	29.1	
每股最低價（元）	166.0	148.0	153.0	78.7	63.2	111.5	73.5	60.0	63.5	
最低股價淨值倍數	3.22	2.60	2.93	1.59	1.32	2.45	1.97	1.89	2.18	2.24
最低價報酬率平減數(%)	8.82%	10.46%	10.71%	18.65%	24.00%	13.05%	16.47%	18.01%	16.95%	15.24%

註：
1. 2012年之數據為上半年累計值，「股東權益總額」為2012年Q2之數據，「稅前淨利」2012年為上半年累計數據*2之預估值。
2.「股東權益總額」為求簡要考量以年底期末數據做計算。

$$股價（P）＝28.37\% ／ 15.24\% × 51.6 ＝ 96.1（元）$$

　　以2004年至2012年最低價平均報酬率平減數（%）計算之股價為96.1元，低於此價位後，逢低買進、長期持有，投資風險值將不高。

【案例38】耕興（6146）

1. 每年最高股價之最低平均報酬率平減數（%）

耕興（6146）　　　　　　　　　　　　　　　　　　　　　　　　　單位：百萬元

期別	2012年	2011年	2010年	2009年	2008年	2007年	2006年	2005年	2004年	平均數
稅前淨利	558	528	549	503	403	380	301	240	233	
股東權益總額	1,723	1,870	1,790	1,627	1,483	1,443	1,313	1,159	1,095	
稅前股東權益報酬率(%)	32.39%	28.24%	30.67%	30.92%	27.17%	26.33%	22.92%	20.71%	21.28%	26.74%
每股淨值（元）	21.2	23.4	22.8	21.2	19.5	19.0	18.3	17.9	19.1	
每股最高價（元）	73.6	82.1	73.0	68.5	52.6	66.7	61.9	63.5	66.0	
最高股價淨值倍數	3.48	3.50	3.20	3.24	2.70	3.51	3.39	3.55	3.45	3.34
最高價報酬率平減數(%)	9.31%	8.06%	9.58%	9.55%	10.06%	7.49%	6.76%	5.83%	6.17%	8.09%

註：
1. 2012年之數據為上半年累計值，「股東權益總額」為2012年Q2之數據，「稅前淨利」2012年為上半年累計數據*2之預估值。
2. 「股東權益總額」為求簡要考量以年底期末數據做計算。

$$股價（P）＝32.39\% ／ 8.09\% ×21.2＝84.9（元）$$

以2004年至2012年最高價平均報酬率平減數（%）計算之股價為84.9元，超過此價位後，再進行追價買進，投資風險值將不低。

2. 每年最低股價之最高平均報酬率平減數（%）

耕興（6146）　　　　　　　　　　　　　　　　　　　　　　　　　單位：百萬元

期別	2012年	2011年	2010年	2009年	2008年	2007年	2006年	2005年	2004年	平均數
稅前淨利	558	528	549	503	403	380	301	240	233	
股東權益總額	1,723	1,870	1,790	1,627	1,483	1,443	1,313	1,159	1,095	
稅前股東權益報酬率(%)	32.39%	28.24%	30.67%	30.92%	27.17%	26.33%	22.92%	20.71%	21.28%	26.74%
每股淨值（元）	21.2	23.4	22.8	21.2	19.5	19.0	18.3	17.9	19.1	
每股最低價（元）	59.0	58.5	57.2	27.4	25.0	41.5	41.0	38.0	37.8	
最低股價淨值倍數	2.79	2.50	2.51	1.29	1.28	2.19	2.24	2.12	1.97	2.10
最低價報酬率平減數(%)	11.61%	11.31%	12.23%	23.92%	21.17%	12.04%	10.22%	9.75%	10.78%	13.67%

註：
1. 2012年之數據為上半年累計值，「股東權益總額」為2012年Q2之數據，「稅前淨利」2012年為上半年累計數據*2之預估值。
2. 「股東權益總額」為求簡要考量以年底期末數據做計算。

$$股價（P）＝32.39\% ／ 13.67\% ×21.2＝50.2（元）$$

以2004年至2012年最低價平均報酬率平減數（%）計算之股價為50.2元，低於此價位後，逢低買進、長期持有，投資風險值將不高。

【案例39】大豐電（6184）

1. 每年最高股價之最低平均報酬率平減數（%）

大豐電（6184）										單位：百萬元
期別	2012年	2011年	2010年	2009年	2008年	2007年	2006年	2005年	2004年	平均數
稅前淨利	368	335	347	331	258	308	297	278	255	
股東權益總額	1,549	1,571	1,437	1,342	1,245	1,275	1,197	1,129	1,106	
稅前股東權益報酬率(%)	23.76%	21.32%	24.15%	24.66%	20.72%	24.16%	24.81%	24.62%	23.06%	23.47%
每股淨值（元）	20.1	22.4	23.2	21.6	20.1	20.6	19.3	18.2	17.8	
每股最高價（元）	66.9	67.4	60.0	47.0	48.0	53.0	37.8	33.2	38.7	
最高股價淨值倍數	3.33	3.01	2.59	2.17	2.39	2.58	1.96	1.82	2.17	2.45
最高價報酬率平減數(%)	7.13%	7.00%	0.33%	11.36%	8.67%	9.37%	12.67%	13.53%	10.63%	9.98%

註：
1. 2012年之數據為上半年累計值，「股東權益總額」為2012年Q2之數據，「稅前淨利」2012年為上半年累計數據*2之預估值。
2.「股東權益總額」為求簡要考量以年底期末數據做計算。

股價（P）＝23.76%／9.98%×20.1＝47.9（元）

以2004年至2012年最高價平均報酬率平減數（%）計算之股價為47.9元，超過此價位後，再進行追價買進，投資風險值將不低。

2. 每年最低股價之最高平均報酬率平減數（%）

大豐電（6184）										單位：百萬元
期別	2012年	2011年	2010年	2009年	2008年	2007年	2006年	2005年	2004年	平均數
稅前淨利	368	335	347	331	258	308	297	278	255	
股東權益總額	1,549	1,571	1,437	1,342	1,245	1,275	1,197	1,129	1,106	
稅前股東權益報酬率(%)	23.76%	21.32%	24.15%	24.66%	20.72%	24.16%	24.81%	24.62%	23.06%	23.47%
每股淨值（元）	20.1	22.4	23.2	21.6	20.1	20.6	19.3	18.2	17.8	
每股最低價（元）	50.4	49.6	45.6	33.3	28.5	36.0	29.5	26.0	24.1	
最低股價淨值倍數	2.51	2.21	1.97	1.54	1.42	1.75	1.53	1.43	1.35	1.74
最低價報酬率平減數(%)	9.47%	9.64%	12.27%	16.05%	14.60%	13.80%	16.23%	17.25%	17.07%	14.04%

註：
1. 2012年之數據為上半年累計值，「股東權益總額」為2012年Q2之數據，「稅前淨利」2012年為上半年累計數據*2之預估值。
2.「股東權益總額」為求簡要考量以年底期末數據做計算。

股價（P）＝23.76%／14.04%×20.1＝34.0（元）

以2004年至2012年最低價平均報酬率平減數（%）計算之股價為34.0元，低於此價位後，逢低買進、長期持有，投資風險值將不高。

【案例40】聚鼎（6224）

1. 每年最高股價之最低平均報酬率平減數（%）

聚鼎（6224）									單位：百萬元	
期別	2012年	2011年	2010年	2009年	2008年	2007年	2006年	2005年	2004年	平均數
稅前淨利	416	446	416	254	203	238	202	159	153	
股東權益總額	1,582	1,636	1,560	1,084	979	988	841	765	800	
稅前股東權益報酬率(%)	26.30%	27.26%	26.67%	23.43%	20.74%	24.09%	24.02%	20.78%	19.13%	23.60%
每股淨值（元）	19.9	21.0	19.8	15.0	13.9	14.5	13.6	12.7	13.4	
每股最高價（元）	64.4	74.9	78.2	65.5	40.5	77.0	34.4	32.6	46.9	
最高股價淨值倍數	3.24	3.57	3.94	4.36	2.91	5.32	2.53	2.57	3.50	3.55
最高價報酬率平減數(%)	8.11%	7.64%	6.76%	5.37%	7.12%	4.53%	9.50%	8.08%	5.46%	6.95%

註：
1. 2012年之數據為上半年累計值，「股東權益總額」為2012年Q2之數據，「稅前淨利」2012年為上半年累計數據*2之預估值。
2. 「股東權益總額」為求簡要考量以年底期末數據做計算。

$$股價（P）＝26.30\% ／ 6.95\% × 19.9 ＝ 75.3（元）$$

以2004年至2012年最高價平均報酬率平減數（%）計算之股價為75.3元，超過此價位後，再進行追價買進，投資風險值將不低。

2. 每年最低股價之最高平均報酬率平減數（%）

聚鼎（6224）									單位：百萬元	
期別	2012年	2011年	2010年	2009年	2008年	2007年	2006年	2005年	2004年	平均數
稅前淨利	416	446	416	254	203	238	202	159	153	
股東權益總額	1,582	1,636	1,560	1,084	979	988	841	765	800	
稅前股東權益報酬率(%)	26.30%	27.26%	26.67%	23.43%	20.74%	24.09%	24.02%	20.78%	19.13%	23.60%
每股淨值（元）	19.9	21.0	19.8	15.0	13.9	14.5	13.6	12.7	13.4	
每股最低價（元）	43.9	40.8	49.7	14.4	16.0	28.5	23.1	23.0	22.3	
最低股價淨值倍數	2.21	1.94	2.50	0.96	1.15	1.97	1.70	1.82	1.66	1.77
最低價報酬率平減數(%)	11.90%	14.03%	10.65%	24.42%	18.00%	12.25%	14.14%	11.45%	11.49%	14.26%

註：
1. 2012年之數據為上半年累計值，「股東權益總額」為2012年Q2之數據，「稅前淨利」2012年為上半年累計數據*2之預估值。
2. 「股東權益總額」為求簡要考量以年底期末數據做計算。

$$股價（P）＝26.30\% ／ 14.26\% × 19.9 ＝ 36.7（元）$$

以2004年至2012年最低價平均報酬率平減數（%）計算之股價為36.7元，低於此價位後，逢低買進、長期持有，投資風險值將不高。

【案例41】台郡（6269）

1. 每年最高股價之最低平均報酬率平減數（%）

台郡（6269）										單位：百萬元
期別	2012年	2011年	2010年	2009年	2008年	2007年	2006年	2005年	2004年	平均數
稅前淨利	1,702	1,385	661	468	303	56	-57	-225	294	
股東權益總額	5,162	4,739	2,233	1,992	1,687	1,391	1,291	1,328	1,301	
稅前股東權益報酬率(%)	32.97%	29.23%	29.60%	23.49%	17.96%	4.03%	-4.42%	-16.94%	22.60%	15.39%
每股淨值（元）	27.6	27.1	15.9	14.7	14.1	11.7	10.9	11.2	14.4	
每股最高價（元）	143.0	99.0	62.2	57.7	24.2	20.2	18.7	26.9	54.0	
最高股價淨值倍數	5.17	3.65	3.92	3.94	1.71	1.72	1.72	2.40	3.75	3.11
最高價報酬率平減數(%)	6.37%	8.01%	7.54%	5.97%	10.48%	2.34%	-2.57%	-7.06%	6.02%	4.12%

註：
1. 2012年之數據為上半年累計值，「股東權益總額」為2012年Q2之數據，「稅前淨利」2012年為上半年累計數據*2之預估值。
2.「股東權益總額」為求簡要考量以年底期末數據做計算。

$$股價（P）＝32.97\% ╱ 4.12\% ×27.6＝220.9（元）$$

以2004年至2012年最高價平均報酬率平減數（%）計算之股價為220.9元，超過此價位後，再進行追價買進，投資風險值將不低。

2. 每年最低股價之最高平均報酬率平減數（%）

台郡（6269）										單位：百萬元
期別	2012年	2011年	2010年	2009年	2008年	2007年	2006年	2005年	2004年	平均數
稅前淨利	1,702	1,385	661	468	303	56	-57	-225	294	
股東權益總額	5,162	4,739	2,233	1,992	1,687	1,391	1,291	1,328	1,301	
稅前股東權益報酬率(%)	32.97%	29.23%	29.60%	23.49%	17.96%	4.03%	-4.42%	-16.94%	22.60%	15.39%
每股淨值（元）	27.6	27.1	15.9	14.7	14.1	11.7	10.9	11.2	14.4	
每股最低價（元）	77.0	49.1	34.8	10.3	7.8	13.5	9.0	9.2	21.2	
最低股價淨值倍數	2.79	1.81	2.19	0.70	0.55	1.15	0.83	0.82	1.47	1.37
最低價報酬率平減數(%)	11.84%	16.15%	13.50%	33.44%	32.53%	3.49%	-5.34%	-20.64%	15.34%	11.15%

註：
1. 2012年之數據為上半年累計值，「股東權益總額」為2012年Q2之數據，「稅前淨利」2012年為上半年累計數據*2之預估值。
2.「股東權益總額」為求簡要考量以年底期末數據做計算。

$$股價（P）＝32.97\% ╱ 11.15\% ×27.6＝81.6（元）$$

以2004年至2012年最低價平均報酬率平減數（%）計算之股價為81.6元，低於此價位後，逢低買進、長期持有，投資風險值將不高。

【案例42】陞泰（8072）

1. 每年最高股價之最低平均報酬率平減數（%）

陞泰（8072）									單位：百萬元
期別	2012年	2011年	2010年	2009年	2008年	2007年	2006年	2005年	2004年	平均數
稅前淨利	974	1,044	888	937	1,500	1,509	1,187	1,130	849	
股東權益總額	4,292	4,595	4,406	4,274	4,178	3,744	3,296	2,723	2,036	
稅前股東權益報酬率(%)	22.69%	22.72%	20.15%	21.92%	35.90%	40.30%	36.01%	41.50%	41.70%	31.43%
每股淨值（元）	42.9	46.0	44.1	42.7	41.8	41.6	40.0	38.4	33.5	
每股最高價（元）	106.0	109.5	125.0	120.0	206.0	318.0	198.0	158.0	194.0	
最高股價淨值倍數	2.47	2.38	2.84	2.81	4.93	7.65	4.95	4.11	5.79	4.22
最高價報酬率平減數(%)	9.19%	9.53%	7.10%	7.81%	7.28%	5.27%	7.27%	10.09%	7.20%	7.86%

註：
1. 2012年之數據為上半年累計值，「股東權益總額」為2012年Q2之數據，「稅前淨利」2012年為上半年累計數據*2之預估值。
2. 「股東權益總額」為求簡要考量以年底期末數據做計算。

股價（P）＝ 22.69% ／ 7.86%×42.9 ＝ 123.8（元）

以2004年至2012年最高價平均報酬率平減數（%）計算之股價為123.8元，超過此價位後，再進行追價買進，投資風險值將不低。

2. 每年最低股價之最高平均報酬率平減數（%）

陞泰（8072）									單位：百萬元
期別	2012年	2011年	2010年	2009年	2008年	2007年	2006年	2005年	2004年	平均數
稅前淨利	974	1,044	888	937	1,500	1,509	1,187	1,130	849	
股東權益總額	4,292	4,595	4,406	4,274	4,178	3,744	3,296	2,723	2,036	
稅前股東權益報酬率(%)	22.69%	22.72%	20.15%	21.92%	35.90%	40.30%	36.01%	41.50%	41.70%	31.43%
每股淨值（元）	42.9	46.0	44.1	42.7	41.8	41.6	40.0	38.4	33.5	
每股最低價（元）	86.1	79.6	81.7	78.2	66.0	140.5	138.5	92.5	88.0	
最低股價淨值倍數	2.01	1.73	1.85	1.83	1.58	3.38	3.47	2.41	2.63	2.32
最低價報酬率平減數(%)	11.31%	13.12%	10.87%	11.98%	22.73%	11.92%	10.39%	17.23%	15.87%	13.94%

註：
1. 2012年之數據為上半年累計值，「股東權益總額」為2012年Q2之數據，「稅前淨利」2012年為上半年累計數據*2之預估值。
2. 「股東權益總額」為求簡要考量以年底期末數據做計算。

股價（P）＝ 22.69% ／ 13.94%×42.9 ＝ 69.8（元）

以2004年至2012年最低價平均報酬率平減數（%）計算之股價為69.8元，低於此價位後，逢低買進、長期持有，投資風險值將不高。

【案例43】明安（8938）

1. 每年最高股價之最低平均報酬率平減數（%）

明安（8938）										單位：百萬元
期別	2012年	2011年	2010年	2009年	2008年	2007年	2006年	2005年	2004年	平均數
稅前淨利	770	78	563	599	734	848	716	725	839	
股東權益總額	3,685	3,496	3,634	3,576	3,036	3,018	2,514	2,300	2,022	
稅前股東權益報酬率(%)	20.90%	2.23%	15.49%	16.75%	24.18%	28.10%	28.48%	31.52%	41.49%	23.24%
每股淨值（元）	27.4	25.9	26.9	27.5	25.6	26.1	24.1	23.9	23.2	
每股最高價（元）	46.9	69.8	84.0	69.1	64.3	99.0	68.5	69.5	113.5	
最高價淨值倍數	1.71	2.69	3.12	2.51	2.52	3.79	2.84	2.90	4.89	3.00
最高價報酬率平減數(%)	12.23%	0.83%	4.96%	6.67%	9.61%	7.41%	10.03%	10.85%	8.48%	7.90%

註：
1. 2012年之數據為上半年累計值，「股東權益總額」為2012年Q2之數據，「稅前淨利」2012年為上半年累計數據*2之預估值。
2. 「股東權益總額」為求簡要考量以年底期末數據做計算。

$$股價（P）＝20.90\% ／ 7.90\% ×27.4 ＝72.5（元）$$

以2004年至2012年最高價平均報酬率平減數（%）計算之股價為72.5元，超過此價位後，再進行追價買進，投資風險值將不低。

2. 每年最低股價之最高平均報酬率平減數（%）

明安（8938）										單位：百萬元
期別	2012年	2011年	2010年	2009年	2008年	2007年	2006年	2005年	2004年	平均數
稅前淨利	770	78	563	599	734	848	716	725	839	
股東權益總額	3,685	3,496	3,634	3,576	3,036	3,018	2,514	2,300	2,022	
稅前股東權益報酬率(%)	20.90%	2.23%	15.49%	16.75%	24.18%	28.10%	28.48%	31.52%	41.49%	23.24%
每股淨值（元）	27.4	25.9	26.9	27.5	25.6	26.1	24.1	23.9	23.2	
每股最低價（元）	28.8	25.3	54.5	31.2	26.7	57.9	50.1	48.1	57.0	
最低價淨值倍數	1.05	0.98	2.03	1.13	1.05	2.22	2.08	2.01	2.46	1.67
最低價報酬率平減數(%)	19.90%	2.29%	7.65%	14.77%	23.14%	12.68%	13.71%	15.68%	16.88%	14.08%

註：
1. 2012年之數據為上半年累計值，「股東權益總額」為2012年Q2之數據，「稅前淨利」2012年為上半年累計數據*2之預估值。
2. 「股東權益總額」為求簡要考量以年底期末數據做計算。

$$股價（P）＝20.90\% ／ 14.08\% ×27.4 ＝40.7（元）$$

以2004年至2012年最低價平均報酬率平減數（%）計算之股價為40.7元，低於此價位後，逢低買進、長期持有，投資風險值將不高。

【案例44】豐泰（9910）

1. 每年最高股價之最低平均報酬率平減數（%）

豐泰（9910）									單位：百萬元	
期別	2012年	2011年	2010年	2009年	2008年	2007年	2006年	2005年	2004年	平均數
稅前淨利	1,558	1,660	1,617	1,634	910	1,425	1,001	1,276	1,161	
股東權益總額	8,259	8,708	8,025	8,159	7,467	7,535	7,010	7,007	6,351	
稅前股東權益報酬率(%)	18.86%	19.06%	20.15%	20.03%	12.19%	18.91%	14.28%	18.21%	18.28%	17.77%
每股淨值（元）	15.4	16.8	15.4	16.6	15.2	15.4	14.6	15.7	15.3	
每股最高價（元）	32.9	33.4	35.0	30.2	26.2	31.0	37.3	36.9	38.8	
最高股價淨值倍數	2.13	1.99	2.27	1.81	1.72	2.01	2.55	2.35	2.53	2.15
最高價報酬率平減數(%)	8.86%	9.58%	8.89%	11.03%	7.08%	9.39%	5.60%	7.74%	7.22%	8.38%

註：
1. 2012年之數據為上半年累計值，「股東權益總額」為2012年Q2之數據，「稅前淨利」2012年為上半年累計數據*2之預估值。
2. 「股東權益總額」為求簡要考量以年底期末數據做計算。

股價（P）＝ 18.86% ／ 8.38%×15.4 ＝ 34.7（元）

以2004年至2012年最高價平均報酬率平減數（%）計算之股價為34.7元，超過此價位後，再進行追價買進，投資風險值將不低。

2. 每年最低股價之最高平均報酬率平減數（%）

豐泰（9910）									單位：百萬元	
期別	2012年	2011年	2010年	2009年	2008年	2007年	2006年	2005年	2004年	平均數
稅前淨利	1,558	1,660	1,617	1,634	910	1,425	1,001	1,276	1,161	
股東權益總額	8,259	8,708	8,025	8,159	7,467	7,535	7,010	7,007	6,351	
稅前股東權益報酬率(%)	18.86%	19.06%	20.15%	20.03%	12.19%	18.91%	14.28%	18.21%	18.28%	17.77%
每股淨值（元）	15.4	16.8	15.4	16.6	15.2	15.4	14.6	15.7	15.3	
每股最低價（元）	25.8	23.7	25.9	15.0	13.8	24.2	23.9	31.8	31.0	
最低股價淨值倍數	1.67	1.41	1.68	0.90	0.90	1.57	1.63	2.03	2.02	1.54
最低價報酬率平減數(%)	11.28%	13.51%	12.01%	22.22%	13.50%	12.01%	8.75%	8.97%	9.04%	12.36%

註：
1. 2012年之數據為上半年累計值，「股東權益總額」為2012年Q2之數據，「稅前淨利」2012年為上半年累計數據*2之預估值。
2. 「股東權益總額」為求簡要考量以年底期末數據做計算。

股價（P）＝ 18.86% ／ 12.36%×15.4 ＝ 23.5（元）

以2004年至2012年最低價平均報酬率平減數（%）計算之股價為23.5元，低於此價位後，逢低買進、長期持有，投資風險值將不高。

【案例45】美利達（9914）

1. 每年最高股價之最低平均報酬率平減數（%）

美利達（9914）									單位：百萬元
期別	2012年	2011年	2010年	2009年	2008年	2007年	2006年	2005年	2004年	平均數
稅前淨利	2,282	2,186	1,429	1,338	1,600	1,856	994	701	576	
股東權益總額	7,184	7,158	5,818	5,903	5,131	4,953	4,056	3,721	3,148	
稅前股東權益報酬率(%)	31.77%	30.54%	24.56%	22.67%	31.18%	37.47%	24.51%	18.84%	18.30%	26.65%
每股淨值（元）	25.2	28.9	23.5	23.8	23.8	23.0	18.8	17.3	15.6	
每股最高價（元）	133.5	76.5	57.5	60.0	78.1	78.0	36.9	25.5	22.1	
最高股價淨值倍數	5.29	2.65	2.45	2.52	3.28	3.39	1.96	1.47	1.42	2.71
最高價報酬率平減數(%)	6.00%	11.54%	10.04%	9.01%	9.51%	11.05%	12.51%	12.79%	12.91%	10.60%

註：
1. 2012年之數據為上半年累計值，「股東權益總額」為2012年Q2之數據，「稅前淨利」2012年為上半年累計數據*2之預估值。
2. 「股東權益總額」為求簡要考量以年底期末數據做計算。

$$股價（P）＝31.77\% ／ 10.60\% ×25.2＝75.5（元）$$

　　以2004年至2012年最高價平均報酬率平減數（%）計算之股價為75.5元，超過此價位後，再進行追價買進，投資風險值將不低。

2. 每年最低股價之最高平均報酬率平減數（%）

美利達（9914）									單位：百萬元
期別	2012年	2011年	2010年	2009年	2008年	2007年	2006年	2005年	2004年	平均數
稅前淨利	2,282	2,186	1,429	1,338	1,600	1,856	994	701	576	
股東權益總額	7,184	7,158	5,818	5,903	5,131	4,953	4,056	3,721	3,148	
稅前股東權益報酬率(%)	31.77%	30.54%	24.56%	22.67%	31.18%	37.47%	24.51%	18.84%	18.30%	26.65%
每股淨值（元）	25.2	28.9	23.5	23.8	23.8	23.0	18.8	17.3	15.6	
每股最低價（元）	62.8	51.6	42.3	32.5	38.6	32.5	19.7	16.0	11.0	
最低股價淨值倍數	2.49	1.78	1.80	1.36	1.62	1.41	1.05	0.92	0.71	1.46
最低價報酬率平減數(%)	12.76%	17.11%	13.65%	16.63%	19.25%	26.52%	23.44%	20.41%	25.94%	19.52%

註：
1. 2012年之數據為上半年累計值，「股東權益總額」為2012年Q2之數據，「稅前淨利」2012年為上半年累計數據*2之預估值。
2. 「股東權益總額」為求簡要考量以年底期末數據做計算。

$$股價（P）＝31.77\% ／ 19.52\% ×25.2＝41.0（元）$$

　　以2004年至2012年最低價平均報酬率平減數（%）計算之股價為41.0元，低於此價位後，逢低買進、長期持有，投資風險值將不高。

【案例46】巨大（9921）

1. 每年最高股價之最低平均報酬率平減數（%）

巨大（9921）									單位：百萬元
期別	2012年	2011年	2010年	2009年	2008年	2007年	2006年	2005年	2004年	平均數
稅前淨利	3,300	3,310	2,980	2,732	2,753	1,961	1,148	1,301	1,201	
股東權益總額	13,985	14,961	12,924	10,928	9,286	7,659	6,237	5,999	5,741	
稅前股東權益報酬率(%)	23.60%	22.12%	23.06%	25.00%	29.65%	25.60%	18.41%	21.69%	20.92%	23.34%
每股淨值（元）	37.3	39.9	34.5	30.8	31.4	27.3	22.3	21.4	20.5	
每股最高價（元）	171.5	124.5	126.0	92.5	100.0	86.5	65.0	64.6	55.0	
最高股價淨值倍數	4.60	3.12	3.66	3.01	3.19	3.16	2.92	3.02	2.68	3.26
最高價報酬率平減數(%)	5.13%	7.09%	6.31%	8.32%	9.31%	8.09%	6.30%	7.19%	7.79%	7.28%

註：
1. 2012年之數據為上半年累計值，「股東權益總額」為2012年Q2之數據，「稅前淨利」2012年為上半年累計數據*2之預估值。
2. 「股東權益總額」為求簡要考量以年底期末數據做計算。

$$股價（P）＝23.60\% ／ 7.28\% ×37.3＝120.9（元）$$

以2004年至2012年最高價平均報酬率平減數（%）計算之股價為120.9元，超過此價位後，再進行追價買進，投資風險值將不低。

2. 每年最低股價之最高平均報酬率平減數（%）

巨大（9921）									單位：百萬元
期別	2012年	2011年	2010年	2009年	2008年	2007年	2006年	2005年	2004年	平均數
稅前淨利	3,300	3,310	2,980	2,732	2,753	1,961	1,148	1,301	1,201	
股東權益總額	13,985	14,961	12,924	10,928	9,286	7,659	6,237	5,999	5,741	
稅前股東權益報酬率(%)	23.60%	22.12%	23.06%	25.00%	29.65%	25.60%	18.41%	21.69%	20.92%	23.34%
每股淨值（元）	37.3	39.9	34.5	30.8	31.4	27.3	22.3	21.4	20.5	
每股最低價（元）	113.5	96.8	82.5	62.0	62.5	49.5	46.0	47.7	37.9	
最低股價淨值倍數	3.04	2.43	2.39	2.01	1.99	1.81	2.07	2.23	1.85	2.20
最低價報酬率平減數(%)	7.75%	9.12%	9.63%	12.41%	14.89%	14.16%	8.91%	9.73%	11.31%	10.88%

註：
1. 2012年之數據為上半年累計值，「股東權益總額」為2012年Q2之數據，「稅前淨利」2012年為上半年累計數據*2之預估值。
2. 「股東權益總額」為求簡要考量以年底期末數據做計算。

$$股價（P）＝23.60\% ／ 10.88\% ×37.3＝80.9（元）$$

以2004年至2012年最低價平均報酬率平減數（%）計算之股價為80.9元，低於此價位後，逢低買進、長期持有，投資風險值將不高。

【案例47】裕融（9941）

1. 每年最高股價之最低平均報酬率平減數（%）

裕融（9941）										單位：百萬元
期別	2012年	2011年	2010年	2009年	2008年	2007年	2006年	2005年	2004年	平均數
稅前淨利	1,516	1,145	1,208	867	532	522	450	850	1,020	
股東權益總額	5,590	5,264	4,893	4,499	4,192	4,120	4,000	4,197	4,223	
稅前股東權益報酬率(%)	27.12%	21.75%	24.69%	19.27%	12.69%	12.67%	11.25%	20.25%	24.15%	19.32%
每股淨值（元）	23.7	22.3	20.8	19.1	17.8	17.5	17.0	17.8	17.9	
每股最高價（元）	74.5	89.4	65.5	38.7	25.3	24.3	28.4	35.0	35.5	
最高股價淨值倍數	3.14	4.01	3.16	2.03	1.42	1.39	1.67	1.96	1.98	2.31
最高價報酬率平減數(%)	8.63%	5.43%	7.82%	9.50%	8.92%	9.11%	6.72%	10.31%	12.19%	8.74%

註：
1. 2012 年之數據為上半年累計值，「股東權益總額」為 2012 年 Q2 之數據，「稅前淨利」2012 年為上半年累計數據 *2 之預估值。
2. 「股東權益總額」為求簡要考量以年底期末數據做計算。

股價（P）＝27.12%／8.74%×23.7＝73.5（元）

以2004年至2012年最高價平均報酬率平減數（%）計算之股價為73.5元，超過此價位後，再進行追價買進，投資風險值將不低。

2. 每年最低股價之最高平均報酬率平減數（%）

裕融（9941）										單位：百萬元
期別	2012年	2011年	2010年	2009年	2008年	2007年	2006年	2005年	2004年	平均數
稅前淨利	1,516	1,145	1,208	867	532	522	450	850	1,020	
股東權益總額	5,590	5,264	4,893	4,499	4,192	4,120	4,000	4,197	4,223	
稅前股東權益報酬率(%)	27.12%	21.75%	24.69%	19.27%	12.69%	12.67%	11.25%	20.25%	24.15%	19.32%
每股淨值（元）	23.7	22.3	20.8	19.1	17.8	17.5	17.0	17.8	17.9	
每股最低價（元）	48.6	46.0	30.0	16.0	14.8	19.2	17.0	26.7	26.5	
最低股價淨值倍數	2.05	2.06	1.45	0.84	0.83	1.10	1.00	1.50	1.48	1.37
最低價報酬率平減數(%)	13.23%	10.55%	17.08%	22.98%	15.30%	11.53%	11.22%	13.50%	16.32%	14.64%

註：
1. 2012 年之數據為上半年累計值，「股東權益總額」為 2012 年 Q2 之數據，「稅前淨利」2012 年為上半年累計數據 *2 之預估值。
2. 「股東權益總額」為求簡要考量以年底期末數據做計算。

股價（P）＝27.12%／14.64%×23.7＝43.9（元）

以2004年至2012年最低價平均報酬率平減數（%）計算之股價為43.9元，低於此價位後，逢低買進、長期持有，投資風險值將不高。

【案例48】茂順（9942）

1. 每年最高股價之最低平均報酬率平減數（％）

茂順（9942）										單位：百萬元
期別	2012年	2011年	2010年	2009年	2008年	2007年	2006年	2005年	2004年	平均數
稅前淨利	428	486	528	238	360	384	378	232	319	
股東權益總額	2,077	2,183	1,985	1,805	1,823	1,733	1,563	1,377	1,199	
稅前股東權益報酬率(%)	20.61%	22.26%	26.60%	13.19%	19.75%	22.16%	24.18%	16.85%	26.61%	21.36%
每股淨值（元）	25.0	26.2	23.9	21.7	22.0	21.0	20.5	19.1	18.3	
每股最高價（元）	57.2	62.0	50.0	33.3	41.7	53.5	41.7	44.0	44.4	
最高股價淨值倍數	2.29	2.36	2.09	1.53	1.90	2.55	2.03	2.31	2.43	2.17
最高價報酬率平減數(%)	9.00%	9.42%	12.71%	8.59%	10.41%	8.70%	11.89%	7.30%	10.97%	9.89%

註：
1. 2012年之數據為上半年累計值，「股東權益總額」為2012年Q2之數據，「稅前淨利」2012年為上半年累計數*2之預估值。
2.「股東權益總額」為求簡要考量以年底期末數據做計算。

$$股價（P）＝20.61\% ／ 9.89\% × 25.0 ＝ 52.1（元）$$

以2004年至2012年最高價平均報酬率平減數（％）計算之股價為52.1元，超過此價位後，再進行追價買進，投資風險值將不低。

2. 每年最低股價之最高平均報酬率平減數（％）

茂順（9942）										單位：百萬元
期別	2012年	2011年	2010年	2009年	2008年	2007年	2006年	2005年	2004年	平均數
稅前淨利	428	486	528	238	360	384	378	232	319	
股東權益總額	2,077	2,183	1,985	1,805	1,823	1,733	1,563	1,377	1,199	
稅前股東權益報酬率(%)	20.61%	22.26%	26.60%	13.19%	19.75%	22.16%	24.18%	16.85%	26.61%	21.36%
每股淨值（元）	25.0	26.2	23.9	21.7	22.0	21.0	20.5	19.1	18.3	
每股最低價（元）	46.7	44.0	30.2	20.7	24.0	35.6	27.2	25.1	36.7	
最低股價淨值倍數	1.87	1.68	1.27	0.95	1.09	1.70	1.33	1.31	2.00	1.47
最低價報酬率平減數(%)	11.02%	13.28%	21.02%	13.82%	18.06%	13.07%	18.24%	12.83%	13.27%	14.96%

註：
1. 2012年之數據為上半年累計值，「股東權益總額」為2012年Q2之數據，「稅前淨利」2012年為上半年累計數*2之預估值。
2.「股東權益總額」為求簡要考量以年底期末數據做計算。

$$股價（P）＝20.61\% ／ 14.96\% × 25.0 ＝ 34.4（元）$$

以2004年至2012年最低價平均報酬率平減數（％）計算之股價為34.4元，低於此價位後，逢低買進、長期持有，投資風險值將不高。

【案例49】寶成（9904）

1. 每年最高股價之最低平均報酬率平減數（%）

寶成（9904）										單位：百萬元
期別	2012年	2011年	2010年	2009年	2008年	2007年	2006年	2005年	2004年	平均數
稅前淨利	11,780	6,065	8,839	7,116	5,045	5,224	5,330	4,056	4,336	
股東權益總額	58,924	57,410	53,105	51,678	43,620	43,747	37,056	33,686	30,369	
稅前股東權益報酬率(%)	19.99%	10.56%	16.64%	13.77%	11.57%	11.94%	14.38%	12.04%	14.28%	13.91%
每股淨值（元）	20.1	19.7	18.7	18.5	16.3	17.5	16.1	14.6	14.5	
每股最高價（元）	30.3	29.3	29.6	26.5	32.5	38.8	37.4	29.1	40.2	
最高股價淨值倍數	1.51	1.48	1.59	1.43	1.99	2.22	2.32	1.99	2.77	1.92
最高價報酬率平減數(%)	13.26%	7.12%	10.49%	9.64%	5.81%	5.38%	6.20%	6.04%	5.15%	7.68%

註：
1. 2012年之數據為上半年累計值，「股東權益額」為2012年Q2之數據，「稅前淨利」2012年為上半年累計數據*2之預估值。
2. 「股東權益總額」為求簡要考量以年底期末數據做計算。

$$股價（P）＝19.99\% ／ 7.68\% × 20.1 ＝ 52.3（元）$$

　　以2004年至2012年最高價平均報酬率平減數（%）計算之股價為52.3元，超過此價位後，再進行追價買進，投資風險值將不低。

2. 每年最低股價之最高平均報酬率平減數（%）

寶成（9904）										單位：百萬元
期別	2012年	2011年	2010年	2009年	2008年	2007年	2006年	2005年	2004年	平均數
稅前淨利	11,780	6,065	8,839	7,116	5,045	5,224	5,330	4,056	4,336	
股東權益總額	58,924	57,410	53,105	51,678	43,620	43,747	37,056	33,686	30,369	
稅前股東權益報酬率(%)	19.99%	10.56%	16.64%	13.77%	11.57%	11.94%	14.38%	12.04%	14.28%	13.91%
每股淨值（元）	20.1	19.7	18.7	18.5	16.3	17.5	16.1	14.6	14.5	
每股最低價（元）	23.5	20.1	22.0	13.5	12.6	26.0	20.3	19.6	25.5	
最低股價淨值倍數	1.17	1.02	1.18	0.73	0.77	1.49	1.26	1.34	1.76	1.19
最低價報酬率平減數(%)	17.10%	10.35%	14.12%	18.89%	15.00%	8.03%	11.41%	8.97%	8.12%	12.44%

註：
1. 2012年之數據為上半年累計值，「股東權益總額」為2012年Q2之數據，「稅前淨利」2012年為上半年累計數據*2之預估值。
2. 「股東權益總額」為求簡要考量以年底期末數據做計算。

$$股價（P）＝19.99\% ／ 12.44\% × 20.1 ＝ 32.3（元）$$

　　以2004年至2012年最低價平均報酬率平減數（%）計算之股價為32.3元，低於此價位後，逢低買進、長期持有，投資風險值將不高。

【案例50】中鼎（9933）

1. 每年最高股價之最低平均報酬率平減數（%）

中鼎（9933）										單位：百萬元
期別	2012年	2011年	2010年	2009年	2008年	2007年	2006年	2005年	2004年	平均數
稅前淨利	2,632	2,547	2,100	1,902	1,656	1,577	1,037	779	515	
股東權益總額	13,660	14,162	12,881	11,227	9,916	9,499	8,814	8,299	7,931	
稅前股東權益報酬率(%)	19.27%	17.98%	16.30%	16.94%	16.70%	16.60%	11.77%	9.39%	6.49%	14.60%
每股淨值（元）	19.0	19.9	18.6	17.1	15.8	15.5	14.8	14.1	13.7	
每股最高價（元）	69.5	42.2	36.4	36.0	29.2	33.6	30.4	20.5	31.6	
最高股價淨值倍數	3.65	2.12	1.96	2.10	1.85	2.17	2.06	1.46	2.31	2.19
最高價報酬率平減數(%)	5.27%	8.50%	8.33%	8.07%	9.01%	7.65%	5.72%	6.45%	2.81%	6.87%

註：
1. 2012年之數據為上半年累計值，「股東權益總額」為2012年Q2之數據，「稅前淨利」2012年為上半年累計數據*2之預估值。
2. 「股東權益總額」為求簡要考量以年底期末數據做計算。

$$股價（P）= 19.27\% \diagup 6.87\% \times 19.0 = 53.3（元）$$

　　以2004年至2012年最高價平均報酬率平減數（%）計算之股價為53.3元，超過此價位後，再進行追價買進，投資風險值將不低。

2. 每年最低股價之最高平均報酬率平減數（%）

中鼎（9933）										單位：百萬元
期別	2012年	2011年	2010年	2009年	2008年	2007年	2006年	2005年	2004年	平均數
稅前淨利	2,632	2,547	2,100	1,902	1,656	1,577	1,037	779	515	
股東權益總額	13,660	14,162	12,881	11,227	9,916	9,499	8,814	8,299	7,931	
稅前股東權益報酬率(%)	19.27%	17.98%	16.30%	16.94%	16.70%	16.60%	11.77%	9.39%	6.49%	14.60%
每股淨值（元）	19.0	19.9	18.6	17.1	15.8	15.5	14.8	14.1	13.7	
每股最低價（元）	40.0	31.0	30.8	19.8	17.5	18.6	12.9	12.4	15.4	
最低股價淨值倍數	2.10	1.56	1.66	1.16	1.11	1.20	0.87	0.88	1.13	1.30
最低價報酬率平減數(%)	9.16%	11.55%	9.83%	14.67%	15.07%	13.79%	13.47%	10.71%	5.76%	11.56%

註：
1. 2012年之數據為上半年累計值，「股東權益總額」為2012年Q2之數據，「稅前淨利」2012年為上半年累計數據*2之預估值。
2. 「股東權益總額」為求簡要考量以年底期末數據做計算。

$$股價（P）= 19.27\% \diagup 11.56\% \times 19.0 = 31.7（元）$$

　　以2004年至2012年最低價平均報酬率平減數（%）計算之股價為31.7元，低於此價位後，逢低買進、長期持有，投資風險值將不高。

為什麼股東權益報酬率這麼重要？

一般分析一家公司的財務報表時，可根據其財務資料，分別就公司財務結構、償債能力、經營效率、獲利能力等四大項進行分析。而股東權益報酬率則直接結合了一家公司的主要財務結構、經營效率及獲利能力等三大項，當然，一家獲利能力良好的公司，其償債能力也相對較強。

1. 總資產報酬率

在第1章已說明，無論個人或公司，其可動用的資源就是其總資產，而扣掉負債的部分便是個人淨資產或公司股東權益。總資產報酬率的高低，不僅說明公司所處個別產業的榮枯，也代表公司內部資源或外部融資效率的好壞。

總資產報酬率＝銷售利潤邊際×總資產周轉率
＝〔稅前（或稅後）淨利／營業收入〕×（營業收入／資產總額）
＝稅前（或稅後）淨利／資產總額

銷售利潤邊際即代表每銷售1元可得到的利潤，包含本業獲利的營業利益率及營業外收支，因此若營業外收支佔淨利總額比例較高者，應查明是來自何處、是否為常態性收入或支出，像台灣現時有相當多公司，透過第三地轉投資的子公司再投資中國大陸，而大陸廠收入很多是列入營業外支出，但事實上應該列為常態性收入。

總資產周轉率即代表每1元資產可帶動的營業收入，其比率越高代表經營效率越好，國內很多企業，如台塑集團、統一超商等，於本業景氣趨緩、毛利下降之際，致力於內部效率的提升，因此長期仍可維持較同業為高的股東權益報酬率。若總資產周轉率呈下降趨勢，則往往代表內部經營效率惡化，公司未來獲利亦將轉差。

2. 股東權益報酬率

股東權益報酬率＝總資產報酬率 × 權益乘數
＝〔稅前（或稅後）淨利／資產總額〕×（資產總額／股東權益
總額）＝稅前（或稅後）淨利／股東權益總額

權益乘數即總資產為股東權益之倍數，代表公司除自有資金外向
外舉債的倍數，若資產運用收益大於利息費用，則可提高股東權益報
酬率，然而必須注意的是，若經營者在景氣高峰時擴大權益乘數，短
期內雖然可以提高股東權益報酬率，但長期下來，恐怕會造成公司負
面的影響。而且過高的負債額將使公司財務結構轉差，徒然增加可用
資金和盈餘的不穩定性。民國80年代以後，相當多的建設公司於景
氣高峰時極度擴大權益乘數，於是當景氣一轉差，便紛紛產生財務危
機。

因此，一家公司的股東權益報酬率若來自業外收入太高或因權益
乘數過高，都要探究真正原因，千萬不要因短期股東權益報酬率上揚
就給予過高的股價淨值倍數，高估了股價。

透過本節的說明，大家應該已經知道決定長期股票市場報酬的根
本原因在於股東權益報酬率的高低，並由其引申出股價淨值比及市場
價格。影響股東報酬率高低的因素，包括產業的榮枯、公司產品的獲
利性、內部經營效率、投資或融資決策的適當性等。

對一位長線策略性贏家而言，正如第4章所提的，如何配合總體
景氣變化，以及相對位置來推估對個人或企業獲利的影響，並且做
好資產配置才是首要的工作。在資訊發達的今日，先懂得由上而下了
解環境，並貫通企業體財務資訊的內涵，將可使自己免於「見樹不見
林」的危險，對一個非專業投資領域的投資人而言，其重要性將遠優
於學會當一個半調子的產業分析師來得重要。

自從民國85年以後，電子股成為台股主流，研究電子產業成為證券投資的主體潮流，但很不幸的，以過去長時間服務於投資業界的觀察，我發現很多分析師、經理人不但不懂經濟學邏輯推理，甚至對基本財務報表的內涵更是解釋不清。

有關景氣循環與資產配置，我們留在第6章再進一步探討。下一節，先簡單介紹一下債券投資的基本概念，以方便進入第6章後，可以較容易了解所談的內容。

債權投資及獲利本質

談股權投資（如股票），股東的投資報酬來自公司獲利的淨利金額，衡量獲利高低則來自股東權益報酬率的高低，至於股價表現則只是所有市場投資人給予的主觀評價或預期。因此，對策略性贏家而言，只在股價偏離獲利本質時，會對資產做理性的調整與配置，對於債權投資工具的選定往往才是重點所在。此外，透過對總體經濟趨勢的邏輯推理，配合債權交易市場的多樣化發展，債權投資與股權投資已經成為投資世界的兩大基石。你可以不用成為債券投資交易的行家，但如果欠缺基本觀念，將使你對特定領域產生偏執心態，長期而言，當股權資產處於下跌趨勢時，勢必使你暴露於高度風險中，成為長線贏家的勝率也隨之大為降低。

債權的基本觀念

記得幾十年前，我還不到10歲的年紀，常在夜裡陪母親去一位鄰居家討債，一開始，我並不知道母親把錢借給她，直到有一天晚上，她哭著臉求我母親，才知道她向母親借的錢無法按期清償。連續幾次，母親都帶著我到她家去要債，從對談氣氛中，可以感覺到母親

要得到錢的機會並不高。更記得有一次，母親噙著淚水帶著我空手而回的景象。在那個年代，民間私下借貸是相當平常的事，甚至連米糧都可以借貸。

當時，母親圖的只是賺一點利息收入貼補家用，但有時還是會遇到真的無法償還債務的人。那時，借錢的人都親簽或按捺指紋於一張載明借款金額、期限、利率的所謂「借據」上，再交給借錢給他的人；而債權人自此就按「借據」上的條件，分期收利息或到期收回本利。

以前由債務人簽出的「借據」便是目前金融市場所謂的「債券」，只是，債務人變成公司、銀行或政府。我在民國86至93年間服務於投信業界，也曾參加過所謂的「債權人會議」，有的企業主經營大陸事業，活像一條龍，但在討債會中卻一把鼻涕、一把眼淚地請求債權公司降低求償本息條件，這場景與我孩提時期陪母親討債的情形如出一轍。

債權人願意把錢借出的條件，主要有下面幾點：

1. **還款期限是否符合他自己未來使用資金的需要**：因為某一段時間，債權人願意忍受自己不花錢來換取利息收入。
2. **借款人的信用程度**：很多還不出本金的債務人一開始舉債時，並非信用差的個人或企業，但當經濟景氣轉差時，往往無法如期清償本金，因此部分民間借貸市場或是陷入經營困境的公司，當遇到銀行利率走低時，舉債利率反而攀高。
3. **債權人及債務人願意接受的利率**：無論是個人、企業或政府發行的債券，目前都有不同的市場機制來決定利率水準，它是借款人提前使用資金願意付出的代價，可以簡單地說，是資金的供給與需求決定出的價格水準。

資金的時間價值

我們常說：「時間就是金錢」，這是大家都知道的觀念，因此你每天上班8小時，你的老闆平均每小時要付你多少薪水工資為代價，你可以很清楚地算出來。對金錢而言，你可以現在不用它，暫時轉讓給他人，而他人便要在本金外付出補償代價，並在約定期限滿期後連本金一併清償，因此，利息是對金錢使用權轉讓的補償。

決定利率的高低

衡量金錢時間價值的高低水準是利率，也是資金供需雙方透過市場機制自由決定而來，因此可以說利率是使用資金的價格水準，而決定借貸利率水準的因素主要有：

1. 借款期間的長短

正常情況下，借款時間越長，還款風險就越高，所以這時債權人對債務人要求的利率也會越高。就像你把錢存在銀行的定期存款，除非銀行對長期經濟景氣預期很差，否則，若存款期限越長，銀行的牌告利率自然越高，對債務人而言，存款時間越長，對本金所要承擔的損失風險就越高。

2. 借款人的信用程度

假使你自己存了一筆錢，當借款利率、期間一樣時，請問你比較願意把錢借給政府或地下錢莊？不用說，一定會選擇借給政府，因此，除非地下錢莊願意付出很高的利息利率，否則你不會把錢隨便借出去。以往地下投資公司猖獗時，吸金的年利率超過40%，但事實證明，隱藏在不合理報酬的後面，往往是暫時沒被發現或尚未發生的風險，但這並不表示未來不會發生。在爾虞我詐的投資世界裡，充斥著

不同的金融商品，更該對經營管理者及商品內容嚴格把關，否則往往
會變成血本無歸，為一時貪圖小利而付出慘痛代價。

3. 出借者是否可提前要回本金

一般而言，當你決定把一筆錢借出時，債務人會要求你同意未到
期前無權要求本金提前償還，但在債券市場，透過債券發行條件的設
計，或是交易量極大的債券交易次級市場、信用等級極高的政府公債
或公司債，均可達到本金提前變現的功能，然而部分公司債券發行利
率若因短期市場未趨成熟而遭扭曲，無法反映流動性較差的價格因
素，一旦市場利率整體回升，債權人資金變現需求將無法迅速得到滿
足，屆時債券價格將被迫降價求售，此乃為何暫不建議買進國內一般
「貨幣型債券基金」的原因。

4. 其他因素

這部分包含很多變數，諸如總體經濟景氣變化與預期、通貨膨脹
率、央行貨幣政策、國際收支變化等等，都會影響市場不同期間的利
率水準，我們在第6章中，將會對利率與各項變數，以及其影響企業
體的獲利水準做說明。

債權投資的獲利本質

在談論這個主題前，讓我們先假定你買進的債券並沒有信用風險
及流動性變現問題，也就是流動性極佳的政府債券，如美國政府公
債、國庫券，或台灣中央政府公債，那麼，你投資一份10年期政府
公債的獲利本質來自哪裡？請看以下說明。

1. 債券票面利率的高低

當你決定把一筆錢拿去買銀行1年期的定期存款單時，銀行人員

會告訴你，目前銀行1年期定期存款的牌告利率是多少，並在你的存款單上註明票面利率，你可以與銀行約定按此票面利率每月領息，或於1年後到期時一次領取本利合，除非你買進的是可轉讓式的定期存單，否則若未到期而中途解約，所投資這一張定期存單的獲利就是票面利率所載的利息收入。

除非是零息債券或所謂結構型債券等較複雜的債券，一般債券通常於票面上也會載明票面利率，債券持有人亦可按債券發行條件，按期兌領債息，因此，對一個持有債券到滿期的債券原始投資人而言，根據債券票面利率兌領的債息就是其投資債券的實質獲利。由此可見，對一個長期持有債券的投資者而言，無論他是個人或投資機構，當票面利率也就是債券發行利率越低時，債券對他的吸引力自然相對降低。

2. 債券次級市場交易利率的變動

由前段說明，你可以知道若持有1期債券，從發行到滿期，獲利就是票面利息；但若你在債券到期前有資金需要，想要提前拿回本金，該怎麼辦？會不會影響原有的獲利？舉一個簡單的例子來說明：

【範例】假定你用下面的條件買進1期剛發行的政府公債：

10年期
票面金額：100,000元
票面利率：10%
次級市場交易利率：10%
債券價值：100,000元

2-1. 債券價格簡單原理

由上面條件，可以知道你在債券發行當日便買進本期公債，我們稱之為初級發行市場投資人，至於發行有價證券的市場，統稱「初級

市場」，當你從發行市場取得有價證券後，一般金融市場較成熟的國家均有制度完善的交易市場，提供有價證券持有者買賣的交易需求，進行雙向交易撮合媒介，此交易市場便是一般所稱的「次級市場」。

當你從市場以發行條件買進100,000元公債時，如果你馬上想到自己有一筆資金需求，而且市場交易利率仍維持在10%，這時可以透過次級市場交易機制隨即將你所持有的債券於市場賣出，並取回本金100,000元，因為市場交易利率維持在10%，所以債券價值並沒有改變。

債券目前價格是根據未來每期票面利息及到期本金，用市場利率折現成現在價值的簡單原理。

> 債券現在價值＝〔第1期票面利息／（1＋10%）〕＋
> 〔第2期票面利息／（1＋10%）^{2}〕＋………… ＋
> 〔第10期票面利息／（1＋10%）^{10}〕＋〔本金／（1＋10%）^{10}〕

這個簡單原理的觀念就好比未來10年中的每1年你都可以領到一筆利息收入，並在第10年領回本金，但資金收入都是未來的現金流入，因此，你可以用簡單財務會計現值折現表中的年金折現因子及單期折現因子，並算出債券現值如下：

> 利息收入年金現值（A）＝10,000×6.1446＝61,446
> 到期本金收入現值（B）＝100,000×0.38554＝38,554
> 債券現值＝A＋B＝61,446＋38,554＝100,000

6.1446及0.38554分別是10年期利率10%年金現值利率因子及單期現值折現因子，你可以很容易地利用財務計算機或電腦得到這個數字。由上面計算，可以發現，當票面利率與賣出債券的成交利率相同時，債券價格剛好等於債券票面金額，賣出的人沒有賺錢，也沒有賠錢，剛好損益兩平，我們稱這期成交債券為「平價債券」。

2-2. 債券交易利率的變動

然若你從市場以票面利率10%買進100,000元債券後，因為中央銀行突然宣布大幅調降利率4碼，此時，市場利率已同步反應而下降，其他債券投資人將無法再用原來利率10%買進你已經持有的債券，而新買的債券成交利率可能被迫下降到9%，也就是說，同樣年期的債券，你可以比其他人多享有1%的利息收益。

假設你的債券透過市場以9%的利率賣出，價格如下：

利息收入年金現值（A）＝ 10,000×6.4177 ＝ 64,177
到期本金收入現值（B）＝ 100,000×0.4224 ＝ 42,240
債券現值＝ A ＋ B ＝ 64,177 ＋ 42,240 ＝ 106,417
賣出債券利得＝ 106,417 － 100,000 ＝ 6,417
報酬率＝ 6.417%

6.4177及0.4224分別是10年期利率9%年金現值利率因子及單期現值折現因子，你一樣可以很容易地利用財務計算機或電腦得到這個數字。經由算式，將發現當利率下跌時，債券價格成反向上漲，此時若賣出原持有的債券，將立即有6,417元的收益，此部分稱為債券交易的「資本利得」。

同樣道理，若債券市場成交利率呈現上漲至11%，債券價格將變成如下：

利息收入年金現值（A）＝ 10,000×5.8892 ＝ 58,892
到期本金收入現值（B）＝ 100,000×0.35218 ＝ 35,218
債券現值＝ A ＋ B ＝ 58,892 ＋ 35,218 ＝ 94,210
賣出債券利得＝ 94,210 － 100,000 ＝ －5,790
報酬率＝ －5.79%

5.8892及0.35218分別是10年期利率11%年金現值利率因子及單期值折現因子,你一樣可以很容易地利用財務計算機或電腦得到這個數字。由算式,你將發現當利率反向上漲時,債券價格成反方向下跌,若賣出原持有的債券,將立即有5,790元的損失,此部分一般稱為債券交易的「資本損失」。

2-3. 債券價值與利率的簡單關係

　　看完前面說明,不是商學或數理背景的朋友可能會認為債券投資充滿財務數理數字,把人弄得頭昏腦脹。請放心,除非你是債券投機、套利者,或是衍生性商品承銷商或交易者,否則做為一個策略性資產配置的長線投資贏家,沒必要大費周章地對債券投資做太多數理性的推演。

　　但你必須知道的是,對債券投資者而言,市場成交利率與債券價格成反向簡單關係,利率下跌對原持有債券者是有利的,因為他的債券資產價格上漲了,反之,利率上漲對原持有債券投資者是不利的,因為他持有的債券資產價格下跌了。由此可知,當利率下跌時,對持有很多債券資產的金融機構而言,它的未實現資本利得將增加不少,有利股價上漲,若利率上漲,則因債券價格下跌,甚至要提列債券跌價損失,不利股價上漲。

　　綜合上面幾段說明,我們對債券投資的獲利本質已有清晰的概念,主要來自債券票面利率所載的利息收入,以及債券未滿期前因利率變動所產生來自買賣交易的「資本利得」及「資本損失」,如何透過影響總體經濟景氣循環各種變數的邏輯推理,找出利率長期相對高低點或轉折時點,以調整你在股權資產及債權資產的配置比例,將是決定你的資產長期報酬的關鍵性因素。

第6章

因應景氣循環
做好資產配置

喬治・索羅斯（George Soros）：「凡事總有盛極而衰或否極泰來的時候，狂漲後就是狂跌，狂跌後則醞釀著大漲。想要從中獲利，重要的不僅是認識到形勢的轉變不可避免，還要找出這個轉折點。」

轉折點的尋找並非完全準確，因為連經濟學家都無法事先準確指出哪裡是景氣轉折點，重點是若干訊號不斷出現時，你不能視若無睹！

在第4章中，已經對資本主義自由經濟社會運作法則做了說明，並且透過簡單的勞資雙方流程圖讓你對市場供需有初步的概念；在第5章，則是透過簡單的例子說明金融市場裡面，股權和債權兩類資產的獲利本質，以期讀者在面對市場價格偏離資產本質時，能夠不隨波逐流，迷失在貪婪與恐懼之中，而以冷靜思考做出理性的決策。

本章將延伸第4、第5章的內容，進一步說明、探討正確的投資決策，以及如何在股權與債權資產間做適當的配置。其中主要探討因景氣循環導致總體經濟波動時，對個人或企業體的影響，進而探究其對各種資產市場價格的影響。期使讀者在進行個別投資標的的選擇前，讓自己的投資決策取得優勢的地位。事實上，透過對景氣循環波動相對位置的掌握，勢必有利於正確資產配置決策的擬定，這就如《孫子兵法》所說的「勝兵先勝而後求戰」的道理。

本章一開始，先透過市場實例，釐清一些投資策略的謬誤，然後，以總體景氣波動所產生的一些現象，說明在景氣波動中如何調整個人的資產配置，以成為先勝之兵。縱使你不是月薪族中的金字塔頂端族群，也不屬於專業投資領域，但只要掌握景氣波動中的利基，絕對可以透過投資理財來累積資產，享富人生的。

解讀各種投資策略的謬誤

一、買進股票後，不管漲跌都不要賣的策略正確嗎？

很多年前，曾有人主張股票買了就不要賣，而且是「隨便買、不要賣」，認為太多投資分析與思考是多餘的。回顧民國80年前後，如果真的隨便買任何一家台灣中部建設公司的股票，而且「隨便買、不要賣」，在當時如果沒有破產也只剩半條命！其實，這種投資策略在

國外早就被拿到課堂上當活教材討論過。想要透過「買進持有」的策略，並且在股票市場上有好的報酬，其大前提必須是買進時的股票市場其長期走勢是多頭且持續上漲的格局；另外，所選個股的業績也要是長期成長的。若是選到長期總體景氣趨勢向下，如1990年代的蘇聯，或是民國80年代的台灣營建股，恐怕股票的長期投資報酬是很難令人滿意的。

　　試舉美國標準普爾500股價指數（S&P 500）為例，由圖6-1，你可以發現美國因長期經濟處於成長型態，因此其在2000年之前，股票市場基本上是處於長期上漲格局，尤其1995至2000年間更是大漲特漲，因此你如果在1995年開始使用「隨便買、不要賣」的操作方式，其結果應該不差；然而，美國股市在2000年網路泡沫破滅後，為期2年左右的股市空頭格局，讓不少股市投資人摔得四腳朝天、兩眼昏花。現在，我們就假定不同的投資人分別從1995年後，每年12月及6月買進股票，並且持有到2004年4月，期間都不賣出股票，那麼，其投資報酬的差異如何？

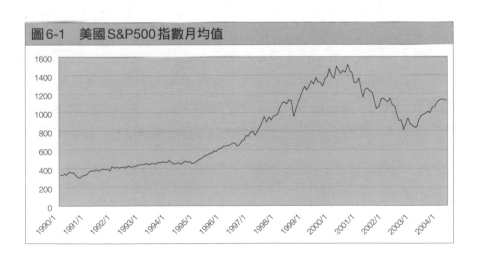

圖6-1　美國S&P500指數月均值

表6-1 S&P500 1995至2004年股價指數報酬率對照表（每年12月買進）

買進年度	1995	1996	1997	1998	1999	2000	2001	2002	2003	2004
股價指數	615.93	740.74	970.43	1229.23	1469.25	1320.28	1148.08	879.82	1111.92	1126.21
到期報酬率	82.85%	52.04%	16.05%	−8.38%	−23.35%	−14.70%	−1.90%	28.00%	1.29%	0.00%

註：2004年係以2004年3月為計算基準

於每年12月買進持有，其中只有1995及1996年，年複合報酬率分別接近7%及5%外，其餘年度均低於3%，報酬率甚至呈現負值。

表6-2 S&P500 1995至2004年股價指數報酬率對照表（每年6月買進）

買進年度	1995	1996	1997	1998	1999	2000	2001	2002	2003	2004
股價指數	544.75	670.63	885.15	1133.84	1372.7	1454.6	1224.38	989.82	974.5	1126.21
到期報酬率	106.74%	67.93%	27.23%	−0.67%	−17.96%	−22.58%	−8.02%	13.78%	15.57%	0.00%

註：2004年係以2004年3月為計算基準

於每年6月買進持有，其中只有1995及1996年，年複合報酬率分別接近8.5%及6%外，其餘年度均低於3%，報酬率甚至呈現負值。

由表6-1及表6-2可以很清楚看到，買進持有策略如果應用在美國1995至2004年股票市場的實務操作上，除了兩年報酬率超過5%外，其餘年度的報酬率甚至比國庫券利率還低，顯然可見，買進股票長期持有的策略並不適用大部分的美國股票上。

同樣的情形，國內共同基金公司常在媒體上登促銷廣告，說只要買進共同基金，幾年後，經過複合報酬率計算後，資產可以累積多少倍。這個表，我可以在不到1分鐘的時間用電腦算給你看，請看下面。

表6-3 年複合累積報酬率對照表

投資年數	5	10	15	20	25	30	35
年報酬率	5.00%	5.00%	5.00%	5.00%	5.00%	5.00%	5.00%
累積報酬率	27.63%	62.89%	107.89%	165.33%	238.64%	332.19%	451.60%

問題是出在，股票市場是否每年都看漲？如果不是，那上面的報酬率對照表就沒辦法成立，甚至可能成為負值。

二、定期定額購買，不管漲跌都不要賣的策略正確嗎？

同樣的情形，幾年前國內共同基金公司常在媒體上登促銷廣告，說只要定期定額買進共同基金，幾年後，資產便可以累積多少倍。這個假設性試算表，我也可以用電腦在不到2分鐘的時間內算給你看。

假設你10年前在每年的12月按台股指數買進，並把台股視為一支個股股價，每年買進新台幣10萬元。請看下面！

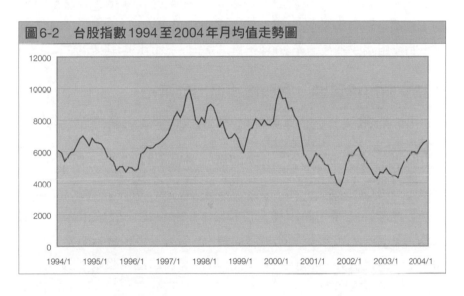

圖6-2　台股指數1994至2004年月均值走勢圖

表6-4　1994至2004年定期定額買進台股

投資年度	83	84	85	86	87	88	89	90	91	92	93
股價指數	6,844	4,989	6,882	8,148	6,832	7,919	5,071.50	5,264.16	4,621.36	5,853.30	6,658.08
投資金額	100,000	100,000	100,000	100,000	100,000	100,000	100,000	100,000	100,000	100,000	0
買進股數	14.61	20.04	14.53	12.27	14.64	12.63	19.72	19.00	21.64	17.08	0.00
註：93年係以93年3月指數為計算基準											

總投資額：1,000,000元

總買進股數：166.16股

總市值：1,106,306元

總報酬率：10.63%

年複合報酬率：1.02%

結果是，連續定期定額買進台股，總報酬率為10.63%，年複合報酬率大約1.02%，若買進共同基金，尚需考慮基金管理費及買進手續費，甚至券商手續費等交易成本，我可以肯定告訴你，你的報酬率將是負值。很顯然，不管股票市場是上漲多頭市場或是下跌空頭市場，定期定額持續買進股票不保證會賺錢，以台股1994至2004年而言，扣掉相關成本後，至2004年第一季止，恐怕是賠錢！

股票多頭市場買進、空頭市場退出的策略

若於83年12月一次買進台股，不管股市漲跌繼續持有，10年來報酬率為–2.73%，比買定期存單還不如。

報酬率 = （6658.08 － 6844）／6844 = –2.72%

但你若能避開空頭市場，在股票下跌年度退出股票市場，則結果將完全不同，10年報酬率可以達到280.72%，年複合報酬率約可達10.87%，算是很好的成績了。顯然，若能想辦法避開股市下跌年度，將使投資報酬率明顯改善，因此，對股票投資贏家而言，耐心等待有時是最好的策略。

報酬率 = （1 + 0.3448）× （1 + 0.3794）× （1 + 0.184）× （1 + 0.1591）× （1.0.038）× （1 + 0.2666）× （1 + 0.1375）－ 1 = 2.8072 = 280.72%

表6-5	1994至2004年台股指數每年漲跌										
投資年度	83	84	85	86	87	88	89	90	91	92	93
股價指數	6,844	4,989	6,882	8,148	6,832	7,919	5,071.50	5,264.16	4,621.36	5,853.30	6,658.08
指數漲跌	34.48%	−27.11%	37.94%	18.40%	−16.15%	15.91%	−35.96%	3.80%	−12.21%	26.66%	13.75%

註：93年係以93年3月指數為計算基準

股票多頭市場買進股票、空頭市場轉買固定收益等債權資產的策略

若能避開空頭市場，不僅在股票下跌年度退出股票市場，並將資金買進年報酬率3%的定存單（1994至2004年實際不僅3%）。

報酬率＝（1＋0.3448）×（1＋0.3794）×（1＋0.184）×（1＋0.1591）×（1.0.038）×（1＋0.2666）×（1＋0.1375）×（1＋0.03）×（1＋0.03）×（1＋0.03）×（1＋0.03）−1＝3.2851＝328.51%

10年報酬率可以達到328.51%，年複合報酬率約可達12.63%，又還較一次買進股票更好了。

當然，若你於過去10年台灣債券市場價格呈現長期上漲格局下，在股市下跌年度時改買政府公債或積極型債券型基金，投資報酬率將更驚人。

透過上面不同投資策略的說明，相信你已經知道，做為一個投資市場策略性的長線贏家，會對總體經濟趨勢（諸如物價、利率、國際收支等等變數）對於金融市場中股權及債權資產價格之影響及關聯性分析格外的重視，並在若干訊息持續不斷出現後，能夠避免貪婪及恐懼的盲從心理障礙，在市場中趨吉避凶、快速累積淨資產。

接下來，我們將對引發景氣循環的不同成因類型做介紹，相信會有很大的幫助。

景氣循環的成因與類型

事實上，形成經濟景氣循環的成因錯綜複雜，絕非單一變數所引起的，但為方便分析及邏輯推演，我試著把一些經濟學理簡單化，讓非商學或對經濟學理不甚熟悉的讀者在閱讀本章節時，只要掌握一些重要經濟變數，並把它有紀律地用在投資決策上，就可以在投資績效的提升上產生很大的幫助。

記得在第4章中，我們介紹過簡單的經濟流程圖。其實，引起景氣循環的成因可以用經濟流程圖加以解釋及推演，並且建立簡單實用的經濟分析架構。

由消費市場引起的經濟景氣循環

常上市場買菜的家庭主婦都有個經驗，有時候市場上賣的菜，價格突然大跌，有時卻又突然大漲。這完全是因為蔬菜有時候供給量太多，有時候又因天候出現較大變化，使得蔬菜供應量急速減少所致。價格波動完全取決於商品的市場供需變化，對菜農來講，他要在蔬菜價格大漲時，馬上增產以增加銷售量，可是，要達到這目標，基本上是有時間的限制，因為從決定增產到蔬菜成熟採收，通常要花好幾個月的時間，等到蔬菜成熟上市，說不定價格又因供給量大增而慘跌了。對菜農而言，蔬菜價格從低檔谷底盤旋向上的過程，就是一種典型的產業景氣循環，我們都是市場消費者，而菜農則是生產廠商。

同樣的道理，當總體經濟上，一般消費市場因消費者所得提高，消費力增加，譬如，本來無就業者在加入就業市場後，使得他的消費

能力提高，自然就會多上餐館、多買東西，這時，如果廠商原有產量無法在第一時間內配合增加，勢必要先以倉庫裡的庫存供應市場，直接使得原有庫存量下降，所以有時你到市場去買某些商品時，供應商會直接告訴你，目前該商品缺貨中，要你多久以後再來看看新貨品是否到貨。這時，生產的廠商會想辦法讓原先因景氣不佳時閒置的產能恢復生產，如果還是無法生產足夠商品供應市場，便會要求員工配合輪值加班，並把兩班制改成24小時三班制輪班生產；例如，台灣部分電子廠商在景氣好時，員工便時常發生於春節期間縮短年假留廠加班的情形。

當所有產能都已經24小時上線生產，但產量仍出現供不應求的現象時，部分生產廠商便會開始籌備新廠，並且增聘員工，台灣很多電子公司往往在景氣好時，於每年6月舉辦盛大的校園徵才活動，就是這原因。而理工科畢業生，這時也會因此同時有好幾個工作機會可以選擇。在此同時，許多消費者往往本身就是勞工，會因工資所得提高（可能來自加班或加薪），對未來消費信心提高，本來不敢買或捨不得買的東西，會變得出手大方、毫不猶豫。

勞動者的所得增加後，購買力的增強使得廠商貨品銷售量更進一步提高，景氣變得欣欣向榮。似乎所有經濟社會的個體參與者都感受到景氣熱度，市場信心變得非常高，國內外經濟指標中均有消費者信心指數的正式統計，其中顯示，當消費者所得提高後，消費者信心指數往往同步提高，這時你會發現高檔餐廳門庭若市。遇到假日，著名風景區的五星級飯店若不提早預約恐訂不到床位；寒暑假裡，機場裡攜家帶眷出遊的觀光客大增。

上面幾段可以用下面流程簡化說明：

廠商銷售量增加→廠商庫存減少→工廠產能提高或要求員工加班→廠商增聘員工→勞動者所得增加→消費信心提高→購買能力提高→增加商品消費→廠商利潤提高

這是一個簡單的良性景氣循環過程，但經濟社會的運作卻無法永遠保持如此完美的狀態，往往因為廠商開始大量擴廠，並增聘員工時，發生一般人無法察覺的收縮力量，使景氣循環無法永遠像上面這樣的良性循環一直運行下去，並且更出現景氣由盛而衰的轉折點。

在這裡，分兩方面來談何以會出現讓景氣由盛而衰的轉折點？

1. 從勞動市場說起

當景氣一片欣欣向榮之際，願意工作的人幾乎都已找到工作了，廠商開始進入搶人階段，企業體間甚至對彼此的員工進行挖角，個別員工薪資上揚，但是整體勞動市場增加的就業人數卻逐漸出現停滯現象。這時，勞動者同時也是消費者，很容易發現部分市場商品已悄悄地漲價，同樣的錢能買到的東西變少了，於是消費行為便開始轉趨保守。對廠商來說，就業市場熱絡，增加勞動成本，但消費者因物價上漲使購買量減少，廠商此時才發覺苗頭不對，但為時已晚，景氣已不知不覺從高峰朝下滑階段，這時股票價格也早已下跌一大段了。

2. 從生產者成本說起

對生產廠商來說，在景氣高漲階段，除了因為僱不到優秀的員工而苦惱，所付出的工資成本也因整體就業市場熱絡而上揚。此外，眾多廠商在擴廠過程，對一些建廠原物料的需求也明顯增加，使得原物料價格上漲，建廠成本提高，而生產商品的上游原物料價格也上漲。根據第5章，我們知道廠商營業成本提高後，營業毛利馬上跟著下降；工資上漲，使營業淨利下降，最後使股東的投資報酬率下降，

股價則出現迅速下跌的情形。一般投資者等公司財務報表公布時，通常已有一段時間的落差。所以，景氣於廠商盲目擴建、出現短暫榮景後，因產能開始出現過剩，加上廠商利潤下跌，而正式由高峰下滑。

由上面說明，你可以很容易知道，當員工薪資不斷迅速上漲，消費者所得提高反應在物價持續上漲現象時，此時股票價格也已經開始進入相對高檔區，若廠商營業淨利無法隨營業收入提高而增加時，股價隨後將進入正式的長線回檔，此時一般媒體及投資人往往因投資的公司對未來獲利的財務預測仍然充滿樂觀，導致投資情緒仍處亢奮期，要能全身而退恐怕相當困難。

因此，當我們於日常生活中，看到高檔餐廳門庭若市、相關媒體不時報導企業不斷擴廠投資的訊息、證券公司營業廳找不到位子、五星級飯店訂不到房間，最後連菜市場的油鹽醬醋茶都開始持續漲價時，建議你千萬不要因為分析師對股票後市看法仍充滿樂觀而失去戒心，應該逢高就賣、越漲越賣，等事過境遷一段時間後，你就會發現這樣的投資決定是對的。

由廠商行為所引起的經濟景氣循環

在第3章裡，我們已對廠商成本結構做過簡單的分析，廠商成本主要有三大類，包括生產過程中所需使用的原物料成本、員工薪資成本、舉債投資利息費用等三大類，只要廠商的營業收入可以高過成本，便有利可圖，樂於多生產一些商品以提供消費者購買。

所以，當廠商發現市場需求量增加時，會盡其可能把工廠可用產能全部用上，這時，你會在媒體上看到，說某電子公司產能利用率攀高到多少。其實，這時候他早已悄悄地增加僱用員工員額、提高勞工所得；另一方面，若產能已達上限，決定進行擴建新廠，又會產生新

的工作機會，使得勞動市場所得更加提高，同時，建廠材料的採購訂單對於相關產業產生新了商機，這也就是，我們常會看到地方政府首長樂於爭取廠商在其所轄行政區擴建新廠的原因，無非著眼於可以馬上帶動當地的相關人力、物力需求，達到繁榮地方的目的。

上面廠商行為一樣可以用下面兩個流程簡化說明：

1. 廠商銷售量增加→廠商庫存減少→工廠產能提高或要求員工加班→廠商增聘員工→勞動者所得增加→消費信心提高→購買能力提高→增加商品消費→廠商利潤提高

2. 廠商銷售量增加→廠商庫存減少→工廠產能全能生產仍不足→擴建新廠→對相關營建或機器廠商下單→形成新的就業機會→勞工所得提高→增加商品消費→廠商利潤提高

所以，當你看到某些廠商進行擴廠動作時，通常代表景氣確實已經回春，股票價格在市場偏向樂觀，應該仍有高點；然而，如此完美的景氣循環過程，仍存在著收縮力量。當廠商競相宣布進行擴廠時，隨後而來的，通常是供給過剩，產品價格開始走跌的開始。當廠商利潤確實下降時，股價早已於之前出現過高點，這時，跟隨市場樂觀氣氛買進股票的投資人往往也就慘遭高檔套牢。

在第5章中，我們已對股權及債權投資的獲利本質做過說明，當利率不斷地上漲，表示由相對機會成本推估出的合理股價淨值比將下降，股票市場終將反應下跌；另一方面，在利率上漲過程中，債權資產亦將持續下跌，金融資產價格下跌將直接衝擊消費市場，因為所有人的荷包都因股價或債券價格下跌而縮水了，消費的動力相形減弱，此時股價早已大跌一大段了。

持續上漲的利率對股市參與者而言，就好像生活在黃石公園裡的草食性野生動物，當季節進入秋末冬初、遍地蕭瑟景象，即將面臨生

死的嚴酷考驗。但對債券市場參與者而言，利率持續上漲代表債權資產越來越便宜，只要熬過一段時間，最佳買點隨後便會出現，這時他們就好比是黃石公園裡大啖草食動物的大灰熊及狼群，不見得要等到大地春回，就可以飽餐一頓。

因此，當我們看到景氣熱絡伴隨物價持續上漲，公務員薪水又出現年年調漲，這時若銀行開始調高利率以便吸引存款時，絕對要開始對股票市場保持高度戒心，因為公司的財務預測仍然是那麼的令人興奮，大部分產業分析師找不到看空股票的理由。這時候，建議你不妨開始將手中股票逐漸轉成銀行存款，並且開始注意債券市場及債券型基金的動態；當你發現物價漲勢趨緩時，就可以把原來存在銀行的存款逐步改成買進長年期債券或債券型基金。此時，若有先前不幸套牢的股票，應考慮停損出場，千萬不要與大自然循環對抗，進行所謂的攤平動作，要記住，攤平與「貪貧」往往是孿生兄弟，會讓你越貪越貧！

由就業市場所引起的經濟景氣循環

在第5章裡，我們也提到過，企業體與勞動者透過勞動供需市場，分別取得所需的生產人力與工資所得，至於工資水準，其實就是人力資源在勞動市場的客觀價格標準。一個剛畢業的大學生，如果一開始踏入勞動市場，在面試時便向雇主表示起薪至少要10萬元，那他很快就會發現，自己很難找到第一份工作。因此，他可能開始思考要不要將起薪的要求標準下調，可能是5萬或3萬元。當他的起薪要求降到3萬元且被通知上班時，這3萬元的工資水準便是他與他的雇主透過勞動市場所取得的一個平衡點。

市場上的雇主為何不用高於3萬的工資僱用他？我們前面已說過，企業體主要成本分三大類，工資成本便是一項，因此，除非這位

剛畢業的大學生對公司營利的貢獻可以超過3萬元（事實上，員工薪資成本中尚含有勞健保費等成本），否則對雇主是不利的。若應徵者不願下調工資水準，而雇主也寧可不僱用新進員工，這將延長大學畢業生的謀職時間。

我們在第5章也提過，造成失業的主要三種型態，有因轉換工作或畢業生謀職潮造成的摩擦性失業，有因工廠虧損所造成關廠歇業而引起的結構性失業，最後是因純粹來自經濟景氣循環所引起的失業，這其中與我們關係較密切的是後面兩項。

翻開台灣經濟發展史，你會發現，不同的產業分別在不同階段扮演推動經濟發展的重要角色。就業人口的結構也隨經濟發展、國民教育普遍的提高而出現過幾次急速變化，如民國60年代以前，台灣農業就業人口往往超過總就業人口比例的一半；60年代以後，對外貿易逐漸抬頭，出口加工業，如成衣、玩具、五金等產業蓬勃發展，吸引眾多農村人口流入都市及工業城市；進入80年代後，因國民所得不斷提高，帶動服務業產值並吸引新一代高教育水準世代轉入服務業，產業發展則轉向高附加價值及不斷創新的高科技產業。這整個過程，除了牽涉人口移動外，往往使就業市場產生某種程度的失衡，但是因經濟產值不斷提升並在隨後創造新的工作機會，因此對景氣影響似乎不大。

然而，進入1990年以後，共黨政權產生質變，從蘇聯、東德、東歐諸小國，一直延伸到有13億人口的中國大陸，在所謂「後冷戰時代」後，紛紛拋棄死硬的共產教條，投入自由經濟社會的懷抱。但是，第三世界所釋出的龐大勞動人口，在全球化浪潮下，卻使相關國家就業市場產生嚴重失衡情形，進一步形成區域性的金融危機及全球性的景氣循環。

台灣原有傳統製造業及下游電子加工業，因台灣工資水準及土地建廠成本等，與中國有明顯落差，於是，台商自1990年代大舉向

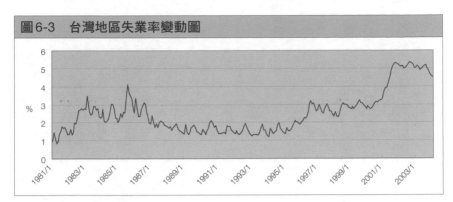

圖6-3　台灣地區失業率變動圖

資料來源：台灣經濟新報

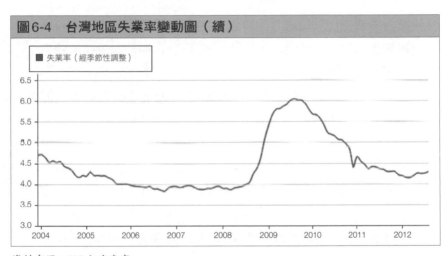

圖6-4　台灣地區失業率變動圖（續）

■ 失業率（經季節性調整）

資料來源：XQ全球贏家

對岸中國大陸沿海移動設廠，一時間，使得關廠歇業廠商產生骨牌效
應。從圖6-3，我們可以很清楚地看到，從民國85年後，我國的失業
率便不斷攀高，到民國90年，甚至向上突破5.0%的關卡。高失業率
所引起的消費力量減弱，直接衝擊國內各個行業，而廠商外移的動作

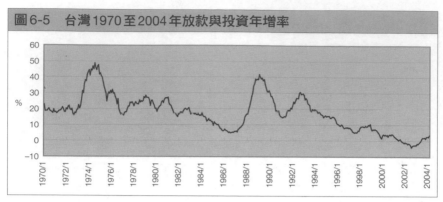

圖6-5　台灣1970至2004年放款與投資年增率

資料來源：台灣經濟新報

又使國內投資出現前所未有的衰退，國內物價持續下滑，經濟成長率則出現難得一見的負成長，不僅政府官員憂心忡忡，民間消費者信心更是跌到谷底。

從圖6-4，可見台灣失業率在2008年，因全球融海嘯引起經濟景氣同步衰退，台灣也深受衝擊，失業率一度攀高至6.0%以上，隨後經濟景氣再度走入復甦及擴張期，失業率才再度下降。然而，2012年開始，歐洲主權債務危機再度引起全球經濟向下收縮，廠商因下游需求減弱，聘僱員工意願下降，導致失業率再度出現自谷底走高的危機。

在圖6-5中，台灣放款與投資年增率於民國90年第三季到92年第二季，出現前所未有的衰退情形，導致國內銀行業經營陷入空前危機，所幸，在經濟景氣復甦下，放款與投資年增率才慢慢自谷底回升。

從圖6-6，可見台灣的資金需求雖在2004年曾短暫回升，但隨後一路轉弱，在2008年全球金融海嘯引起經濟景氣同步衰退後，2009年，放款年增率再度轉為負成長，資金需求疲弱，也導致國內利率水

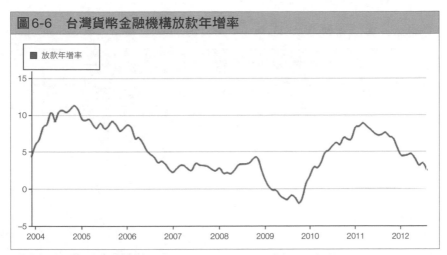

圖6-6　台灣貨幣金融機構放款年增率

■ 放款年增率

資料來源：XQ全球贏家

準持續維持在歷史低檔徘徊。2012年因歐洲市場需求快速轉弱，台灣對外出口及接單連續衰退，加上中央銀行政策限制不動產抵押放款業務，企業及民間的資金需求更加疲弱，銀行存款利率及政府公債利率連袂再創新低。

　　圖6-7顯示，台灣消費者信心指數於89年第四季到90年第三季，幾乎都維持在屬於保守狀態的80以下，顯示高失業率使得消費者對景氣看法轉向保守，直接影響消費者對商品的購買態度。

　　由圖6-8，台灣過去30年曾有兩次經濟成長年增率負成長的年度，分別為2000年及2008年，經濟成長率分別為–1.65%與–1.81%。前者為美國網路科技泡沫破滅，引起全球經濟快速向下收縮，美國以科技公司為主體的納斯達克指數（NASDAQ Composite Index），從最高點的5,132點，崩跌至2002年的1,108點，跌幅高達78%。台股2000年最高點為10,393點，下跌至2001年9月的3,411點，跌幅亦達67%。

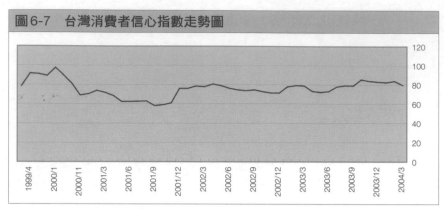

圖6-7 台灣消費者信心指數走勢圖

資料來源：台灣經濟新報

圖6-8 台灣年度經濟成長率

資料來源：XQ全球贏家

　　2008年的全球經濟景氣衰退，則起因於以美國為首的房地產泡沫破滅所引起。由於美國聯準會（FED）於網路泡沫破滅後，在2003年6月，將聯邦資金利率下降至歷史低點1.0%的水準，不僅在2004至2007年將美國房地產價格推向歷史頂峰，更引出全球央行的貨幣

寬鬆政策，各國央行忙著跟進將利率降至歷史低點，過剩的資金終於在衍生性商品外表的美麗包裝下，成為引爆房地產泡沫的引信，全球經濟及股市再遭重挫。美國道瓊指數（Dow Jones Industrial Average）從2007年10月的14,198點，下跌至2009年3月的6,469點，跌幅達54%；台股則自2007年10月的9,859點，下跌至2008年11月的3,955點，跌幅為60%。

上面兩次全球經濟景氣衰退，均引起全球股市的同步崩跌，可見，全球各國經濟景氣雖有有強弱之別，但金融市場卻已無明顯的多空之分，幾乎鮮少國家的股市能免除於金融風暴之外。因此，充分了解造成全球經濟景氣循環波動的成因及前後邏輯關係，預先做出理性投資決策以規避市場巨變的風險，將攸關長期投資報酬的盈虧及高低。

就業市場引起的景氣循環可以用下面流程簡化說明：

廠商對勞動力需求下降→失業率提高→勞動者整體所得降低→消費力量減弱→消費信心下降→對商品購買量減少→引起商品價格同時降低→廠商銷售量及利潤同時下降→經濟成長率下降

這是一個由就業市場失衡所引起的惡性景氣循環過程，此循環還伴隨物價持續下跌所引起的所謂「通貨緊縮」壓力。所幸，以美國為首的主要國家中央銀行先後啟動貨幣寬鬆機制（此部分將於後面再進一步說明），加上自由經濟社會除了在景氣熱絡時會出現自然收縮力量外，在景氣低迷情況下，亦存在否極泰來的刺激泉源，讓熬過景氣寒冬考驗的優質企業，再次帶領景氣邁入復甦之途。

我們同樣分兩方面來談何以景氣會自然出現否極泰來的復甦契機？

1. 從商品價格下跌說起

當景氣陷入低迷之際,失業率上升,消費者對商品的需求下降使商品價格下跌,當物價下跌一段時間後,市場就業人口會漸漸發現,縱使他們的薪水並沒有提高,但卻可以用原來的薪水買到更多的東西;另外,此時市場利率也降低了,有貸款的人,他的利息支出也跟著降低了,節省下來的利息支出讓他的消費力量增強。利率的降低甚至可以對房地產及汽車產業產生實際且快速的刺激效果。透過物價及利率的同步下降,使消費市場的消費力量增強,提升商品的需求量,最後再度使廠商的生產量及利潤提高,促使景氣循環再度由蕭條邁入復甦階段。

2. 從生產者行為說起

由上面的簡化流程,當商品售價及銷售量同步下降後,廠商利潤跟著縮水,生產效率較差或生產成本較高者,甚至開始出現虧損,所以你會發現,在景氣低迷之際,相同行業的廠商縱使營業淨利同時下降,但有些廠商仍可維持股東權益報酬率遠高於公債利率及定期存款利率,但有部分廠商則開始出現虧損,甚至倒閉關門。這時,整體市場的商品生產者減少,供應量下降,物價不再下跌,沒有倒閉的廠商利潤開始回升,一來因為失業率居高不下,廠商所負擔的工資成本下降,二來物價下跌引起的利率下降也使銀行借款利息支出降低。當物價不再下跌時,因勞動工資成本及舉債投資成本都處於相對較低點,廠商投資意願便開始回升。圖6-5即說明此種情況,當物價及利率於谷底盤旋一段時間後,放款與投資需求年增率出現從低檔回升的情況,往往代表經濟景氣已正式從復甦初期,邁入景氣加速擴張期。

此時,若上游原物料價格持續上漲至相對高檔,並帶動利率明顯回升,代表廠商投資重新邁入高峰期,股價高點也就在附近不遠了。

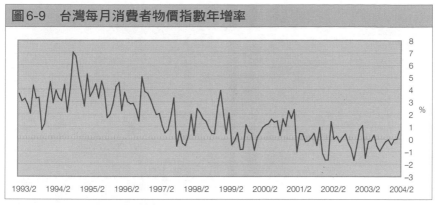

圖6-9 台灣每月消費者物價指數年增率

資料來源：台灣經濟新報

在圖6-9中，台灣消費者物價指數年增率於2001至2003年連續3年出現負值，顯示消費及投資均十分低迷，加上中國大陸低價商品的價格破壞效應，使物價一路下跌，部分廠商利潤轉成負數，迫使台商轉向大陸設廠。所幸，自2003年下半年物價自低檔回升並轉正值，代表消費力量正增強中，景氣再度復甦。

正常的情況下，物價水準隨著經濟景氣的強弱而上下波動起伏。台灣因屬淺碟型市場，極容易受進口原物料及商品價格所影響，加上夏、秋之際常有颱風來襲，影響短期消費者物價指數的波動。但物價情勢若形成一個明顯趨勢，則可能就不是季節性因素使然。

2008年國內消費者物價指數自最高峰，年增率達5.81%，一路下滑至2009年7月的–2.33%，即因全球金融海嘯引起經濟景氣衰退，國際油價西德州原油價格，從2008年7月最高每桶145美元，急速下跌至2008年12月每桶31美元。上游國際原物料價格下跌，加上經濟衰退削弱總合經濟需求，使物價情勢隨經濟景氣衰退而演變成通貨緊縮。在此階段，企業競爭將進入生死存亡的殊死鬥，部分的公司將被

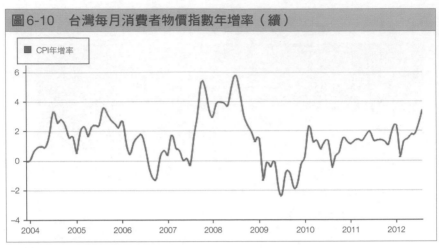

圖6-10　台灣每月消費者物價指數年增率（續）

資料來源：XQ全球贏家

迫退出市場，有辦法熬過景氣寒冬的公司，其股票價格將出現千載難逢的物廉價美買進良機。

　　2012年下半年，台灣消費者物價情勢再度出現走高趨勢，主要為國際油價及大宗物資在歐美央行大量印鈔注資救經濟之下，長期居高不下，原油及能源幾乎全靠進口的台灣，物價情勢將難逃飆高命運，加上颱風密集襲台，也是推升消費者物價走高的幫凶。所幸，扣除能源及食品類的核心消費者物價指數年增率，尚保持平穩。

　　然而，2012年的台灣經濟，在對外出口因歐洲及中國市場需求減弱而陷入衰退危機，對內又有能源價格居高不下推高油價的雙重夾擊之下，企業的營收若無法明顯成長，則營運獲利恐將面臨遭壓縮之危機，並反映在股價的調整上面。

　　圖6-11顯示，台灣央行利率指標重貼現率於2001年開始隨物價下跌而急速下降，最低下調至歷史低點1.375%，所幸，自2003年6月，央行審度景氣已露出復甦跡象，且代表景氣領先指標的股票市場

圖6-11　台灣中央銀行重貼現率變動圖

資料來源：台灣經濟新報

及長年期債券利率均已上揚，央行並未進一步下調官方利率，代表景氣已走過復甦期並邁入加速擴張期。

　　因此，當你在媒體持續報導失業率是多麼高的時候，千萬別被市場悲觀的氣氛沖昏了頭，應耐心等待市場一些否極泰來的訊息出現。若物價於長時間下跌後，開始出現連續幾個月止跌甚至小幅回升，伴隨放款與投資年增率由低點轉折向上則往往代表景氣已脫離谷底並在回升中，此時股票價格仍處於起漲初期，任何因市場短期性利空影響而出現的股價拉回現象，均是極佳的長線買點。當市場借貸利率或債券市場利率不僅不再下降，甚至也開始由谷底緩慢上揚，代表市場資金需求正因景氣復甦而轉強中，縱使中央銀行的官方利率仍未調升，但債券市場利率早已脫離谷底領先上漲。遇到這種情況，應即降低你投資資產中的債券比例，並優先減少較長年期的債券資產，轉換成股權資產或含有股權性質的可轉換公司債券，並耐心持有，除非景氣循環再度出現我們之前已提過的賣出訊號，或股價淨值比對照股東權益報酬率明顯偏高，否則儘量不要三心二意，短線頻繁交易，而錯失長

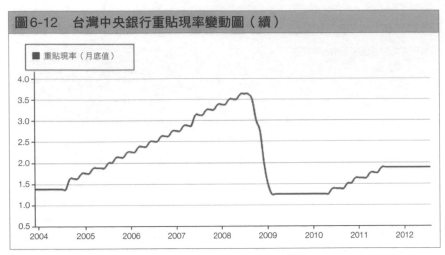

圖6-12 台灣中央銀行重貼現率變動圖（續）

資料來源：XQ全球贏家

線獲利的機會。

2004年至2008年，隨經濟景氣循環向上波動，中央銀行不斷調高重貼現率，從2004年的1.375%，密集連續性調高至2008年6月的3.625%，並隨著美國爆發引起全球金融海嘯的雷曼兄弟（Lehman Brothers Holdings Inc.）倒閉事件，於2008年9月轉向調降重貼現率，2009年2月甚至降至歷史低點1.25%。由此可見，在正常情況下，央行的貨幣政策與經濟景氣呈現高度的正相關，但央行的貨幣政策轉折時間點，通常落後於經濟景氣循環的轉折點；當央行貨幣政策由鬆轉緊時，往往是股市很好的買進點，反之，則是不錯的賣出點。

但是央行的貨幣政策，也不是全然只受經濟景氣所主導，其亦必須考量最新及未來可能的物價情勢。2012年，台灣經濟成長率預測值不斷遭下調，但中央銀行的重貼現率自2011年7月即維持在1.875%，截至本書修訂截稿前的10月上旬，仍未見調整。中央銀行暫時未配合經濟景氣轉差而下調重貼現率，主要因其對走高的消費者

物價指數年增率仍心存戒心。台灣的經濟情況隱約可見停滯性通貨膨脹的影子，此情勢對經濟展望是不利的發展。

由物價連續性大幅波動所引起的景氣循環

物價在本質上是反映經濟情勢的結果，但在景氣循環過程中，又常常成為引起景氣變動的原因，因此，它與景氣循環關係可以說是互為因果，彼此在循環過程中交互影響。透過簡單的邏輯推理，我們可以輕鬆地明瞭在某個時間點上，物價變動趨勢除了對景氣循環的影響外，還將對投資及資產配置造成何種影響，好讓你在資產價格變動前做好因應對策。

通貨膨脹與景氣循環

第4章中，我們已對影響商品均衡價格的變動因素提出說明，對消費者而言，物價持續上漲將使其對物品的購買力下降，除非他的所得增加比例超過物價上漲比例，否則物價上漲對消費者是不利的，尤其在物價持續性大幅上漲時，將使全體消費市場的消費力量迅速降低，最終使經濟景氣下滑；對生產者而言，商品消費市場價格上漲初期有利廠商利潤的提高，但物價持續性大幅上漲則將因消費者購買意願的降低，最後反映在公司營業淨利的減少，使得股東權益報酬率跟著下降，公司股票合理價格亦面臨下修的命運。

形成物價持續上漲的原因，主要來自兩方面：一個是廠商生產成本不斷提高，像小麥價格開始上漲時，麵包店為留住客戶會忍痛自行吸收原料上漲的成本，但若國際穀物價格持續快速上漲，麵包店終將反映成本調高麵包售價，這時候，消費者如果認為麵包是生活的必需品，非每天買不可，就得減少其他商品的購買量，這時便會間接影響其他產業或公司的獲利。反映在損益表部分，將使公司營業淨利降

低，股東權益報酬率跟著下降。另一個是來自整體市場需求的提高，使市場商品出現供不應求情形，這往往是景氣邁入快速擴張期的常見情形，當景氣慢慢轉熱後，消費者的所得進一步提高，對購買商品的態度轉為積極，熱門商品的價格開始上漲，此時廠商對生產原料的購買也跟著轉成積極，原物料價格隨後也跟著上漲，需求力量拉升物價，加上生產成本的推動，終究引起物價的全面性上漲，隨後又因物價上漲引起消費量減少，終將又使廠商營業淨利下降。

上面物價持續上漲引起的景氣循環，可以用下面兩個流程簡化說明：

1. 原物料價格上漲→廠商一開始自行吸收原料成本→廠商利潤下降→原物料價格續漲→廠商被迫提高產品售價→消費信心降低→消費者購買能力下降→減少商品消費→廠商營業淨利下降
2. 景氣進入快速擴張期→消費者所得提高→增加商品購買量→商品價格上漲→廠商增加商品生產→原物料價格上漲→商品價格上漲→消費者購買量減少→廠商營業淨利下降

由上面說明，你會發現持續性的物價上漲，也就是俗稱的通貨膨脹，無論它的成因是什麼，最終都會使廠商營業淨利下降，然而公司股票價格卻不會在營業淨利公布時才開始下跌，因為物價的上漲過程往往同時引發市場利率的上漲，正如第5章所提過的，當市場利率上漲，即代表股票的合理價格將面臨下修的命運；同時，在利率上漲過程中，債券也慢慢變便宜了。無論是股票投資者或債券投資者，物價持續性上漲都是不利因素，千萬不可輕忽。

通貨緊縮與景氣循環

與物價持續上漲相對應的是物價持續下跌，就是俗稱的「通貨

緊縮」。對消費者而言，物價持續下跌雖然代表可以用更便宜的價格買到同樣的東西，但物價長時間持續性下跌，通常是景氣陷入低迷的結果，而且往往使景氣陷入惡性循環之中，此時，往往伴隨高失業率狀況，導致整體市場消費力量無法隨物價下跌而提高，廠商營業收入隨物價同步收縮，營業淨利自然下降，終導致廠商投資設廠動作也縮小或停頓，原物料價格在景氣陷入低迷一段時間後也出現下跌趨勢，消費市場與投資市場同時陷入萎縮狀態，景氣循環演變成惡性循環。從1990年代一直延伸到2003年的日本經濟、1997年後的香港景氣低迷，甚至2000至2003年上半年的台灣經濟，事實上都是一種通貨緊縮型態，這些地區同時出現低物價、高失業率、經濟成長率衰退等現象，股票價格則萎靡不振。相對而言，債券市場利率則持續下跌，債權投資人反而獲利驚人。

導致通貨緊縮的型態主要有兩大類：第一種是因生產成本下降，引起市場商品供給量大增，導致商品物價不斷下跌，例如中國大陸商品因勞工成本低廉而使廠商大量生產、外銷商品，導致全球低單價消費品價格持續下跌；第二種則是景氣低迷使消費力量下降，引起供過於求，商品價格不斷下跌。發生通貨緊縮時，各國中央銀行為達到刺激景氣的效果，都會採取寬鬆貨幣政策，調降官方利率，因此銀行存放款利率也跟著下降，對房地產投資成本的下降也產生了直接的幫助，並使股票市場資金動能增加，這時，股價往往於物價觸底時，領先景氣而提前上漲。

在圖6-13中，日本物價於1991年6月後一路從年增率6%下跌至接近0，但對應於其一路走高的失業率，顯示物價趨勢一路走低，除代表1990年前後資產泡沫破滅的後遺症外，更引起經濟景氣的惡性循環，導致東京股價指數屢創低點。

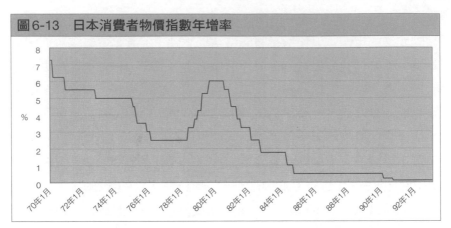

圖6-13　日本消費者物價指數年增率

資料來源：台灣經濟新報

　　由圖6-14，讀者可知日本消費者物價指數年增率在2008年一度走高至2.3%，但隨著全球金融海嘯衝擊經濟，日本的消費者物價指數年增率再度快速下降，至2012年第三季，仍未脫離通貨緊縮的夢魘，顯見日本經濟尚未脫離長期的收縮趨勢。

圖6-14　日本消費者物價指數年增率（續）

資料來源：XQ全球贏家

圖6-15　日本失業率變動圖

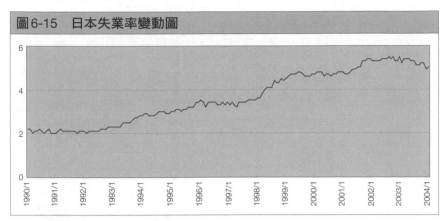

資料來源：台灣經濟新報

　　透過圖6-15，日本失業率走勢幾乎與物價走勢成反向關係，顯示兩者互為因果，尤其在通貨緊縮環境下，消費者預期物價仍會繼續下跌，不願意消費購物，終將影響廠商投資意願，並減少僱用勞工，導致就業市場失業率不斷走高。

圖6 16　日本失業率變動圖（續）

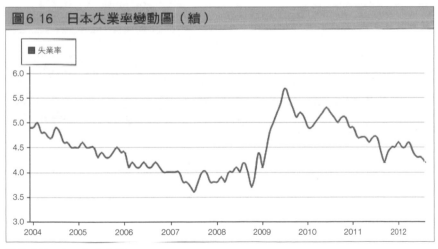

資料來源：XQ全球贏家

日本的失業率在1990年代以前，一直都維持在僅2.0%左右，甚至更低的水準，也是經濟學上常稱的充分就業水準的完美狀態。但隨著1990年代的房地產泡沫破滅、日本人口老化、出口成長率轉弱，失業率隨即走高，2007年雖一度隨全球經濟景氣的擴張，降低至3.6%，但2008年至2009年仍難擋全球金融海嘯的衝擊，失業率再度迅速攀高，接近2001年網路科技泡沫時的高點，至2012年第三季仍達4.2%。

　　上面物價持續下跌引起景氣惡性循環可以用下面兩個流程簡化說明：

1. 開發中國家生產成本下跌→廠商大量供應商品→商品市場供過於求→物價持續下跌→消費者預期價格持續下跌而延緩消費→成本無法下降的國家工廠關門歇業→失業率提高→景氣持續惡化

2. 景氣低迷就業市場失業率走高→消費力量減弱→商品市場供過於求→物價下跌→消費者預期價格持續下跌而延緩消費→廠商投資減少、工廠關門歇業→失業率提高→景氣持續惡化

　　我們同樣以下面兩個流程來談何以景氣會自然出現否極泰來的復甦契機？

1. 物價持續下跌→貸款利率也下降→消費者發現同樣的錢可以買到更多的物品→消費者購買量增加→廠商營業淨利提高→股票價格上漲→消費者信心提高→廠商增加投資→景氣開始由谷底復甦

2. 景氣低迷就業市場失業率走高→未關廠歇業廠商勞動成本下降→物價下跌導致利率下降→廠商融資成本下降→廠商營業淨利提高→股票價格上漲→消費者信心提高→消費量增加→景氣由谷底復甦

圖6-17與圖6-18中，日本債券利率隨物價走低且不斷創下歷史低點，最低至2003年5月，10年期公債利率僅剩0.53%，隨後景氣緩慢復甦才從谷底上揚，顯示日經股價指數雖不斷下跌，但對債券投資

圖6-17　日本10年期公債利率走勢圖

資料來源：台灣經濟新報

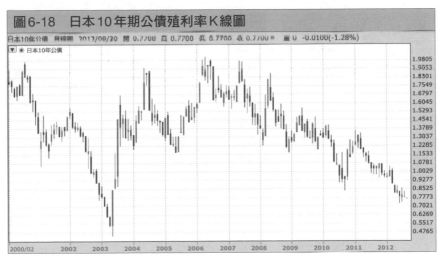

圖6-18　日本10年期公債殖利率K線圖

資料來源：Money DJ

者而言，債券價格卻不斷上漲。在第5章裡，我們已經討論過債券的基本定價原理，因為債券價格與利率是呈反向關係，也就是說，有人在日本股市賠掉大錢，相對地，也一定有人從日本債券市場中得到驚人的投資報酬。

從圖6-19看到，日本日經指數自1990年創下38,915點後便一路震盪走低，直到2003年下半年才逐漸回升。但2009年隨全球股市上漲以來，仍未脫離谷底盤整型態。

通貨緊縮對各國政府而言，是一個十分棘手的問題，因此各國中央銀行在面臨通貨緊縮時，通常會維持一個極為寬鬆的貨幣政策，也就是市場游資變得相當多，使得銀行存放款利率一路走低。一開始，債券市場價格隨利率走低而逐漸上漲，經過一長段時間後，消費者也開始感受到商品價格及利率下跌的好處，消費性信用貸款也增加了，房地產市場交易量明顯增加，部分產業的股價也開始觸底回升，廠商投資動作也從谷底轉折回升，總體經濟景氣終於開始出現良性循環的

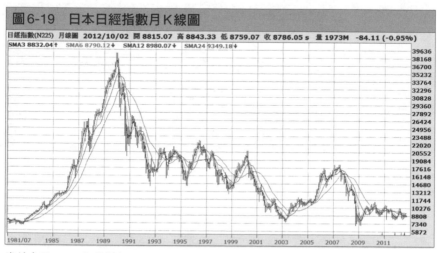

圖6-19　日本日經指數月K線圖

資料來源：XQ全球贏家

契機。

　　圖6-20可以看到，台灣中央銀行自2001年開始連續調降官方利率後，隨即代表市場游資的貨幣供給M1B年增率便從谷底回升，而銀行定期存款利率則一路走低，房屋貸款利率也不斷調降，政府更隨後推出優惠房屋貸款方案，以低利率政策刺激房地產買氣，國內不動產市場終於2003年開始出現明顯的景氣復甦。

　　因此，當景氣處於長期低迷時，千萬不要跟一般投資大眾一樣每天哭喪著臉，或跟隨部分政客起舞，滿口悲觀言論。做為一位長期策略性贏家，此時應將資產隨物價走低轉向投資債權資產，例如政府公債、積極型債券基金，並耐心等待一些信號的轉強，例如物價指數不再持續下跌、放款與投資年增率從低點轉折向上、市場總體零售數字開始回升、債券市場利率開始上漲等等，這些訊號有的代表商品市場需求轉強，有的代表市場資金需求回升，都多多少少直接告訴我們，它們陸陸續續出現就是代表景氣已步入復甦期，未來無論個人所得及

圖6-20　台灣第一銀行一年定期存款利率

資料來源：台灣經濟新報

企業營業淨利都將同步好轉。相對地，此時你應迅速降低債權資產，並轉向投資股權資產，例如股票、與股權連結的可轉換公司債、股票型基金等，並耐心持有，而不要三心二意，每天頻繁交易，否則除非企業營運出現問題，不然就不要隨便做賣出的動作。

等到股價上漲一段時間，並開始出現物價止跌回穩，甚至連續性上漲狀況，上市企業持續對外發布將大幅擴充資本支出的樂觀言論，銀行貸款利率開始調高，中央銀行也開始出現調高利率的動作。利率與物價上漲正證明經濟景氣的加速成長，股價亦持續大漲。同時，在日常生活中，大部分的消費者出手變成大方闊綽，下午茶、高檔餐廳門庭若市，周遭朋友大談股票投資等情形。只要上面訊號出現越多，你更應提高警覺，股價逢高點便應往上降低持股，漲越多、賣越多！

不同景氣階段與投資策略

引起經濟景氣循環的成因與類型相當多，事實上不僅止於上面所提四種，但景氣循環過程的前後邏輯推演關係均建立在基本的經濟學理論架構上，你可以不必深入探討經濟學理，但對於各種經濟現象的前後邏輯關係，則應有判斷推演能力，才能在瞬息萬變的金融投資環境中，擬定正確的投資決策以趨吉避凶。本小節我們將試著將完整的景氣循環過程簡單化，並透過日常一些發生在你周遭的經濟現象，提醒你在不同景氣循環階段應採取的資產配置策略。

景氣復甦期

一般而言，當經濟景氣由最低迷階段轉向回升，但景氣強度仍低於過去平均水準時，我們稱為景氣復甦期。

景氣復甦期的經濟現象

- 一開始一般人對景氣看法仍充滿悲觀情緒，包括媒體、政府官員、一般投資人、分析師甚至經濟學者，能清楚看到景氣低迷階段已結束者少之又少。
- 物價年增率下降幅度逐漸縮小，甚至出現從低檔小幅回升的現象。
- 失業率仍處高檔，但不再繼續惡化，甚至出現從高檔下滑的現象。
- 企業體財務預測仍十分保守，但實際營業收入不再下降。
- 一開始市場利率仍持續走低，但下降幅度逐漸縮小，最後不再下跌，長年期債券利率則探底後領先回升。
- 上游生產用原物料價格不再下跌，部分產業的原料價格開始上漲。
- 一開始中央銀行仍續降利率，但國內貨幣供給年增率從低點轉折向上。
- 企業經營者對景氣發表保守看法，但股價卻不再下跌，反而逆勢從低檔上漲。
- 企業體公布出來的營業淨利不僅不再惡化，甚至小幅成長。部分產業股價大幅上漲，並逐漸擴大至其他產業或公司。

景氣復甦期的投資策略

- 當消費者物價年增率下降幅度縮小時，應優先賣出長年期債權資產，並強迫自己降低債權資產佔總資產的比例，等到消費者物價確定轉折向上、放款與投資年增率從低檔回升，應斷然出清債權資產。

- 當企業營業收入不再下降（國內上市公司營業收入按月公告），並且用目前股價買進換算出的實際股東權益報酬率遠高於長期平均股東權益報酬率時（買進股票股價越低，實際股東權益報酬率越高，此觀念已在第5章說明過），應開始增加股權資產，不要管周遭媒體、分析師所發表的悲觀言論，只要注意自己買進的股票實際營業狀況，若營業收入持續增加，你的股權資產比例也應當跟著提高。
- 當企業公布的營業淨利發布後，出乎媒體或分析師預期而出現好轉現象時，此時懷疑景氣是否好轉的論調仍不時出現，這時要有耐心，除非你對特定產業或公司有深入了解，否則應緊抱持有的股票，不要每天隨市場變動頻繁交易，耐心等待股價漲到換算出的股東權益報酬率低於你要求的最低股東權益報酬率或長期股東權益報酬率。

景氣加速成長期

當一般人不再對景氣是否已經復甦感到懷疑後，實際上景氣循環已進入經濟成長高於過去長期平均時的循環期，我們稱為景氣加速成長期。

景氣加速成長期的經濟現象

- 企業體的獲利明顯成長，上市（櫃）公司投資法人說明會不斷對產業景氣持續發表樂觀言論，並聲稱將大舉擴大投資設廠。
- 就業市場失業率明顯下降，勞工找工作變得容易，部分產業甚至出現挖角現象。
- 原物料價格不斷上漲，下游商品價格也開始蠢蠢欲動，消費者視物價上漲為常態。

- 銀行存放款利率開始小幅上漲，各種年期債券利率則持續性上漲。
- 企業體融資舉債成本不再下降並持續回升，但銀行企業放款仍不斷增加。
- 中央銀行開始小幅調高利率，股票分析師認為景氣已進入復甦期，更建議投資人加碼所謂的市場主流股。時間越久，中央銀行調高利率的動作越來越密集。
- 企業體的股價與淨利比（一般叫本益比）仍處低點，但股價淨值比則持續上升。
- 企業體公布的獲利仍成長（通常較營業收入落後一段時間），但股價卻無法續創高點，甚至從高點小幅下跌，呈現高檔盤整情形。
- 消費者物價持續上漲，但消費者對未來仍充滿樂觀，股票交易廳、高檔餐廳人聲鼎沸，到處有人在打聽股票明牌，股票投資舉債融資成為常態。

景氣加速成長期的投資策略

- 只要原物料價格未出現下跌、物價持續上漲，這時對純債權資產應持續保持觀望，盡可能維持債權資產佔總資產中較低的比例。
- 當企業體發布樂觀財務預測時，千萬不要不加求證便加碼買進股票，反而應該開始小量減少持股；當企業正式財務報告公布時，如果營業淨利符合預期，並拉高股票價格，無論媒體或股票分析師發表什麼樂觀言論，只要股價換算出的實際股東權益報酬率低於你要求的最低報酬率，你便應斷然賣出股票，這時「貪婪」心態會主動媚惑你的思考，唯有了解股票投資的本

質，才能全身而退。記住，漲越多、賣越多！

- 將閒置資產轉入安全性較高的短期性固定收益資產（如定期存款）、貨幣型基金（國內很多債券基金事實上是高風險資產），或抗通貨膨脹但變現性較高的實質資產，如地點佳的房地產。

景氣擴張趨緩期

當一般人不再懷疑中央銀行所稱的景氣已過熱的說法，並且深信企業體未來高獲利的財務預測將使剛買進不久便套牢的股票反敗為勝，實際上，經濟成長率雖仍高於過去平均值，但卻較之前加速復甦期逐漸下降，此時我們稱為景氣擴張趨緩期。

景氣擴張趨緩期的經濟現象

- 股票持續下跌，過程雖可能有反彈波段，但股價高點很難突破前波高點。
- 極少數股票價格仍逆勢上漲，因此一些投資人對股票市場行情仍充滿期待。
- 就業市場失業率下降到低點後，勞動者開始發現轉換工作難度升高。
- 企業體營業淨利不再高度成長，甚至部分公司開始有調降財務預測的動作。
- 企業體內部經營者透過不同管道降低自家股票持股比例，例如大量申報轉讓董監事股票。
- 消費者物價年增率一開始仍上揚，但幅度縮小，最後年增率反轉向下。

- 貨幣供給年增率下降，一開始銀行行員仍努力說服你將錢存到銀行去，但後來，態度轉變成消極，甚至開始調降存款利率。
- 中央銀行一開始仍維持貨幣緊縮政策一段時間不變，除非物價年增率明顯下降，否則中央銀行仍不會輕易調降官方利率。
- 一般投資人股票套牢越來越多，股票市場成交量卻慢慢減少。
- 高檔餐廳、五星級飯店、股票營業廳不再人聲鼎沸，路上行人普遍表情嚴肅。

景氣擴張趨緩期的投資策略

- 若你手中還有不幸高檔套牢的股票，請忍痛賣出吧！賣出後，對股票市場持續保持觀望，盡可能維持股權資產佔總資產較低的比例。
- 消費者物價年增率上漲幅度縮小，逐漸增加債權資產，如政府公債基金。等到全球主要國家各種物價年增率同步自高點反轉下降時，則可大幅提高全球性債權資產，例如全球債極型債券基金，以享受未來市場利率下降的債券價格上漲利得。（記住，債券價格與市場利率呈反向關係。）
- 除非你是頂尖的產業研究員或財務分析師，甚至是公司內部經營者，否則此時應暫時將資產從股權資產全部撤出。記住，耐心等待適當時機出現以規避環境風險，不僅是萬物生生不息的求生法則，也是策略性長線贏家必備的心理修為！

景氣衰退期

當企業體營業淨利成長率出現負成長，而總體經濟成長率亦低於過去長期平均值，或成為負成長率時，表示景氣循環已進入衰退期。

景氣衰退期的經濟現象

- 失業率逐步走高、消費者信心逐漸下降、各種物價持續走低。
- 銀行存放款利率逐漸調降，債券市場利率也同步走低。
- 上市櫃公司營業收入持續衰退中，部分公司出現營業淨損的情形。
- 少部分公司開始出現財務危機，銀行逾期放款金額及比例走高。
- 中央銀行持續調降官方利率。
- 股票價格一開始持續下跌，但跌幅逐漸縮小，最後呈現谷底盤整、小幅回升的型態。
- 股票市場成交量極低、證券公司營業廳人潮一天比一天少、高檔餐廳及五星級渡假飯店生意清淡，最後降價促銷但仍門可羅雀。

景氣衰退期的投資策略

- 持續維持債權資產佔總資產中較高比例的配置，並開始增加債信優良公司發行的可轉換成股權的高收益公司債。
- 部分公司股價跟隨大盤下跌，但換算出的實際股東權益報酬率因股價大跌反而走高，這時可以開始小量買進此類公司股票。
- 應耐心收集總體經濟數據的變化，並不斷與個體企業營業收入變動趨勢互相印證，耐心等待企業體營業收入進入盤底階段訊號的出現。

由上面四種景氣循環期說明，可以很容易發現，股價最低點往往出現在景氣衰退期末段，也就是各項營運成本最低點時，企業獲利即將從谷底回升；股價高點則出現在景氣加速成長期，也就是各項

營運成本最高點時，企業獲利即將從高峰下滑。相對地，債券市場利率低點則出現在景氣復甦期，此時，市場仍充斥悲觀氣氛，但債券市場漲勢卻已悄悄劃下休止符；債券市場利率高點則出現在景氣擴張趨緩期，此時，物價仍續創高點，一般投資人仍對股市多頭行情依依不捨，但隨物價從高點反轉向下，債券市場多頭行情就此展開。

　　對股票投資者而言，市場最佳長線買點往往在景氣衰退末期，也就是市場氣氛最悲觀時，最佳長線賣點則往往出現在景氣加速成長期，也就是市場氣氛最樂觀時。印證了股票市場一句名言：「賤取如珠玉，貴出如糞土」，更像黃石公園裡，四季分明、盛極而衰、冬盡春來的自然法則。

　　從第4章到第6章，我們已從基本經濟供需概念及生存法則的介紹，導入股權資產及債權資產投資的獲利本質，尤其在本章中，我們更進一步談到如何配合景氣循環做好資產配置。在整體過程中，除強化理性投資決策的重要外，更利用機會不斷灌輸突破一般人心理面盲點對投資理財的重要性，因為在實際的學習過程中，若無法透過親臨其境，不斷淬鍊出異於常人的膽識與智慧，你將無法在適當時機突破「貪婪」與「恐懼」的藩籬。唯有在心理深層建立堅貞的信仰，最後才可能克服心理障礙，在適當時機做好資產配置，並成為真正的長線策略性贏家。從第7章開始，我們將導入投資心理面問題的探討，期盼你我都能共同架構出理性、完整的投資理財哲學。

解讀投資史上重大的
泡沫事件

牛頓：「我能計算出天體的運行軌跡，卻無法預料到人們會如此瘋狂！」
在投資市場中，聰明才智有時一點用處也沒有，因為人性的貪婪已吞
噬掉應有的理性。

無論是國內或國外，在自由資本主義制度下的股票市場無疑是集人類「恐懼」、「自大」、「無知」、「惰性」、「貪婪」等等心理面因素所形成的總體行動，這跟一般商品市場以價格為主要價值合理與否之理性思考全然不同。在菜市場，同樣的果菜幾乎都是一樣的價格，但是如果其中一處商家突然調降售價時，馬上可以吸引眾多買家上門搶購，因為消費者相當清楚，如果用較低的價格可以買到同樣的東西，自然要選擇較便宜的商家購買。但此種理性邏輯，在金融市場，尤其是以散戶居多的股票市場，卻常常呈現完全不同的情形，當股價大漲一波段後，往往可以吸引更多的買家追價買進更高的股價；而當股票價格下跌一段後，大部分投資人反而避之唯恐不及，紛紛急於市場拋售持股。從這裡可以看出，一般投資人在消費市場喜歡買進便宜的東西、捨棄高價格物品，但在股票市場上，卻習於買高賣低。如果投資的公司營業淨利隨景氣出現上下波動，但公司長期核心客觀價值並未明顯轉變，那股價的波動，不就像水中倒影，縱使本體不動如山，但只要風吹波生，水中的影像自然也會隨風上下左右搖動。股票價格正像水中倒影般易於波動，雖然公司的本質並沒有太大改變，但人性所形成的集體行動卻往往讓人難以理解。

　　本章將對過去市場發生的著名歷史事件做簡單的回顧，對於股票市場老手而言，相信這已不是第一次聽到，但對於投資理財的大部分新手而言，錯過這些歷史事件，將很難體會到何以人類行為會在特定情況下失去理性邏輯思考。沒有這些紙上的經驗與閱讀，你可能在市場遽變下手足無措，甚至為倉促的錯誤投資決策付出金錢上的慘痛代價。介紹完歷史事件後，在本章後面章節，我們會對這些事件一一做省思，並試圖找出引發事件的共同原因，以避免在漫長的人生投資理財道路上，重蹈前人的覆轍。

荷蘭的鬱金香狂熱

在西歐，以「與海爭地」聞名於世的荷蘭，另一項為大家耳熟能詳的代表就是漂亮多變的國花——鬱金香。事實上，鬱金香並非荷蘭本國原生的植物，它的原產地分布在南歐、小亞細亞、土耳其等地，主要特色是花體顏色多變，舉凡紅、粉、黃、白、橙、紫，甚至各色交錯斑紋都有，正因為多種類顏色及變化多端的色澤條紋，在17世紀由土耳其輾轉傳入荷蘭後，400年來一直是荷蘭人最喜歡的花卉。到過荷蘭的人會發現，無論你走到何處，從都市到鄉村，從花團錦簇的庭院到一般家庭陽台，你都會看到美豔孤傲的鬱金香遍布荷蘭整個國度，同時也贏得了「鬱金香王國」的美名。

鬱金香真正傳入荷蘭大約在西元1573年，先從土耳其傳入歐州後，再傳入荷蘭，在未傳入荷蘭前，已經被土耳其統治者視為神聖的花朵，在歐洲更一度成為一般百姓的桌上佳餚。後來，它多變豔麗的花色慢慢吸引荷蘭皇家貴族的目光，並將它養在花園裡，成為向客人炫耀的園景。

鬱金香傳入荷蘭後，栽培鬱金香球莖幾乎成為荷蘭一種全民投資運動，因為鬱金香花色多變，並經新品種開發後，各種條紋變化極為多樣，養花賞花本是風雅高尚的雅事，但鬱金香球莖透過市場不斷交易與標售，價格變化反成為大家關注的焦點，1634到1637年間，荷蘭全國各地，每天都有人交易標售鬱金香球莖，期間並曾因鬱金香感染某種不知名的病毒，使其花色條紋變得更多變，同時引起大家關注。但是，感染病毒的鬱金香往往無法成功培育出下一代，花農及商人於是開始對感染病毒的鬱金香球莖進行大量囤積，鬱金香球莖市場頓時出現嚴重供不應求的情況，價格一路上揚，不少花農及商人一夕致富，上至皇家貴族，下至市井小民，鬱金香球莖每日行情起伏已成

他們共同的話題，悠閒賞花的雅致頓時消失，全國民眾無不關心新品種球莖的最新變化。1635年，一些高貴品種的鬱金香球莖持續出現供不應求的情況，標售價格節節攀高，飛漲幾十倍，一棵稀少的鬱金香球莖的售價竟然可以買下阿姆斯特丹的一幢豪宅，真可謂寫下人類花卉史上的傳奇！但好景不常，1636年，由於市場新品種大量增加，鬱金香球莖開始呈現供過於求的現象，導致價格大幅下跌，1637年2月開始，球莖交易市場隱隱出現不安情緒，果不其然，在2月3日，當一般投資大眾仍不清楚發生什麼事時，鬱金香球莖價格竟一洩千里。曾經有不少人因鬱金香球莖一夕致富，而此時，卻有更多人為它傾家蕩產。

就跟一般股票投資人一樣，在荷蘭鬱金香交易狂熱的1636年到1637年初，絕大部分花大錢買進鬱金香球莖的人，並未看到實體的鬱金香球莖，他們買進的是一種仍未實際從地底長出的地下球莖，就像現在的期貨契約，你可以在比買進成本還高的價格時選擇賣出鬱金香球莖，實現中間的價差利得。這種情形就像大部分投資人買進股票時，打從心底就不想成為該公司股東會的股東，去領取少部分的股利，他們真正想的是在股票價格的續漲預期下，買進股票並期待能大漲特漲，至於公司實際的經營情況，反而不是考慮的重點。

參與鬱金香狂熱交易的人幾乎涵蓋當時社會上的所有階級，甚至也有非荷蘭的歐洲人在內，顯示想藉鬱金香球莖短期交易致富的心理欲望，幾乎人人一樣，並不會因為職業的貴賤，或社會地位的高低而有所不同。同樣的，在充滿投機色彩的金融市場裡，隱藏在人性背後的貪婪本質並不會因為身分地位而有所不同，隨時有可能一不留意，便不知不覺地反映在我們的行為模式中，使我們的實際投資行為偏離正常、理性的認知，而做出違乎常理的錯誤投資決策，最終導致嚴重的虧損。

英國的南海泡沫

17世紀的鬱金香狂熱是人類在非金融商品交易上的投機代表事件，但事實上，歐州主要國家在所謂鬱金香泡沫發生的80年後，也就是1710年至1720年間，也不斷發生類似鬱金香狂熱的金融事件，其中更以經濟發展邁入鼎盛時期，國力如日中天的大英帝國所發生的「南海泡沫」為代表。

「南海」（South Sea）是一家成立於1711年的英國股份公司，當時，正值英國經濟處於長期繁榮成長之時，一般百姓的財富及儲蓄已大量累積，然而私人投資卻因法令限制而無法得到發展的管道。南海公司的發起人運用政商關係，答應英國政府用認購大英帝國政府公債的方式，交換取得該公司在中南美洲經營奴隸買賣貿易，以及捕鯨的特許權利。但事實上，南海公司內部卻沒有人真正懂得上述兩項業務，公司真正的盈餘完全來自於從英國政府得到的債息收入，以及後來透過發行新股和融資給需要認購公司新股的投資人其所繳交的借款利息。公司成立初期因承購大部分的國債而取得一般投資人的信任，並建立優良的公司形象，適逢歐陸各國股票投資亦如火如荼地進行著，例如同時期在法國出現的「密西西比公司」（Mississippi Company）股票亦在法國引起瘋狂追價，所以，南海公司成立初期，即引起市場股票投資人的高度興趣。

1720年，南海公司與英國政府取得協議，接收英國總額超過3,000萬英鎊的年金債務，英國政府則每年固定支付該公司利息，並透過國會立法同意南海公司發行股票以取得股金。倘若南海公司並無從事其他營業項目或業務極小，如在中南美的業務，則其每年的主要收入來源便是利息收入，投資人應該很容易可以算出投資該公司股票的合理價格，當股票出現不合理偏高時，理應無法超額發行股票以取

得股本，但在那個人人急於短期獲利致富的年代，加上公司主要發起人的吹噓，配合政治人物等既得利益者的默許，根據記載，南海公司每次發行新股時，均引起市場的搶購潮，這讓我想起1990年前後，台灣股民每遇到上市公司現金增資時，借人頭忙抽籤的熱烈情況，真是如出一轍，當時大英帝國有超過半數的國會議員認購南海公司股票，有人甚至懷疑當時的英國國王喬治一世，於南海公司推動以股換債計畫開始階段時，便已從中分配到若干股權。顯然，對一個擁有大英帝國江山的人而言，對物欲的貪婪本性，與身為凡夫俗子的你我無異。

後來南海公司內部高層經營者發現，與其買入政府公債，倒不如直接引導那些每年向政府領取年金者，直接把每年所領取的年金權利換成南海公司股票。而為了吸引年金受益人願意把年金受益權轉換成公司股權，公司人員很清楚，只有不斷將公司股價維持在上漲局面，才能強化年金受益人不斷加入的誘因。對原有股東而言，南海公司股價的上漲是皆大歡喜的事，從公司內部人員、國會議員、藝術家、科學家、家庭主婦到販夫走卒，無不希望南海公司股價持續大漲，因此，在股價上漲過程中，對股權轉換的計算，只要有利股價的推升，國會竟未加以限制，甚至到後來，南海公司竟獲得國會同意，可以自行決定年金的轉換條件。因此，只要股價是上漲的趨勢，越早取得南海公司股票的人，表面上的資本所得就越高，所以，每次發行新股總能引來大量的申購熱潮，而南海公司內部經營者深知，為維護本身利益，就必須想辦法維持公司股價繼續上漲。然而，於此同時，不少有心人士開始對南海公司起而效尤，成立了不同型態的公司，或將公司業務伸向較吸引投資人注意的行業，這種情況自然引起南海公司高層經營者的不安，生怕投資人注意力轉向，影響南海公司股價續漲動能，因此透過政商關係遊說國會通過所謂《泡沫法案》，要求未經英

國國會同意，不得成立新公司或兼營本身未經特許的行業。此舉明顯是針對市場上其他公司的打壓動作，一開始果然讓別的公司吸引力下降、股價大跌，但舉債買進股價大跌公司股票的投資人，往往同時也是南海公司的股東，當他面臨所持有公司股價下跌所引起的銀行融資追繳保證金時，也只有先賣掉股價還未下跌的南海公司股票，因此導致南海公司股票價格也跟著下跌，而此時銀行放款利率早已因股票投資融資需求而不斷上漲，南海公司大股東心裡對股票價格終將重挫早就了然於胸，1720年9月，南海公司股票價格開始大跌，由於發生是那麼的突然，讓絕大部分的人措手不及，就像「泡沫」一樣，輕輕一戳便化做烏有！

南海公司股價漲升末期早就有人對狂飆的股價提出警示，但股票市場的投資人雖然好像都知道股價終將下跌，但很少有人願意放棄看似垂手可得的獲利，因為大家都自認自己不會是市場上的「最後一隻老鼠」！

在自然科學史上享有無與倫比地位、發現地心引力原理的牛頓說：「我能計算出天體的運行軌跡，卻無法預料到人們會如此瘋狂！」在投資市場中，聰明才智有時一點用處也沒有，因為人性的貪婪已吞噬掉應有的理性。事實上，牛頓本人在「南海泡沫」事件中也是受害者之一，他曾經跟大部分投資人一樣搶進南海公司股票而小賺一筆，但第一次很早就出場，第二次買進時已是股價高峰，此次則是讓他大賠一筆，顯然聰明如牛頓者，猶無法逃脫貪婪人性的桎梏，至於那些每天沉溺於金融市場中殺進殺出的一般投資人，若非有紮實的專業訓鍊與長期經驗的累積，能在泡沫產生後、被戳破前全身而退者，可以說是少之又少。

日本房地產、股市泡沫與台灣股市奇蹟

20世紀末期，全球最大的泡沫經濟發生在日本。日經225指數在西元1989年底創下38,916的歷史高點。至今，對從谷底回升中的日本股市而言，接近40,000點的股價指數似乎仍是一個遙不可及的距離。而當時，全日本房地產市值估計超過20兆美元，約相當於全球股市總市值的2倍，如果國土可以買賣，日本房地產價值可以換得好幾個美國，當時，一本名為《日本第一》的書，被翻譯成多國語言，並在大西洋兩岸掀起熱賣狂潮。

進入20世紀前，日本其實還是一個保守的社會，加上二次世界大戰期間成為原子彈頭下的戰敗國，使日本在軍事和經濟上與國際社會有一段距離。她與西方資本主義最大的不同，在於強調群我團體關係的緊密結合，這與一般資本主義社會強調自利的個體意識有明顯的不同。因此，過去在日本盛行終身雇用制，勞工階層與資方的關係透過威權式組織緊密結合，政府單位則握有較西方民主國家更多的經濟主導權，包括為了鼓勵國內企業體對外拓展外銷市場，可以補貼企業，並允許企業以低於國內價格的報價對外國銷售商品，以增加企業體的全球市場佔有率。然而，大量的貿易盈餘累積，使國內金融機構游資充斥，加上金融外匯管制，常常成為西方國家詬病攻擊的目標，一再要求日本政府開放國內金融市場。

1980年，在國外壓力下，日本政府終於解除外匯管制。1984年並允許外國銀行買賣日本國債及經營部分銀行業務，同時並解除外匯交易管制措施。過去在外匯交易管制下，日本對外貿易雖然有大量盈餘，但日圓匯率並未升值，因此，1980年解除外匯管制後，一般人都預期日圓匯率將有很大的升值空間，而在1981年，日本政府同時開放該國企業在歐洲市場得以債券附認股權證的方式籌措資金。企業

體了解，在日圓面臨升值壓力下，一方面借外幣資產換成日圓，可以得到未來日圓升值的好處，另一方面，因日本股市已開始出現漲價預期，因此企業舉債成本甚至可能是負利率成本，這跟我國部分企業在國外發行可轉換公司債的原理完全一樣，當新台幣看漲，國內股市又逢漲勢時，企業發行國外可轉換公司債往往蔚為風潮，因為對發行可轉換股權公司債的公司而言，不但可取得便宜的資金，又可以享受台幣升值的好處。就在這種環境下，日本國內企業紛紛藉國外融資的金融操作手法，大量取得資金匯回國內轉投入股票市場。在這段期間，不少日本公司本業營業淨利其實是虧損的，但透過金融操作的帳面利得卻不斷增加，企業體間彼此交叉持有對方股票，使股票交易產生鎖碼效應，股價一經拉抬即輕易飛漲。

游資到處氾濫又使日本國內房地產市場價格同時飛漲，日本金融機構從投資股票的獲利又轉向貸款給不動產投資人，往往貸款金額遠超過房地產實際價值，這與台灣基層金融機構的超貸情形如出一轍。然而，金融機構經營者仍深信借款者未來應可如期清償貸款，這就跟1990年前後的台北無殼蝸牛族抗議情景一樣，東京地區的一般上般族，恐怕窮其畢生所得，也無法買得起一間狹小的公寓房子，所以他們只好把希望全寄託在股票投資上，希望股票投資能帶來快速的獲利。

1985年9月，國際外匯市場發生一件大家耳熟能詳的大事，起因於美元因調高利率而不斷升值，導致美日兩國貿易逆差進一步擴大，引起美國境內出口商的不滿，不斷對白宮政府施壓，以當時的美國財政部部長貝克（James Baker）為首的主要工業國家財政部長，群聚曼哈頓廣場飯店，商討如何解決由於匯率變動所引起的貿易失衡問題，會中決議聯手壓抑漲幅過大的美元匯價，其中對於日圓匯率的低估問題，更是引起各國財政部長的嚴重關切。在著名的《廣場協議》簽

訂後沒幾個月，美元兌日圓匯率重挫超過40%，日本出口產業因匯率急速升值頓時受挫，但日本人對國外商品的購買力卻突然大增，也因為日圓相對升值超過40%，美國著名的洛克斐勒中心遂被日本企業買下，更自此成為日本經濟力對外擴張的指標性建築。

對過去享有高額貿易順差的日本而言，日圓匯率的急速升值畢竟對經濟具有相當程度的打擊，1896年，日本經濟成長率出現明顯下滑情形，以出口商為首的利益團體不斷透過日本大藏省對日本央行施壓，要求日本央行調降利率，總計日本央行於1986年連續調降利率四次，原已寬鬆的資金市場更顯浮濫，而日本國內消費者物價卻因先前日圓升值效應，呈現相對平穩情況，但降息效果對已處上漲格局的日本股市而言，猶如火上添柴，埋下日後飆漲的遠因。投資人面對不斷下降的銀行利率及日圓可能再度升值的環境中，除選擇把閒置資金留在國內並投入股市外，似乎別無太多可供選擇的餘地，市場游資及國外投機性資金不斷推高股價，機構法人及市場大戶再用從股市賺來的錢買進不動產。所以，1990年前後，東京不動產市場無論房價或租金均居全球第一，據推算，當時全日本不動產市場總值可以買下好幾個美國，《日本第一》這本書之所以暢銷可以說是其來有自呀！

1987年，國際金融市場著名炒家索羅斯曾撰文表示東京股市即將崩盤，不知索羅斯自己當時有無放空日本股市，他若在當時放空日本股市，恐怕會慘賠，因為日經指數就在索羅斯發表看空言論後的2年內，不斷寫下新高，直到1989年底創下38,915點的歷史高點才劃下休止符。

1989年末期，日經指數已逼近40,000點大關，當時股價淨利比（本益比）超過100倍的股票可以說是俯拾即是，其中更不乏超過300倍者，這種情形與同時期的台灣股市幾乎完全一模一樣，當年台灣股市最高點時，金融股及資產概念股，股價淨利比幾乎都在300至400

倍間，也就是股價報酬率僅介於0.25%至0.33%之間，每個人想的都是股價上漲的好處，從不想知道公司到底賺多少錢，股東權益報酬率到底是多少。日本股市正熱時，日本知名證券商曾經煞有介事的公布內部研究報告，大膽預測日經指數將於1995年以前攀高到80,000點，也就是股價還有超過1倍的漲幅可期，內容無非指出日本企業仍有相當大的帳上隱含資產價值未反映於股價上，例如不動產價值。

　　我很清楚記得，當時是我到國泰人壽證券投資小組報到的第二年，台灣外資券商仍未於市場大舉出現，但某知名綜合券商研究部，依樣畫葫蘆算出台灣股票市場加權指數理應漲到30,000點。事後證明，台股歷史高點出現在民國79年2月的12,682點，對台灣股票市場而言，12,682點仍有機會突破，但30,000點關卡恐怕不僅是「天險」可以形容，若真有那麼一天，恐怕也是台灣經濟另一項泡沫奇蹟！

　　當年我個人與另一位目前在金鼎證券自營部任職的同事共同負責所有紡織類股上、中、下游公司的研究工作，因為之前自己在遠東紡織外貿部門任職，所以我可以很清楚算出紡織類各類產品的成本結構（這要感謝在遠東紡織服務時，幾位出身紡織專業科系的老同事們辛勤的教導），例如成品布、紗支數如何影響成衣的報價，他們可以從抽屜裡拿出放大鏡對國外客戶提供的樣品做精密的估價，以決定該如何向國外客戶報價，替公司爭取合理的利潤。我的另外一位同事則來自當時最大的民營製造業——台塑總公司。他可以精準算出紡織長纖類產品的產品成本結構。來自不同領域且具有業界實務經驗的工作背景是當時國泰人壽證券投資小組的特色，由於當時電子產業仍未在台灣股市抬頭，最大的產業是塑化與紡織，最多的上市公司則是以14為股票類別代號的紡織股，至於台積電則根本還未在台股看板上出現。

　　不過，把上市公司的本業營運展望及財務報表搬上專業分析人員的解剖檯上，並不是當時我們最重要的工作，因為台灣紡織類股

中幾乎每家都是成立很久的公司，像遠東紡織成立於民國43年、中興紡織成立於民國45年、東和紡織成立於民國48年、新光紡織成立於民國44年、勤益紡織成立於民國50年、台南紡織成立於民國44年等等，當時大部分紡織公司都成立超過30年以上，雖然在新台幣不斷升值下，除聚酯類產品因大陸仍未生產，而享有一定利潤外，其餘的本業獲利已不斷走下坡，許多下游廠商其實已悄悄外移，但由於這些公司擁有龐大可觀的廠房面積，縱使有的已閒置不用，甚至關廠停工，但一些座落於各都會區黃金地段的廠房土地，在那個房地產隨股市狂飆的年代，卻往往還是成為證券專業媒體報導的焦點，畢竟一般的財經記者基本上並不了解這家公司本業產品到底賺不賺錢。

可是，這並不重要，因為絕大部分買進紡織股的投資人並不關心該公司的本業營利狀況，他們所關心的是土地資產有多少坪？市價值多少？因此，當時我也被要求在個別公司的研究報告上，詳細列出公司土地資產明細、帳列成本、資產取得時間等資料，甚至連轉投資公司所持有的不動產明細也要列出。也因此，我必須想盡辦法向國泰人壽不動產部或放款部同仁請教，如何估算出不同地區的土地合理市價。更好笑的是，事實上，我與財經記者估算報導的不動產價值，甚至曾經出現1倍以上的差異！

然而，很顯然地，這並不是影響公司獲利的因素，因為當年被冠上所謂「資產股」的公司，縱使公司已經沒有在運作了，但其所擁有的土地仍好端端的在那裡，沒有賣掉。民國92年底、93年初，在中國大陸人民幣升值壓力下，加上外資湧入、外貿順差帶動的台幣升值壓力，讓「資產概念股」再度於證券專業報紙版面上出現。不同的時空背景下，卻讓我嗅到相同人性中的「無知」與「貪婪」，主其事者結合媒體的炒作詭計，與當時可以說是如出一轍！不同的時間卻總還是有投資者成為股市起伏中的陪葬品。

表7-1　1989至1990年台、日利率及股價指數對照表

時間／國家	日本貼現率（％）	台灣貼現率（％）	日經指數	台股指數
1989/3	2.50	4.50	32,839	7,318
1989/4	2.50	5.50	33,714	7,785
1989/5	3.25	5.50	34,267	8,795
1989/6	3.25	5.50	32,949	9,495
1989/7	3.25	5.50	34,954	8,620
1989/8	3.25	7.75	34,431	9,732
1989/9	3.25	7.75	35,637	10,403
1989/10	3.75	7.75	35,549	10,067
1989/11	3.75	7.75	37,269	10,121
1989/12	4.25	7.75	38,916	8,658
1990/1	4.25	7.75	37,189	10,678
1990/2	4.25	7.75	34,592	11,983
1990/3	5.25	7.75	29,980	11,223
1990/4	5.25	7.75	29,585	9,742
1990/5	5.25	7.75	33,131	7,848
1990/6	5.25	7.75	31,940	6,157
1990/7	5.25	7.75	31,036	5,038
1990/8	6.00	7.75	25,978	4,120
1990/9	6.00	7.75	20,984	3,238
1990/10	6.00	7.75	25,194	2,912

註：台灣股價指數取月均值；資料來源：台灣經濟新報

　　1989年底，日本央行總裁由澄田智換成三重野康，三重野康一向對金融市場炒家的作風不表認同，並認為股市及房地產泡沫終將破滅。由表7-1，你可以看到，三重野康於接任央行總裁後，接續調升

圖7-1　台、日股價指數對照圖

資料來源：台灣經濟新報

四次日本央行重貼現利率，使其從2.5%上升到6.0%；同時期，台灣央行總裁謝森中則兩次大幅度調升中央銀行重貼現率，將央行重貼現率從4.5%調升到7.75%，配合對金融機構實施選擇性信用管制措施，以抑制當時不動產業過熱的情況。

從圖7-1可以看到，1990年前後，台灣股價指數幾乎是隨日經指數急速下跌，隨後東京股價指數因景氣進入長期通貨緊縮的低迷情況而慢性下跌至2004年第一季的8,424點，台股則因資訊電子產業隨美國10年大景氣擴張而上下來回震盪、波動。與日本相較，1990年代，台灣股票族似乎比日本股票族好上一大截，同時也創造出不少電子科技新貴。

兩國中央銀行調升利率後，股票市場及房地產市場並未立即下跌，日本股市於1989年12月底創下38,916點歷史高點，這時市場股價平均收益率不到1%，台股指數則在1990年2月創下12,682點的歷史天價，其中尤以國泰人壽股價於1989年6月盤中創下每股1,975元

的台股傳奇，至今仍未有任何上市公司打破此紀錄。1990年，日本央行為打壓房地產持續緊縮貨幣及銀行信用，一開始日經指數領先緩慢下跌，房地產甚至仍於1990年上半年仍持續上漲，但隨股市下跌後，一些以股票抵押貸款者，開始面臨信用不足的情況，此時不動產市場也已岌岌可危，隨後終於一路走跌，短短2年不到的時間，東京房地產跌幅超過50%，1990年代中期，日本大型金融機構、證券商、保險公司不斷出現倒閉慘狀，台灣則因金融機構牽涉著錯縱複雜的政治因素，政黨輪替後，新政府雖有心力挽狂瀾，但政治勢力的反撲，往往讓改革效果大打折扣，泡沫經濟後遺症至今仍未能完全解決。

台灣與日本兩國於1990年代發生的泡沫經濟現象，其背後有太多相同的因素，在此歸納出幾點：

1. 對外貿易順差累積大量外匯存底，國內游資氾濫。
2. 泡沫形成前，央行在外匯巾場阻擋匯率升值，引起國際熱錢不斷湧入國內套利。
3. 國內利率水準在泡沫形成前，維持低利率水準一段相當長的時間。
4. 政商關係相互掛鉤介入市場謀利，市場交易秩序混亂，主管機關力量薄弱。
5. 市場投資人於初嚐甜頭後，始終相信自己不會是市場上的「最後一隻老鼠」。

前三點是蘊釀泡沫經濟的溫床，它是外在環境因素及政府因應失策所致，後面兩點則是泡沫經濟引燃的火種及煽風器，是存在人性中的「墮落」與「貪婪」所引起，這也是做為一個投資市場長線策略性贏家應引以為誡的。

世紀交替的美國科技泡沫

　　電腦科技產業在1980年代其實就已逐漸普及，但它被高度運用在企業的內部資料處理則在1990年代。由於科技產業的高度發展與應用，使企業內部管理效率大幅提升，勞動平均生產力呈現飛躍式成長，加上共產體制紛紛解體，釋放出大量的勞動人力，到了1990年代後期，消費性商品價格不斷下降，資本主義社會終於享受到科技產業所提供的高度物質享受。這些科技產業在1990年代末期，以美國納斯達克綜合指數櫃檯買賣中心最具代表性，卻也在世紀交替之際，掀起20世紀最後一次驚人的股市泡沫。

　　成立於1971年的美國納斯達克櫃檯買賣中心，一開始是提供給未在公開市場上市、開放買賣的公司一個透過電話或櫃檯議價完成交易的平台，過去沒有正式掛牌上市交易的股票，通常要透過坐在櫃檯後面的營業員撮合買賣雙方報價才能完成交易，因此叫「櫃檯買賣市場」（over-the-counter market），這與台灣上櫃股票市場一樣，是與上市股票交易有所區別的。

　　但在1990年代，隨電子交易日益普及後，櫃檯買賣交易實質上與上市股票交易已無明顯區別，美國很多大型的科技公司，如英特爾（Intel）、微軟（Microsoft）、亞馬遜（Amazon）、雅虎（Yahoo!）等均在納斯達克掛牌交易，而非在紐約證券交易所（NYSE）交易。

　　1995年以前，美國納斯達克綜合指數自成立以來從未超過1,000點關卡，但是1995年以資訊電子產業為主體的納斯達克指數，在無線網路、通信、電信等類股紛紛掛牌交易，股價並隨網路普遍化及無線通訊全球化而出現飆漲之後，納斯達克指數於1995年7月17日首度突破1,000點關卡，站上1,005.89點，離1971年成立已經過了24年。然而，隨著電子科技日新月異、新的電子產品不斷開發與創新、開發中

國家及第三世界國家對科技產品需求激增、網路通訊全球化等因素，加上1990年代末期，歐、日經濟表現不佳，全球資金湧入美國，創造美國經濟高度榮景，「新經濟」名詞於此時應運而生，納斯達克指數於1998年7月輕易越過2,000點關卡；1999年11月再度突破3,000點大關，緊接著，面臨千禧年汰換舊型電腦的需求下，1999年12月收盤前一舉站上4,000點關卡。每次突破新高所花費的時間一次比一次大幅縮短，從3,000點到4,000點甚至只用了38個交易日，2000年3月更創下歷史高點5,132點，此次離4,000點也僅49個交易日。

網路科技的發明與應用，在20世紀末被視為是繼1820年代人類發明第一批蒸汽引擎後，另一個跨世紀的偉大發明。19世紀人類靠蒸汽火車縮短人與人間的距離，網路股票愛好者則認為，網路科技勢必成為打破空間行銷障礙的最大利器，因此在1990年代末期，納斯達克除了高科技電子類股價大漲外，一些小有名氣、如雨後春筍般冒出的網路行銷公司的股價更是大漲特漲，有些網路公司縱使有不斷成長的營業收入，但財務報表仍呈現巨額虧損，可是投資人卻蜂湧般捧著現金搶買網路公司上市承銷或現金增資股票，亞馬遜及雅虎股票每股最高點分別創下118美元及178美元，而最低時均不到10美元。西元2000年2月，遠赴美國納斯達克掛牌交易的和信超媒體，上市當天即大漲200%，當天股價收盤為每股88美元，但到了2002年11月卻創下每股0.2美元的價位，自此公司經營始終不見明顯起色。

1990年前後發生在日本及台灣的股市泡沫，投資人透過媒體炒作上市公司的資產價值，尚有跡可循，但在2000年網路泡沫時代，網路公司不僅沒有有形的資產可資評斷股價的合理價格，甚至實際營業收入尚在營業計畫書中，更不用談真正的營業淨利的產生。因此，當時市場又發明了一個新的評斷股價名詞，叫作「本夢比」，意思是說，買進網路公司股票完全是建立在對其未來營運展望樂觀度的想像

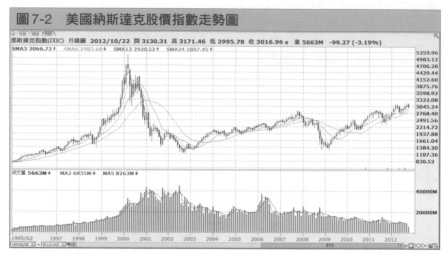

圖7-2　美國納斯達克股價指數走勢圖

資料來源：XQ全球贏家

上，反而與買進時的營業淨利多寡無關。投資人追逐網路公司的股票，正如一句名言：「上帝要一個人毀滅前，必先使其瘋狂！」股神巴菲特在網路泡沫時期，堅持不買進他不懂的網路公司股票，在當時，曾被市場媒體譏笑為過氣的投資家，事後回想，相較於巴菲特的真知灼見，更凸顯不計代價追逐網路公司的一般投資人之「無知」與無盡的「貪婪」本性！

　　跨過千禧後的2000年，企業體於世紀交替前，已紛紛完成電腦資訊設備的汰舊換新動作，電子資訊廠商也發現市場需求並沒有預期中強勁，資訊通信商品於市場開始出現供過於求，網路公司則因家數過多使營業模式遲遲無法帶動預期中的高營業收入而虧損累累。美國聯邦準備理事會主席葛林斯班（Alan Greenspan）甚至直言，1990年代末期的網路科技熱潮，是一種「非理性榮景」，他說：「我們如何知道資產價值什麼時候會因為非理性榮景而被過度拉高，並可能讓經濟出乎意料地陷入長期衰退，就像日本過去10年來一樣？」

2000年4月12日，納斯達克指數回頭跌破4,000整數關卡，離歷史高點5,132點，只花24個交易日，下跌之速更快於上漲過程。到了2002年10月，更創下1,108點低點，幾乎又回到1995年7月的起漲點。整個上漲又下跌的過程，對於未參與網路股票投資者而言，可能僅似黃粱一夢般空幻，但對那些慘遭高檔套牢的股票族而言，恐怕是一輩子揮之不去的夢魘！

其他重要的泡沫事件

在人類投資史上發生的經濟泡沫事件還有很多，本章只提出四次較著名者做說明，其他尚有下表所列，每一事件背後成因或有不同，環境也互異，但參與者對投資標的合理價值及獲利本質視而不見，一心想迅速謀取不勞而獲之暴利的心理則完全相同。

表7-2 投資史上其他重要經濟泡沫事件			
發生年代	發生地點	經濟泡沫名稱	炒作標的
1845年代	英國	黃金鐵路風潮	股票
1920年代	美國	佛州房地產狂熱	房地產
1928至1929年	美國	華爾街股市大崩盤	股票
1960年代前期	美國	成長股與新上市股熱潮	股票
1960年代中期	美國	大型集團股與概念股熱潮	股票
1970年代	美國	50種代表性績優股	股票
1980年代	美國	新上市股與概念股熱潮	股票
1980年代中期	中國	石蒜狂熱	石蒜

泡沫事件形成的主要原因

　　一般所謂投資泡沫是指「投資標的物的市場價格遠超過其本身具備的內含真實價值」，因為市場價格是由買賣雙方所決定出來的，當買方需求力量遠大於賣方所能供給時，市場價格就會不斷走高，而透過市場機制，今日的買方可以變成明日的賣方，當市場價格上漲高過於其先前買進價格時，只要他願意馬上賣出原有標的物，便可以實現短期獲利的目標，當市場價格漲勢確定後，買賣雙方無論賣出或持有標的物，在帳面上，都是獲利的一方，這時市場的所有參與者都相信自己的財富因標的物價格的上漲而增加，其他市場的參與者便會蜂湧而來，認為自己也可以輕易如法炮製，他們接連加入市場，買進預期會繼續大漲的標的物，市場價格因此持續推高，直到市場參與者買進力量完全用完為止，隨後市場價格就像洩了氣的氣球般持續下跌。

　　在台灣股票市場上，只要是股價指數上漲趨勢形成後，我們就會在媒體上看到分析師告訴你，什麼樣的股票是當前的主流股，通常被分析師列為主流股者，它的股價幾乎都已經大漲一段了，此時，他們又會告訴你「強者恆強」的道理，讓你覺得只有買進已大漲的股票才有獲利機會，鼓吹你勇於買進市場所謂的主流股，因此，股票指數上漲過程中，少部分幾檔股票的成交值常常佔台灣股票市場總成交值很高的比例，像電子類股中的網路概念股、晶圓代工股、DRAM股，到TFT-LCD股，都曾經是台股常出現的市場主流股。就像歷史泡沫事件一樣，當市場買方力量完全用罄時，股價被整體市場過度拉抬的所謂主流股，股票價格的回檔下跌幅度，往往就像泡沫被戳破一樣淒慘。

　　小型、局部的泡沫事件會不斷在股票市場出現，尤其是當外在環境有利股票上漲時，證券商分析師、媒體財經記者、電視台財經節

目，甚至公司法說會上的發言人等，他們會不斷告訴你，什麼樣的股票是主流股，該公司今年業績是多麼樂觀可期之類的話，如果你未經本書第5章及第6章般的分析或思考，並配合第6章所提，透過景氣循環調整資產配置方向，做為一個公司「外部股東」及散戶的你，縱使在多頭市場中，也有可能成為主流股股價下跌過程中的「最後一隻老鼠」。

以下我們列出投資泡沫形成的幾點主要原因如下：

1. 市場游資氾濫，缺乏多樣化的投資管道。
2. 投資人欠缺分析投資標的物獲利本質的能力，輕易相信獲利模式可以一再被複製在自己身上。
3. 投資人對投資標的物未來預期的投資報酬，因企業經營者及媒體的鼓吹而呈現過度樂觀期待的心理反應。
4. 市場投資人因「貪婪」而使自己成為吹大泡沫的幫凶，加入「無知」與「墮性」後，則更使自己成為戳破泡沫自我毀滅的實際執行者。

在自由經濟社會中，因為物競天擇的生存法則與自利的人性行為模式結合，只要經濟環境提供適合的溫床，投資泡沫隨時可能孳生繁衍，透過大自然經濟景氣循環自然調整過程，泡沫事件對整體經濟傷害可望降低。然而，做為一個隨時可能處於泡沫事件發生時間點上的投資人，我們除應了解泡沫事件發生的經濟意義外，更應深切體會事件發生的成因，並且檢視自己的投資理財決策是否陷入投資泡沫的漩渦裡，避免在投資工具價格劇烈波動中，成為財富重新分配的長線輸家。

第8章

透視投資心理，
避開投資陷阱

《孫子兵法·謀攻篇》：「知己知彼，百戰不殆；不知彼而知己，一勝一負；不知彼不知己，每戰必殆。」

在投資理財領域裡，除了要累積投資專業技能以判斷周遭環境變化，並妥善因應外，也要知道自己的人性弱點，並在關鍵時刻做好自我人性管理，才能冷靜做出最佳投資理財決策。

在自由資本主義社會中，個人教育程度的高低或是否具備代表專業身分的特定證照，往往在某種程度上說明了人力資源的優劣，但在交雜著經濟、政治、心理等多面向且多變的投資市場裡，表面上被認定為優勢人力的一方，並不全然可以成為市場贏家，因為長期而言，投資市場裡真正的敵人是自己，唯有了解自己、洞悉自己的人性弱點，專業的技能才能派上用場，否則再多的專業訓練，在關鍵時刻往往一點用處也沒有。

本書前面部分章節雖然陳述一些經濟與投資概念，但與專業學術領域的廣度與深度仍有段距離。本書內容主旨並非教授大家可以成為具有紮實學術基礎的投資家，而是希望讓大家養成透過基本的分析過程，對自己的資產做穩健合理的資產配置與管理，在景氣循環中，維持投資理財恆常的正向報酬，淨資產能夠打破景氣榮枯限制、持續累積，是我們追求的投資理財目標。因此，在建立基本投資概念後，本章將強調把投資理財工具獲利本質轉換成實際投資行為模式的重要性，唯有從內心產生對基本分析架構的信念，並以高度紀律性的執行效率，才能使自己不在市場中隨波逐流，迷失在眾多雜訊中，導致在應該做買賣投資決策時，卻因猶豫不決而錯失良機。

基本上，本章分成三部分說明，第一部分是認清自我的投資優缺點，旨在讓我們認清自己處於投資環境的相對競爭地位；第二部分是市場常見的投資陷阱，旨在讓我們強化釐清雜訊的能力；第三部分則是投資心理與人性管理，讓我們對於由一般投資心理形成的行為模式做省思，以改正導致投資失敗的心理面因素。

找出個人在投資市場的定位

　　在大自然的生物鏈中，每一種生物都有它所要扮演的角色與定位，有的是低階草食性動物，例如小花鹿，有的是高階獵食者，例如獅子或老虎，而最高階獵食者則是人類。在物種淘汰演化過程中，只有在同種中的強勢者可以不斷繁衍下去。如果把投資市場各種不同身分的參與者比做大自然生態，大家就會發現，不同族群的投資者，他們在市場的定位就好像自然界的生物鏈般。或許直覺上我們會以為大型投資法人、共同基金經理人、公司內部人一定是投資市場上的高階獵食者，至於一般散戶或上班族就是低階獵食者或食物鏈裡的弱勢族群，然而根據我的經驗，這種直覺恐怕未必正確。在我的職場生涯中，聽過太多大型金融機構或法人因為經營者憑個人直覺直接干預專業經理人的投資決策而導致投資大幅虧損；也屢屢聽到高階決策主管因投資失利而丟官去職；至於共同基金經理人真正靠投資理財能耐累積個人財富者也沒聽過有幾個；公司內部人在買賣自己公司股票投資上栽觔斗者更不知凡幾。

　　其實再弱勢的族群中也可以找到具備與生俱來求生優勢的個體，否則早就絕跡滅種了；相對地，再強勢的族群中也存有弱勢病體，隨時慘遭低階獵食者蠶食鯨吞。一般上班族或市場投資人絕對不必因為自己無法每天讀專業投資書刊、記錄洋洋灑灑的投資報告、親訪上市公司執行長或發言人，或是沒有看盤交易即時電子資訊系統，而以為自己在投資理財上很難成功獲利，只要你不斷累積投資專業常識，並且建立正確投資理念、破解自我心理盲點，盡可能善用個別條件的優勢，長期而言，你的投資理財報酬率甚至可以高過所謂的「市場專家」。

以下我舉幾個實際例子，來說明善用個別優勢在投資上的重要性。

一、農夫與中盤商

我的家鄉在雲林鄉下地方，那裡的居民絕大部分都以農為業，農產品中，水稻、花生、蔬菜、水果應有盡有，可以說是富饒之地。然而農產品價格常常受到很多因素影響，諸如天候、政府政策或市場供需量變動等影響，因此農民其實不僅要看天吃飯，某些時候，縱使農作物大豐收也不見得可以增加所得，還得看農產品市場當時是否會因供給過剩導致價格大跌，間接使得所得反向降低。

對農民而言，他們往往搞不清楚何以同樣的東西在不同期間，價格有如此大的差異。為了確保收入的穩定，他們學會在不同農地種植不同的作物，以避免單一農產品價格變動的風險，導致所得呈現不穩定狀態。然而，台灣夏、秋兩季颱風頻繁，往往導致所有來不及收成的農作物毀於旦夕，農民心血付之東流。因此，從很久以前，農人便發現，若在作物採收完畢後，馬上找中盤商議價賣出，農作物往往賣不到好價格，所以他們會在住家周邊建造很多大型的穀倉，先把已收成的農作儲藏，等待市場供應量減少，價格回升時再分批賣出。這樣一來，農民所面對的農作物價格變動風險就大為降低，他們所要面對的只剩當期尚未採收的農作未來因天候變動的風險。其中較聰明的農夫甚至學會判斷農作物價格變動的方向，從建造自用穀倉到大型儲貨倉庫，搖身一變成為農作物的中盤商。

民國60年代以前，台灣農村主要交通工具只有腳踏車及往返城鄉之間的客運，大大限制了農民的活動範圍，民國60年後，機動車輛逐漸普及，聰明的農夫會在新作物播種後，騎著摩托車穿梭在大嘉南平原，調查各種作物栽種的多寡，等到農作物長成接近成熟時，若

判斷農作物栽種面積低於預期，便提早與其他農民訂約買下尚在農田裡的農作物採收權，這跟目前期貨契約的原理完全一樣。在當時，台灣尚未開放農產品大量進口之際，聰明且勤快的農夫往往因此成為富有的商人。

農夫之所以能成功轉變為成功的中盤商有三項特質：

1. 善用本身對所處環境的熟悉度，並伺機轉換為自己投資理財的競爭優勢。
2. 明瞭商品供需的基本原理，低價買進儲藏，並耐心等待有利的時機出現。
3. 在做投資決定前，經過勤快的資料收集與理性的分析。

其實每個人在所處環境中，經年累月下來，都可以很自然地在自己的工作中，行業裡形成較一般人專業的投資優勢，只要稍一轉換，你也可以在自己熟悉的產業中，透過判斷景氣榮枯、產業興衰而與投資理財取得一定深度的連結，這是一般投資分析師所無法短期具備的條件。例如，你工作的行業與哪些產業是相關的？它們現存的情況如何？你經常消費的東西所處的市場起了什麼變化？你應該比誰都再清楚不過了。當你的公司不斷要求工廠作業員連日加班，就應該嗅出一點不尋常的訊息，並想想自己的投資行為對這種訊息該做何反應？假使你是一位手機玩家，就應該對市面上手機目前的功能比一般人擁有更敏銳的嗅覺，並推測哪些新功能與新產品將取代舊功能與舊產品？這時你應該想想，到底哪些產品即將成為市場長期消費主流？又有哪些公司將因此獲利？記住，先在自己的工作範圍與周邊領域尋找，定焦在熟悉的相關範圍，並應用前面章節提過的投資概念，抓住機會、耐心等待，相信也可以成為長線投資理財贏家，千萬不要人云亦云、隨波逐流，以為好運會不斷降臨，或是妄想不勞而獲。

二、老漁夫與漁工

　　最近幾年，每次颱風來襲前，中央氣象局總會一再呼籲載有大陸漁工停靠在東部漁港的船屋，讓船上漁工上岸暫時避開颱風帶來的狂風暴雨。電視中出現大陸漁工倉惶避難的畫面往往令人怵目驚心。近十幾年來因廉價漁工加入台灣魚船捕撈作業，雖然使得台灣民眾得以享受便宜的海鮮漁獲，但漁船發生喋血暴力事件或因天候造成的船難意外卻不時頻傳。

　　事實上，在沒有電子通訊的時代，漁夫在出海捕魚前，只能憑經驗預測未來海上氣候變化，由於攸關生命安危，老漁夫們在經年累月的經驗累積下，往往培養出對海上氣象的高敏感度，他們有一個不變的信念，就是在天候不利海上船隻作業及人身安全的情況下，絕對不勉強出海作業；另外一個特色是，他們捕撈的魚種往往在出海前就可以從船隻噸位及配備上找到答案。近年來，通訊設備更發達了，漁夫們在海上作業時更可以透過通訊設備與鄰船取得相互支援與聯繫。

　　相較於大型作業船隻終年巡迴於大洋中，一般小型漁船的老漁夫們很清楚，在天候安全的前提下，才是出海的時刻，加上船隻噸位不大，他們打心底都清楚特定的魚種才是他們捕撈的目標。事實上，無論是何種船隻都無法撈捕大洋中的所有魚種，再大的船隻作業範圍都要有一個明確的區域。因此，他們清楚地知道，每次出海最大可能漁獲量就是船隻的最大裝載容量，而不是大海裡所有的魚，在實際載重量超過安全警戒線之前，他們便會知足的回航。

　　相較而言，受僱於船東的漁工們便無法在完全安全的前提下作業，船公司的目標是盡其可能讓大型作業船隻不要閒置，因此，縱使天候出現改變訊號，在尚未完全阻止作業前，他們是不會放棄任何可能增加漁獲的機會。也因為漁工只是雇主的賺錢工具，雖然在船隻設

備上，可能擁有較先進的安全通訊器材，然而，意外事故卻依然頻頻發生。

老漁夫於大海中作業的主要特色有下面幾點：

1. 老漁夫善用本身對所處環境的熟悉度，並堅持在安全環境下作業。漁工則受制於雇主，任人擺佈。
2. 老漁夫懂得在海上克制貪婪心態，不越界超出航程，也不會超載漁獲，危及安全。
3. 捕撈目標明確，不會隨意、貪心地撈捕不確定的大量魚種。

在投資理財學習過程中，我們也面對同樣的情況，大部分的人無法很清楚知道決定長期投資勝負的最重要因素。根據實證研究，除非你是公司經營者，並具有極專業與前瞻性的判斷能力，否則很難在整體市場下跌走勢的環境中，還能在單一投資資產中不斷提高資產價值。數據顯示，長期資產投資報酬率的高低，有超過九成是在判斷市場多空來決定資產配置比例之前便已經決定了。因此，經驗老到的老漁夫會堅持在天候安全情況下才出海作業，至於急功近利者，則心存僥倖，以為可以穿過狂風暴雨海底撈金，卻終致失敗。

其次是目標無法聚焦，很多人在做投資決定前，東請西問所謂「市場投資專家」或「專業顧問」，買進許多自己不熟悉的投資工具，等到自己沒買到的投資標的物價格上漲，而自己買的又不漲時，就會對別人的獲利心生羨慕與妒忌，一下子便又三心二意，此時，若媒體再報導所謂「主流股」還會大漲特漲的訊息，一般人常常很難禁得起慫恿，總以為自己也會一樣的幸運。就算買到後，真的上漲了，還心存價格一定會再續漲的期待，到最後，不知道該在什麼價位賣出而一等再等，等反轉下跌了，還在等，等下一個反彈高點再賣，最後只會落得大賠收場！

金融投資市場上不同的投資工具，它們的價格多空反轉點其實並不是與經濟景氣反轉時間點完全一致，一般而言，金融市場多空變化會領先反映景氣未來趨勢，第6章中曾強調景氣循環邏輯推理的重要性，因此，我們一定要培養、累積自己的經驗優勢，以向前推論的邏輯思考，預先因應投資市場未來可能的變化，千萬不要因為周遭媒體或專家的言論而干擾你的判斷。當然，這其中最根本的，是要克制住自己無盡的「貪婪」心態！

三、投資長與交割員

前幾年，台灣企業界流行與國際同步，因此內部產生很多「長」字輩職稱，從執行長（CEO；通常是資方擔任）、財務長（CFO）、投資長（CIO）、營運長（COO）、資訊長（CIO）、稽核長（CAO）等等，名目之多讓人眼花撩亂，從職稱上就可以很清楚知道哪個大官負責哪一項業務，或具有哪一項專長。這其中，在金融投資領域中，就屬「投資長」最引人矚目，看起來應該也是一般在投資領域職場上奮鬥者的目標。但是，93年3月我離開外商投信公司這段期間，實際走訪投資界朋友，卻讓我對隱藏在官階職稱背後的所謂「專業」與實際「投資實績」間的落差產生震撼性的體會。

這段期間我拜訪過當初在國泰人壽證券投資小組的老長官，他也是我在投資職場上的啟蒙者。但我很驚訝地從他口中獲知，當他離開國泰人壽時，他的總資產扣掉總負債竟然是負值。一開始我並不相信，後來聽到他在一所國內知名大學演講中，又重複了上面的說法，這時我不得不佩服這位一向令人尊敬的老長官的勇氣與誠實。在民國70、80年代裡，國內金融投資界仍未出現所謂「投資長」的頭銜，當年國泰人壽證券投資小組所管理的國內外各項資產總額，恐怕除政府基金外，無人能出其右，若真要有個實質頭銜，恐怕「投資長」對

這位長官來說是當之無愧，並且堪稱是國內法人管理資產最大的投資長。如今，很高興看到他以年過半百的年紀，活出自己在投資領域的一片天，同時也讓我重新思考在投資理財的領域裡，一般上般族汲汲營營於一些虛有名目、職稱的愚蠢。

另一個讓我吃驚的是，一些投資長本身並不做個別投資工具的投資。對於他們不買股票，我的直覺以為是因為政府法令的限制，使他們無法自由配置自有資產，但實際原因竟然是他們覺得買共同基金的長期投資績效並不低於自己親自操作股票獲利差，況且每月薪資已經夠高了，何必多此一舉。的確沒錯，一般「投資長」通常都擁有很高、很亮眼的學歷，當然也享有很高的薪資。所以，反觀一般上般族，若預估自己到了屆臨退休時，每月所得大部分可能還是來自薪資所得的話，那麼，我勸你除非當到「長」之類的官位，不然千萬不要想從職場上提早退休。

我拜訪的另一個對象，則是一個掌握機會發揮個別優勢的特殊成功案例。主角目前50歲不到，是一個真正靠投資賺取驚人財富的人，民國80年代以前，台灣票券公司只有三家老票券公司，民國83年以後成立的很多票券公司的高階主管都是來自三家老票券公司的中、低階幹部，這位投資界的朋友在70年代，便已在其中一家老票券公司服務，聽說還當過債票券外交割人員，雖然沒有國內外名校碩士級以上的漂亮學歷，但他在民國78年前後，與友人及同學們集資吃下外國人留下的小財務投資顧問公司，開始從事債票券買賣交易。民國79年台股創下12,682歷史高點後，從此十幾年來，台股跌多漲少，民國82年以後，國內物價與利率走勢，隨日本股市及房地產泡沫破滅，加上通貨緊縮壓力而一路下跌，反觀債券投資卻可以說是一路長多，就是由於在票券公司培養出深諳景氣循環與資產配置的專業性與敏感度，讓他過去10餘年來成為長線投資贏家。

我必須聲明，上述兩個在台灣實際發生的成功案例，他們的成功經驗不可能完全無條件地被複製，畢竟，無法穿越人性枷鎖的所謂「投資專家」失敗經驗，也是不勝枚舉。當然，我必須說，並不是所有所謂「投資長」只要有很高、很漂亮的學歷就可以，在投資理財市場上，敢真正誠實面對自己的投資績效者，恐怕寥寥可數！

　　上面三個例子，從農夫到票券公司低階外交割員的實際成功經驗，我們可以發現，他們都是利用本身所處環境累積對投資理財的獨特優勢，其原理、原則大致相同。所以，不要以為自己的工作領域與投資理財毫無相關，就注定終身是投資理財門外漢，不可能靠投資理財累積財富。記住，若能透過閱讀、學習成功者的經驗，並且配合漸進式的投資實務操作，同時與本身所從事的行業或興趣取得一定程度的連結，有一天你也可以成為長線投資策略性贏家。

認識常見的投資理財陷阱

　　最近台灣出現不少詐騙案件，主要是利用人性中的貪心弱點或恐懼心理，讓很多善良的小老百姓受騙上當，我個人聽到的有下面幾種情況：

- 寄廣告DM告訴你，你已被他們抽中參加國外免費旅遊，並要求你參加他們所謂的行前說明會。
- 直接打電話告訴你，你被他們抽中一筆獎金或名貴車子、物品，但你要先匯款進特定帳戶以便他們先代你繳完稅，才能辦理過戶。
- 直接打電話告訴你，你在某年度稅款中多繳錢，只要按指示到提款機做某些動作，便可以得到退稅款。

- 直接打電話告訴你，你的家人在某地發生車禍，撞傷他人，正在警局裡談和解，要你趕快匯款到某特定帳戶，否則恐會有大麻煩。

- 直接打電話告訴你，你家小孩已遭他們綁架，並播放預錄好的小孩哭聲來嚇唬你，要你趕快匯款到某特定帳戶，否則就來不及了。

- 利用名人，並透過各種媒體直接廣告或置入性行銷，讓你相信他們的劣質商品具有神奇功效，讓你用白花花銀子買進毫無效果的東西，甚至還可能傷害你的健康。

前兩種情況是利用人性中的「自以為幸運」及「貪心」的心態而設計的陷阱；第三種則是利用人性對某些事情的「無知」並結合「貪心」而設計的陷阱；第四、第五種則是利用人性對某些事情的「恐懼」，並在慌亂中急於擺脫現況的「逃避」心理而設計的陷阱。政府警政單位為此不斷宣導不要受騙，但仍有不少民眾不斷上當。近期甚至查出不少著名金融機構內部職員為貪圖私利，盜取客戶資料賣予不法之徒，電信公司職員則盜賣客戶手機號碼謀取不法私利；更有利用一般人崇拜偶像或名人的心理，藉名人形象行移轉性詐騙手段。

其實所有社會上的詐騙陷阱都是源於人性的「貪婪」、「恐懼」、「無知」、「缺乏自信」、「崇拜偶像」等心理特質。在投資理財過程，大家同樣會遇到五花八門，經過精心設計的各類陷阱，有些是合法的，有些是非法的，大部分都是遊走在法律條文的灰色地帶，但這些投資陷阱無非都是要誘導你做出不理性的投資決策，以達到他們事先設定好的目標。以下我們就來談談這些常看到的投資理財陷阱。

一、能言善道的保險業務員

　　保險對人類社會產生的正面穩定功能，無論在學理上或實際生活中，都有極高的正面評價。但是在業務競爭下，加上業務員人數眾多，素質難免良莠不齊，無法完全針對客戶提供適當的保險商品，做好人生不同階段的基本理財規劃，反而常讓客戶的財富在保險有餘、生財動能不足下，多繳保險費不打緊，更錯失投資理財的獲利良機。

　　「保險」這個名詞顧名思義，是在意外事故發生時，集合眾多參加保險的個體對意外事故發生單位的集體救助行為，它是透過保險契約來達成，因此參加者繳交的保費計算，也是架設在政府保險主管機關，如金管會保險局訂定的相關法令上，保費繳交的合理性與公平性，對個別自然人而言並無太多爭議空間，但是，在不同人生階段購買何種保險商品，則是攸關個人是否能在未來成為投資理財長線贏家的一項重要因素。

　　基本上，保險商品最重要也是最基本的功能就是「保險」本身，因此，舉凡隨個人負擔責任輕重不同而調整的「生命死亡險」商品，或降低意外事故發生衝擊的「意外險」商品，還有與全民健保等「社會強制保險」不重疊的各種「醫療險」商品，都是投資理財不可或缺的必需品。一些保險公司業務員向你販售所謂「儲蓄險」商品，或是「投資型」保險商品，都是保險契約的附帶功能，我不能說這些商品全部都不適合你，但絕大部分都是保險業務員提高銷售保險佣金的利器，這些號稱所謂「儲蓄」與「投資」的保險商品，它們的功能幾乎都可以用其他投資理財途徑以更有效率，或更高的報酬率來取代，但保險業務員可能不具其他投資理財專業，也可能他根本不想告訴你這個事實，因為儲蓄險與投資型保險商品保費往往較一般生命保險高很多，正可以為業務員帶進可觀的保險業績及緊隨在後的續期保費佣金

收入。

對學生或年輕上班族群而言，將自己未實現的收入以契約方式允諾交由他人處理的理財方法，將使自己的資產流動性大幅降低，或動支成本提高（因保單貸款利率已遠高於定期存款利率），大大降低投資理財的主動性，當因景氣循環波動而產生的獲利良機出現時，也將失掉主動出擊的動能，錯失加速累積淨資產的機會。何況，許多配合短期性熱潮而設計的所謂「投資型保單」往往在經濟景氣趨勢扭轉後，因為僵化的投資契約設計，甚至使你的資產發生減損。儲蓄保險對投資人並非一文不值，尤其對面臨退休的中高年紀者具有獨特的意義。

保險業務員在招攬儲蓄保險契約時，會告訴你幾年後，可以領回多少年金或滿期款之類的話，並透過簡單圖表及算術計算出，幾年後領回的錢就會遠超過所繳交的保費。在這裡，我可以告訴你，如果你是一位懂得簡單複利觀念及國民生存平均餘命的投資精算家，經過電腦程式一跑，你會赫然發現，保險公司其實是在做一筆贏多輸少的交易，但是，一開始你已被保險業務員精心設計的話術與精美的圖表所吸引，接下來，你滿腦子都是繳交幾年保費後，可以每隔一段時間領回多少錢的美麗幻想，至於這中間，你是否會因籌措昂貴保費而影響生活品質、擱置求學進修計畫，或放棄可能出現的投資機會，已因你一時的衝動而完全被拋之腦後。很多買儲蓄保險的年輕族群，最後都落得以保單解約或失效收場，白白損失一筆保險金，當然也因此失掉人生投資理財的主動先機。

保險業務員招攬儲蓄保險契約完全不違法，對他們而言，他們甚至可以說是社會的穩定力量。但透過保險業務員的行銷話術，它傳達一種人性中隱約可見的「貪心」與「惰性」，甚至可以說是對保險基本觀念的「無知」。對保險業務員而言，說他們經心設計一個投資理

財陷阱讓你往裡頭跳，未免是一種過度沉重的苛責，但為領取高佣金而推薦不適合的商品，對年輕且企盼藉投資理財累積人生財富的族群而言，何嘗不是一種陷阱！

二、廣告氾濫的行銷社會

　　五年級以前的世代，是一個被教育成安分守己的族群，我們常說六年級以後出生的世代是所謂的Y世代，甚至是X世代，他們講求速度並強調自我，套句俗話是比我們這些開始步入中年的人愛「現」！沒錯，這是一個講求推銷自己的年代，如何逮到機會充分展現自我，或透過美麗的包裝以達到行銷目的的手法，可以說是推陳出新。舉個幾年前成為大家茶餘飯後熱烈討論的網路公司廣告「蟠龍花瓶」篇來談，不僅捧紅廣告中的演員，也因此引起兩大拍賣網站的爭戰，其實最終也將入口網站的商業印象牢牢貼在你我腦海中，這廣告的目的顯然已十分完美地達到了。

　　在強調投資理財重要性的今天，每天睜開眼睛，馬上會有各式各樣的廣告行銷向你招手，想盡辦法刺激你的消費神經，除了一般消費性商品與房地產、車子等高單價有形資產外，無形的金融資產商品廣告往往佔掉財經專業報紙的主要版面。

　　政府開放國內金融控股公司成立後，國內金融市場競爭更加白熱化，各家公司忙於組織改造、業務整併與跨業行銷之推動，未納入金融控股公司的金融、證券業者則忙於策略聯盟與金融創新，金融管理技術及商品設計、行銷也開始配合國際化潮流，走向專業化與商品多元化。金融商品五光十色，應有盡有，叫人眼花撩亂。「專業理財顧問」或「高級理財專員」悄悄地成為很多年輕貌美或風度翩翩年輕人遞出的名片頭銜，他們個個穿著光鮮亮麗，態度和藹親切，讓你很難拒絕。此外，銀行普設所謂「貴賓理財室」，聽說只要你有超過10萬

美元以上的存款，銀行裡就有專屬的理財專員等著你上門，他們有時甚至會主動打電話招呼你，讓你感覺一下當有錢人的短暫虛榮感。

其實「理財專員」的主要任務是金融商品的行銷，當然他們有時也是稱職的投資顧問，然而，你若把他們當成無所不能的所謂「投資專家」，那就可能會大失所望。就像百貨公司的專櫃小姐一樣，她最重要的任務是把商品賣出去，拉高自己的銷售業績，至於商品到底值不值得你出的價格、適不適用，只能由你自己決定了。因此，我們可以說，大部分的金融行銷都是以市場行銷為導向，當市場上大部分的人認為哪一種商品最值得買，他們便會想辦法賣那一種商品給你，每天透過不同媒體或傳播工具傳達商品訊息到你眼前、耳內，除非你離群索居，否則很難避免得掉。講的更露骨點，在置入性行銷盛行的今日，實在很難從中逃掉，除非你有一定程度的投資理財專業能力，否則，一窩蜂的追買某種金融商品或股票早已不是第一次發生或新鮮的事了。

然而，事實證明，當一種生意被認定必賺不賠時，後加入者通常已沒多少獲利空間；當一種特定金融投資商品成為一種普遍流行共識時，後加入者成為「最後一隻老鼠」的機會就會大幅提高。

過去一段時間，我長時間於本土投信公司服務，參加過無數次內部所謂新商品發行協調會議，討論決定投信公司該發行什麼樣的新基金之類的問題。但過去投資實務經驗也告訴我，當一般投資人出現認同一致時，朝向群眾喜好傾向推出的基金都可以輕易熱賣，因此，業務行銷單位通常會一面倒地主張以客戶喜好為導向，於是，在業務導向下，投資管理部門通常很難不跟現實妥協。譬如說，在股票多頭市場熱潮時，推出股票型基金，透過強勢行銷及大部分媒體看多行情，投信公司要賣完一檔基金往往並非難事，然而，事實證明狂賣的基金通常讓投資人受傷慘重，大賠收場。業務行銷扭曲專業的資產管理，

並非僅限於本土投信公司，一些外商投信公司甚至有過之而無不及。

　　投信公司決定發行一檔基金後，一定會編列專案行銷預算，購買專業報紙版面，或雜誌廣告，這時，也會利用媒體關係安排基金經理人或相關人員接受訪問，看起來不是廣告，但卻是不折不扣的置入性行銷，訪問內容及目的只有一個，就是透過媒體傳達買進熱潮中的基金是一件輕鬆又有利可圖的交易。

　　在不知不覺中，我們都處於大眾媒體、花錢買媒體發言權者、善於包裝譁眾取寵者這三者共犯結構下的受害者，這現象普遍存在於商業交易、政治遊戲，甚至現代化的行銷社會裡。做為一個理性投資者，如何克服盲目的從眾心理，並且經專業分析與思考後才超然獨立做出投資理財決策，應是避開投資陷阱的重要課題。

三、崇拜名人的投資行為

　　古今中外，有史以來，人類就喜歡崇拜偶像及名人，至於會成為在歷史流傳不退的偶像或名人者，必有其獨特或在某特定領域成功之處，有些甚至是值得學習的典範。在近代證券投資理財市場裡，真正稱得上是成功名人的，大概只有四人，包括德國股神安得列·科斯托蘭尼、美國班傑明·葛拉漢教授（Benjamin Graham）、華倫·巴菲特、彼德·林區（Peter Lynch）。前兩位目前已作古；後兩者，其中巴菲特目前是美國波克夏海瑟威（Berkshire Hathaway）公司的經營者，多次蟬聯全球富豪榜的首位，更與科斯托蘭尼並列投資界歐、美兩大股神及代表性人物；彼得·林區則是以麥哲倫全球基金於富達資產管理公司崛起，其於1977至1990年間以管理該基金績效名列全球第一。這些人的投資思考邏輯及資產管理哲學至今仍被投資界奉為圭臬，而他們投資哲學的共同特質就是理性、耐心與前後邏輯思考一致性的投資紀律。

這些投資大師平常極少對特定金融市場短期波動發表多空看法，因此巴菲特在公司每年一度的股東會中所發表告全體股東信中的言論，往往成為投資人解讀巴菲特對投資市場多空的看法，並對市場造成不可忽視的影響力。

　　相較於投資大師惜言如金、極少對短期波動發表多空看法，全球各大金融市場每天都有所謂市場專家或知名分析師發表對市場多空的看法，國內股票市場，每天於媒體發表多空看法者，更是如過江之鯽、多不勝數。其中有的引經據典、有的紫微論勢、有的線圖揮舞、看圖解字，看得真是叫人兩眼昏花，啼笑皆非。近幾年來，外資在台股分量已是舉足輕重，一些外資基金經理人偶而來台，難免也入境隨俗，高談闊論台股短線多空一番，本土分析師或經理人往往前躬後倨、亦步亦趨，好像遠來和尚真的比較會念經。

　　絕大部分金融市場參與者都沒有自己一套完整的思考邏輯，縱使在金融市場打滾多年者，也很少能貫通理性投資的真諦，因此，以資產投資管理為職業者，不僅要面對業務部門蠻橫無理的干擾行徑，更要面對不斷否定自我的質疑，承受的壓力可想而知。因此，很多市場參與者紛紛參與投資市場的「造神運動」，他們因為缺乏主見、缺乏自我思考邏輯，需要找一個精神寄託，金融市場中所謂「名牌分析師」因此運應而生，這並不是台灣獨有的現象，美國華爾街每日都有人高談闊論，分析多空，根據實證研究，目前仍活躍於華爾街的某全球著名「名牌分析師」每次分析短期多空看法的準確度竟然只是接近50%，也就是說，他的預判準確度跟你自己每次擲銅板判斷多空的準確度幾乎一樣。反觀國內，畫線論勢者不亞於國外，不過想想，要真有人願意充當樣本供人研究，對學術界而言，應該也是功德一件。

　　很多名人都是靠各種不同媒體崛起，當一個人成為名人後，他會自然失去局部的自由，然而經過適度的商業包裝與媒體推波助瀾，加

上金融市場極需「造神」，因為市場參與者的需求，大小神祇會不斷出現又消失，有時，不同行業的名人也會撈過界成為市場投資者膜拜的對象，於是乎，各種大大小小的詐騙事件便不斷在市場發生。所以當有人在做投資決定前，會特別在意某某名人或所謂「王牌分析師」的看法時，其實都是已陷入市場投資陷阱而不自知！

四、上市上櫃公司的催眠術

　　我相信你應該在電視上看過催眠秀，這是一種神奇的心理控制術，被催眠者會下意識地隨催眠者進入近似睡眠狀態，並產生如夢似幻的幻覺，甚至隨催眠者的意志思考及動作，直到清醒過來，仍茫茫然不知自己發生何事。在西方國家，催眠術有時會被應用在醫療用途上，在東方國家，則往往被視為是妖術的一種。

　　股票投資市場上，我們面對的不僅是來自媒體、分析師、名人等有意無意設計而成的投資陷阱，有時來自投資標的公司精心設計的投資陷阱，更具殺傷力。

　　不誠實的上市、上櫃公司經營者雖然不是股票市場的先知先覺者，但他們卻很清楚公司經營的最新狀況，當總體經濟景氣指標仍未顯示景氣已經好轉前，如果他們所經營的公司營業收入已出現谷底回升情況，公司內部經營者會透過營業收入延緩入帳的伎倆，持續壓低公司股價以利自己利用人頭買進公司股票，等到內部人已默默買足預定額度後，才讓公司營業狀況誠實揭露，這是最典型的低檔吃貨內線交易型態，上市、上櫃公司很清楚一般投資人在長期套牢虧損後，心情已經極度低落，當投資人面對新的利空消息時，心理恐懼情緒會更加濃烈，每天生活在痛苦的掙扎中，無法忍受的投資人便產生逃避心理，最後低價殺出手中長期套牢的持股。

　　等到大股東們買足股票後，經濟景氣指標才紛紛從谷底回升，

公司經營者會不斷透過法人說明會及財務預測傳達公司經營者對公司未來的樂觀態度，公司發言人對投資法人登門拜訪也熱切相迎，此時，公司經營者以外的外部新股東紛紛在新的財務報表公布後，信心恢復，開始買進公司股票，股價一路震盪走高，市場對該公司經營現況一片樂觀，市場分析師及媒體記者開始爭相撰文報導該公司為潛力股，一般散戶投資人，看到一堆人買進該公司股票大賺特賺後，心裡又開始出現掙扎，此時，市場利率可能已經開始回升，工資成本也正上漲中，內部經營者注意到公司獲利已經逐漸下降，也就準備出脫手中股票，這時，媒體記者及法人說明會往往是最佳催眠代言者，他們宣稱公司在新年度資本支出將大幅成長、整體產業仍是一片榮景，但是檯面下，卻已開始賣出股票。此時股票僅是出現利多不漲情況，散戶就像已被催眠的人般不停地買進股票，一些績效落後的共同基金經理人終於忍不住進場買進股票，該買的人都買了，等到公司真正獲利情況一公布，大家發現獲利不如預期，股價便開始重新進入下跌的循環週期。

這整個循環過程，公司內部經營者利用外部投資人在股價下跌一段時間後，心裡充滿「恐懼」的情緒，此時投資人想急於「逃避」現實環境的心態，壓低股價，伺股價回到高檔，再利用媒體及法人機構研究員，煽起投資人「自認僥倖」及「貪婪」本性，藉發布公司樂觀訊息，拉高股價利於本身賣出。因此，當股價出現利空不跌、利多不漲時，往往都是不誠實的公司經營者設計下的陷阱，也是長期股價的反轉點。

隱藏在投資理財市場的陷阱，林林總總不勝枚舉，並不是只有上列四種類型，但他們之所以能讓投資人甘願一步步走入陷阱中，都是架設在人性的心理弱點，甚至可以說是一般人的正常反應。然而，對投資理財而言，能否克服潛藏在人性背後的心理弱點，卻是攸關投資

理財決策的成敗。股價如果是一家公司價值的水中倒影，投資人的心理反應就像隨風擺盪的柳樹稍，無論是風吹樹稍搖曳擺動，或倒映水面波漣生影，柳樹還是柳樹，公司還是公司，改變的只是四季變化、景氣榮枯循環下的不同風貌，春耕、夏耘、秋收、冬藏是在大自然環境中不變的生存法則。

投資心理與人性管理

由前面不同章節，我們不斷透過各種不同角度分析一般投資人所共同具有的投資心理，及因為一般人對環境變化所採取的反應通常具有一致性，除非經過投資心理的學習分析與自我人性管理過程，否則普通人縱使熟諳各種投資工具基本獲利本質，當他面對實際投資環境時，往往仍然無法掙脫一般投資心理的桎梏，造成投資理財失敗的行為模式亦將不斷重複發生。《孫子兵法‧謀攻篇》說：「知己知彼，百戰不殆；不知彼而知己，一勝一負；不知彼不知己，每戰必貽。」在投資理財領域裡，除了要累積投資專業技能以判斷周遭環境變化，並妥善因應外，也要知道自己的人性弱點，並在關鍵時刻做好自我人性管理，才能冷靜做出最佳的投資理財決策。

以下我將舉一些市場投資人普遍具有的投資心理，並且說明如何掌握人性管理重點，希望能提供實質的幫助，以避免錯誤重複發生。

一、黑夜來臨的恐懼

在投資市場裡，無論是新手或市場老手，會引起巨額損失的很大原因往往是投資人在關鍵時刻無法控制住自己的恐懼情緒，然而，在絕大部分投資人因恐懼而遠離市場時候，通常也是買進的最佳時機。

一般人小時候都聽過虎姑婆的故事，因此，很多年輕的父母為了

哄騙暗夜裡哭鬧的小孩趕快入睡，常常會在床邊說虎姑婆的故事，藉此來嚇唬小孩，日子久了，當黑夜來臨時，聽過虎姑婆故事的小孩，潛意識裡便湧現驚恐的情緒，當媽媽說：「再不趕快睡覺，虎姑婆就要來了！」小孩子只好趕快抱緊棉被，埋頭就睡。然而，根據心理臨床實驗證明，長期在驚恐環境狀態下入睡的小孩，長大後，他不僅會怕黑，還會對很多事情畏縮恐懼、猶豫不決，也因此，很難學會獨立思考與判斷事情，遇到該要做決定的時候，總要先徵詢別人的意見，當大部分人不認同時，他是斷然不會冒險去做的。

在股票下跌過程中，投資人原持有股票價格不斷下挫，帳面價值一天比一天縮水，心理面恐懼情緒也與日遞增，此時，一般人會不斷盤算股票市場只要多跌一天，他的資產就會減損多少，若再加上周遭所謂「明牌分析師」不斷發表看空行情論調時，滿腦子便充滿著股票價格必定續跌的想法，心情真是充滿恐懼與懊悔，恨不得自己不在這個世界。這時候，一般人早就忘記當初買進股票的天大理由了，他們再也沒心情去冷靜分析股票發行公司或外在經濟環境是否真是這樣糟，一心只是想要逃避，因為股票長時間的下跌讓他們覺得恐懼與不安，加上周遭人部分人都出現帳面虧損，悲觀情緒彼此感染，更加深危機意識與恐懼感，面對股票價格繼續下跌，終於有人開始忍受不了折磨，忍痛閉著眼睛殺出手中長期套牢的股票，其他沒賣出者，更加恐懼了，最後，他們也被迫殺出手中股票，並同時發誓這輩子再也不買股票了。

而事實證明，當股票市場中的一般投資人長期情緒低落，並紛紛離開市場時，此時往往也伴隨出現股票價格的長期低點，正如股票市場常聽到的一句俗諺：「市場上最大的危機點卻也是最大的獲利點」，然而，真正能在周遭環境充滿危機感的壓力下，還能冷靜思考者，往往佔整體投資人中極小部分的比例。

恐懼的心理讓我們忘掉熬過暗夜後就是天明時刻，幾乎把所有注意力集中在悲觀危險的思考方向，加上過去痛苦經驗與周遭環境的回饋效應，一般人很容易失去主見。危機感隨環境形成而加深，心理面的恐懼感也越嚴重，我們自認為最理智的決定，其實已完全被恐懼感所扭曲，所以某些時候，投資人就會像我們在第5章裡所提及，當長期獲利穩定的績優股股價跌破股價淨值比長期平均低點時，就算股價換算出其外部實質股東權益報酬率仍一路走高，但是股票仍乏人問津，而當股價上漲高過其長期平均價，股東權益報酬率反向走低時，反而成為投資人熱情擁抱的標的。

　　克服這種情形發生的癥結點在於，當我們心中被恐懼佔領時，必須先冷靜下來檢視我們在第5章與第6章所提及的策略思考邏輯，確認景氣循環相對位置與投資標的物的基本面變化，在心中產生堅定不移的信念，並用異於常人的執行紀律與毅力，耐心等待暗夜遠離、冬盡春來之時。在等待市場反轉回升之際，就好像等待黎明春曉前夕，我們有時會聽到暗夜惡狼哭嚎、周遭冰雪覆地，專業財經媒體不斷報導早已不是新聞的利空消息，先前看多的分析師幾乎全部轉多為空時，此時股票市場的春天已漸漸接近，這時應該好整以暇，深入研究分析投資標的基本面與股價的長期合理股東權益報酬率，當出現標的物價格超跌時，應配合景氣循環指標邏輯推理，判斷買入時點，相信假以時日，必可慢慢扭轉投資心理造成的人性桎梏，提高資產的投資報酬。

二、永不厭足的貪婪

　　人類對物質欲望的合理追求是推動社會進化的一大動力來源，但若毫無節制，走入唯物思想，將陷入道德沉淪與人性的罪惡淵藪。

由股票投資市場的榮枯循環更可以看到人類的貪婪欲望，縱使是非實體資產，但仍可從投資人在投資行為決策中一覽人性無盡的貪婪。透過金融資產價格的波動有時更能突破空間限制，讓投資人在不同時點所產生的「恐懼」、「心理矛盾」、「急躁」、「妒忌」、「貪心」等等心理反應被充分地顯現出來。

　　恐懼的心理使投資人無法冷靜客觀地思考所面對的問題，因而失去最佳的投資機會；貪婪則是引誘我們一步一步走入不知不覺的險境，在第7章裡，我們已從過去歷史中找到太多的事例，以下我們就舉一些發生在一般投資人身上的投資行為，來說明貪婪的投資心態。

- 看到周遭的朋友投資股票開始賺錢後，便四處打聽「明牌」，不分青紅皂白地大膽買進股票，以為別人的好運可以輕易在自己身上複製。

　　很多人都知道投資公益彩券的中獎機率非常非常低，而且投入的本金遠高於按科學機率算出的預期報酬期望值，也就是說，買公益彩券若純用數學機率計算，其實是一種注定輸的遊戲。但為什麼還是有那麼多人願意買公益彩券？你可以說他們都是站在公益的立場，如果你這樣認為，那我也沒話可說。但是我相信很多人都是因為看到有人中了大獎，一夕成為億萬富翁的媒體報導後，才決定試試自己的手氣，人們總是認為，自己說不定會跟中獎的人一樣幸運，因此他們走過彩券投注站時，腦海中浮現中獎的希望，便會不由自主地停下腳步，買100或200元，要是投注站過去真有人中大獎，投注站老闆一定會用很大很大的紅紙張貼在自己的店門前，提醒每天經過店門口的路人：「只要你買這裡的彩券，你也會跟中獎人一樣幸運！」本來不想買的人往往禁不起誘惑，便下注買進投注站的彩券。無論你買哪一

家投注站的彩券，其實長期而言，絕大部分投注站的彩券中獎機會完全一樣。但中過大獎的投注站，只要老闆大肆宣傳顧客得獎紀錄，很多人就會湧進投注站買彩券，投注站生意自然節節高升。

幾年前，當時負責彩券銷售的台北銀行推出一個讓人印象深刻的彩券廣告，主要描述一個看似窮酸的爸爸帶著一個天真可愛的小男孩，搭著鐵路局平快列車，穿過一個又一個的隧道，當小男孩從火車裡面望到路上奔馳的漂亮車子與瞬間閃過的別墅房子時，他發出羨慕的童言，這時，正做著中獎大夢的窮爸爸，直覺的回答：「爸爸買給你！」聽他講話，好像真的已經中獎了。這個廣告傳達一個簡單的意涵，即是只要你買進彩券，就可以達到很多原先做不到的目標與願望，透過激發人性中潛藏的僥倖心理與貪婪心態，來刺激消費者的購買欲望。其實，我們都心知肚明，買彩券的人絕大部分無法中大獎，但是每天仍會有很多人用辛苦賺來的錢去買一個致富大夢。

在投資市場裡，一般投資人往往也跟買彩券的人一樣，當他們聽到周遭的人因投資某種金融商品而獲利時，便會引起自己很大的興趣，會開始打聽別人是如何獲利的，然後，如法炮製，以為自己也會一樣幸運，至於投資時間已經改變，或是投資標的所處外在環境不同，恐怕都不是他考慮的重點，因為「貪念」已悄悄爬上他的心門，投資陷阱也已不知不覺靠近中。所以你很容易看到，當股票市場在媒體追捧下，出現所謂「主流股」時，很大比例的市場成交量便往特定股票集中，當市場出現這種情形時，通常也代表所謂「主流股」的股價已進入相對高檔區，越晚買進的投資人，賠錢的機會也就越高！在聖經中提到，「垂涎鄰人的財富」正是十誡之一，在股票市場賠大錢的人不正是如此嗎？

其實，有節制與理性的「貪心」有時是可以成為正面的動力來源，癥結點在於我們是否誠實面對自己的「貪婪」，並加以理性地控

制管理。如果我們願意為自己的貪婪設定一個合理的限度，並願意耐心等待，而不是一心在未經耕耘努力下想要短期致富，盡做一些「天上掉下來的禮物」般的黃粱大夢，就有機會成為真正的投資理財贏家。

- 在股票上漲過程中，賣了又買，買了又賣，手中投資金額卻始終沒減少，不賺到自己「滿足」的財富，絕不暫時離開市場，好像錯失這次盛會，上漲行情就不會再來，「急躁」地想要掌握任何短期波動行情。

　　絕大部分投資人總想把自己手中的股票賣到最高點，而他們通常也不知道自己的股票漲到什麼價位才是高點，一張圖、一支尺，看了又看，畫了又畫，所有已出現的價位都可以用圖形及所謂「技術分析」加以合理化解釋，因此，當新價位出現後，往往會一廂情願地預期股價可能還有更高點，市場分析師也總會在股票上漲過程中，發表專業分析告訴你，股價指數還有幾成的上漲空間，而當股價真達到預期目標後，一定還會有更高的預期出現，因為「滿足」的價位很少會出現在投資人的腦海裡，漲的時候，一定有人看更高，直到市場的貪婪力量用盡、不知貪婪本性應有所節制的投資人成為投機市場「最後一隻老鼠」為止，股價早已不知不覺下跌一大段了。股票市場有一句大家耳熟能詳的格言：「樹木不會一直長到天。」任何股票再怎麼強勢，在最後階段都會產生超漲行情，但它絕不會永遠超漲，當市場投機能量用盡時，不管個別股票基本面再怎麼潛力雄厚，股價終將出現大幅度修正下跌。

　　一般人在股票上漲趨勢形成後，會很自然地認為股票價格還會繼續上漲，因為周遭環境鮮少有人會提出看空股票行情的看法，大部分投資人及分析師都寧可從眾，因為站在多數的一方，讓正常人覺得有

安全感，至於勇於提出真知灼見、苦口婆心者，在市場中則要面臨眾人的質疑。

三、擺盪在多空的十字路口

真正的投資長線贏家並不需要完全準確抓到多空轉折點，因為透過人性管理，他們知道過度的貪婪與失去理性的恐懼都是投資者的人忌，因此，始終買在價格最低點，賣在價格最高點，充其量是一種投資「神話」。但根據大環境變化擬定不同資產配置與投資策略則是長線投資贏家的必備條件。我們在前面章節已經提過，根據實證研究，資產長期投資績效的優劣，有超過九成因素是在決定各種資產配置與投資策略時便已決定，在多空不同趨勢裡，金融資產價格會因為參與者的心理反應而出現超漲與超跌，所以在第5章裡，我們已說明股權資產與債權資產投資的獲利本質，過度超出本質範圍的價格，對投資者而言都是警訊。

小時候放過風箏的人都知道，當風向吹北風時，風箏會往南飛，當然，如果風向是吹南風，風箏就會往北飛，但是不管風吹哪個方向，風箏能飛多高有一定的極限，就是放風箏的人握在手上的線的最大長度，然而，無論風向如何，如果風力過強，一開始風箏很容易急速升空，但當手上的線全部放完時，風箏將面對極大的風阻，接下來，風箏不是斷線墜地，就是在大幅搖擺後墜地。

做為公司經營者以外的外部投資人及非全職專業的產業分析師，你可以在自己的產業中找出自己的投資定位，並建立自己的投資優勢，但大可不必想要了解全部的產業或公司。先建立如何判斷經濟景氣趨勢與金融資產的邏輯關係能力，決定不同時點的資產配置才是最基本的前提，就像風箏一樣，風向已先決定它升空後的方向，如果判斷風向錯誤，無論風箏再怎麼製作精美、線如何長，不改變施放方

向，它是飛不上天的。

- 在股票上漲或下跌趨勢中，擺盪在買與賣的十字路口，缺乏明確的方向性與主見。

　　投資人之所以在股票上漲過程中，反覆頻繁交易，除了貪婪心態作祟外，一般人都沒有經過類似本書第5章與第6章的思考及分析過程，因此很難不在市場隨波逐流，加上媒體推波助瀾下，要讓自己冷靜思考、穿越雜訊，勢必要經過經驗的累積，並且對投資紀律產生堅定的信仰，否則很難做到。

- 對最新、最貼近自己的資訊快速反應，對影響長期趨勢的變數視若無睹、一無所知，見樹不見林。

　　一般人對剛看到、剛聽到的消息會迅速反應，因此，我常常會看到，只要當天報紙頭版登出不利股票市場的消息，當天股市必定以低盤開出，因為投資人對最新消息通常印象深刻，過去的消息可能已慢慢從腦海中褪去，但實際上，真正影響長期金融資產價格的因素並非只有最新或在最顯著媒體出現者，對發生在自己周遭訊息的過度反應現象，往往使媒體成為有心人的操弄工具，而上市上櫃公司也不斷透過川流不息的研究員登門拜訪後寫成的所謂最新研究報告，達到引導與操弄公司外部投資人的目的。

- 在上漲過程中，因進進出出只賺一點蠅頭小利，下跌趨勢中則全程參與，成為投資長線輸家。

　　一般人在股票上漲過程，手中因為握有股票而使心理夾雜著「喜悅」與「恐懼」，因帳面資產增加而雀躍不已，又因恐懼股票下跌而使自己對圍繞在四周的訊息感到緊張，因此只要股價小漲一段，就急

著賣出，隨後，又因受不了周遭的人賺錢喜悅的誘惑，沒多久，又買進股票，就這樣買了又賣、賣了又買，只賺一點蠅頭小利，股票經紀商裡的營業員及政府稅捐機關則同時成為最大贏家，如果你買的是股票型共同基金，那投信公司當然也是很大的贏家。

在股票上漲過程中，投資人會因為先前獲利的潛存快樂意識而重複做買進動作，這是一個很簡單的道理，當你做一件可以帶給自己快樂的事後，你腦海裡，很自然會認為下一次重複動作便可以再帶來快樂，投資人不斷在股票市場上漲過程中追買股票就是一種潛意識裡希望重複做同樣快樂的事的正常反應，只是因為缺乏方向與主見，在「恐懼」中便出現買買賣賣的重複性動作。

然而，當股票開始反轉下跌時，一方面因為市場氣氛及媒體分析報告仍一片樂觀，因此貪婪的人很難全身而退，隨後，股價再繼續下跌，因為先前買進價位已離最新價格有一段距離，一般人直覺認為股價已很便宜了，捨不得賣出，因為賣出等於就承認先前的投資決定是錯誤的，對大部分的人而言，承認自己的錯誤需要很大的勇氣，也是一種心理的「懲罰作用」，懲罰會帶來痛苦，因此，如果股價續跌，投資人便會開始逃避，逃避接觸媒體訊息、逃避市場，此時有些人就出現「手中有股票、心中無股價」的投資心理狀態，最後甚至對股票投資產生厭惡感，因為它的存在不時提醒自己很久之前的錯誤決定。投資人就這樣全程參與了下跌過程，然而，股價的下跌代表資產價值不斷縮水，投資人心理面的痛苦並不會因逃避而消失，直到市場出現一個前所未有的利空消息，讓他決定痛下決心遠離痛苦，二話不說拿起電話，告訴股票營業員賣出所有持股，過沒多久，股票市場指數卻莫名其妙悄悄開始回升，重新展開另一個循環。

透過本章的說明，相信大家已經知道，在投資理財領域裡，對特定投資工具專業知識能力的學習與累積，只是決定投資成敗的原因之

一。長期而言，真正決定投資理財成敗的重要因素除了解自己、善用自己的投資競爭優勢外，在充滿投資理財陷阱的景氣循環、價格波動過程中，明瞭市場參與者普遍的心理反應，並做好自我人性管理、嚴守投資理財的紀律，才能發揮自己的優勢，成為真正的投資理財長線贏家。

結語

　　工作20餘年來，我從不認為自己是所謂的「投資理財」專家，充其量只是專職的金融投資工作者，與一般上班族無異。但我很慶幸在面臨工作去留的抉擇時，可以選擇做自己的主人，不用因短期經濟因素而瞻前顧後，成為人生棋盤上受人擺佈的族群，而之所以可以擁有這樣的「幸運」，歸因於自己長期以來在投資理財上的規劃與執行。

　　大部分的人都不願意成為別人驅使的奴役，但事實上卻有許多上班族經年累月因為經濟上的弱勢而成為勞動職場上心靈被禁錮的奴工，並且還得茫茫然地面對未來微薄積蓄的退休生活。所以，嚴肅面對自己的生涯規劃，提前充實投資理財的專業知識，已經成為現代上班族必須面對、學習的課題。筆者也衷心期盼這本書的內容可以提供大家在投資理財上的一些概念和參考。

　　目前坊間可以買到很多優質的投資理財書籍，這些書含括了經濟分析、財務分析與管理、企業評價、投資心理、投資策略、投資工具、投資歷史回顧等等，讀者可以依照個人程度與需求，做為工作之餘的投資理財進修書籍，相信假以時日，你的投資理財專業能力必可快速精進，更可以轉換成幫助你完成人生目標的一大動力。祝福大家！

國家圖書館出版品預行編目資料

獵豹財務長給投資新手的第一堂課／郭恭克著. --
初版. -- 臺北市：商周出版：家庭傳媒城邦分公司
發行, 2012.11
　　面；　公分. --（新商業周刊叢書；BW0479）
ISBN 978-986-272-257-2（平裝）

1. 投資　2.理財　3.生涯規劃

563.5　　　　　　　　　　　101019076

新商業周刊叢書　BW0479

獵豹財務長給投資新手的第一堂課

作　　　者／郭恭克
企劃選書／陳美靜
責任編輯／鄭凱達
版　　　權／黃淑敏
行銷業務／周佑潔、張倚禎

總 編 輯／陳美靜
總 經 理／彭之琬
發 行 人／何飛鵬
法律顧問／台英國際商務法律事務所 羅明通律師
出　　版／商周出版
　　　　　臺北市中山區民生東路二段141號9樓
　　　　　電話：(02) 2500-7008　　傳真：(02) 2500-7759
　　　　　商周部落格：http://bwp25007008.pixnet.net/blog
　　　　　E-mail：bwp.service@cite.com.tw
發　　　行／英屬蓋曼群島商家庭傳媒股份有限公司　城邦分公司
　　　　　臺北市中山區民生東路二段141號2樓
　　　　　讀者服務專線：0800-020-299　　　24小時傳真服務：02-2517-0999
　　　　　讀者服務信箱E-mail：cs@cite.com.tw
　　　　　劃撥帳號：19833503　　戶名：英屬蓋曼群島商家庭傳媒股份有限公司城邦分公司
訂購服務／書虫股份有限公司客服專線：(02) 2500-7718；2500-7719
　　　　　服務時間：週一至週五上午09:30-12:00；下午13:30-17:00
　　　　　24小時傳真專線：(02) 2500-1990；2500-1991
　　　　　劃撥帳號：19863813　　戶名：書虫股份有限公司
　　　　　E-mail：service@readingclub.com.tw
香港發行所／城邦（香港）出版集團有限公司
　　　　　香港灣仔駱克道193號東超商業中心1樓
　　　　　電話：852-2508-6231　　傳真：852-2578-9337
　　　　　E-mail：hkcite@biznetvigator.com
馬新發行所／城邦（馬新）出版集團
　　　　　Cite (M) Sdn Bhd
　　　　　11, Jalan 30D/146, Desa Tasik, Sungai Besi, 57000 Kuala Lumpur, Malaysia.
　　　　　電話：603-9056-3833　　傳真：603-9056-2833　　E-mail：citekl@cite.com.tw

封面設計／黃聖文
印　　刷／鴻霖印刷傳媒股份有限公司
總 經 銷／高見文化行銷股份有限公司　　　地址：新北市樹林區佳園路二段70-1號
　　　　　電話：(02) 2668-9005　　傳真：(02) 2668-9790　　客服專線：0800-055-365
行政院新聞局北市業字第913號

■ 2012年11月8日初版1刷
■ 2012年12月3日初版9刷

Printed in Taiwan

商周出版

廣　告　回　函
北區郵政管理登記證
台北廣字第000791號
郵資已付，免貼郵票

104 台北市民生東路二段141號2樓

英屬蓋曼群島商家庭傳媒股份有限公司

城邦分公司　收

- -

請沿虛線對摺，謝謝！

書號：BW0479　　書名：獵豹財務長給投資新手的第一堂課　　編碼：

 商周出版

讀者回函卡

謝謝您購買我們出版的書籍！請費心填寫此回函卡，我們將不定期寄上城邦集團最新的出版訊息。

凡填妥讀者回函卡，寄回商周出版，就有機會抽獎獲得獵豹財務長的課程名額！

課程名稱：2013年總體趨勢及選股策略
名　　額：5名（課程價值新台幣3,600元）
時間地點：12/08（六）早上9:00-12:00於台北市劍潭海外青年活動中心
活動期間：即日起至11/22截止（以郵戳為憑）
得獎公布：11/28公布於http://www.cite.com.tw/，將個別通知
備　　註：回函卡影印無效

姓名：＿＿＿＿＿＿＿＿＿＿＿＿＿＿＿　性別：□男　□女

生日：西元＿＿＿＿＿年＿＿＿＿＿月＿＿＿＿＿日

地址：＿＿＿＿＿＿＿＿＿＿＿＿＿＿＿＿＿＿＿＿＿＿

聯絡電話：＿＿＿＿＿＿＿＿＿　傳真：＿＿＿＿＿＿＿＿＿

E-mail：＿＿＿＿＿＿＿＿＿＿＿＿＿＿＿

學歷：□1.小學 □2.國中 □3.高中 □4.大專 □5.研究所以上

職業：□1.學生 □2.軍公教 □3.服務 □4.金融 □5.製造 □6.資訊
　　　□7.傳播 □8.自由業 □9.農漁牧 □10.家管 □11.退休
　　　□12.其他＿＿＿＿＿＿＿＿＿＿

您從何種方式得知本書消息？
　　　□1.書店 □2.網路 □3.報紙 □4.雜誌 □5.廣播 □6.電視
　　　□7.親友推薦 □8.其他＿＿＿＿＿

您通常以何種方式購書？
　　　□1.書店 □2.網路 □3.傳真訂購 □4.郵局劃撥 □5.其他＿＿＿

您喜歡閱讀哪些類別的書籍？
　　　□1.財經商業 □2.自然科學 □3.歷史 □4.法律 □5.文學
　　　□6.休閒旅遊 □7.小說 □8.人物傳記 □9.生活、勵志 □10.其他

對我們的建議：＿＿＿＿＿＿＿＿＿＿＿＿＿＿＿＿＿＿＿
＿＿＿＿＿＿＿＿＿＿＿＿＿＿＿＿＿＿＿＿＿＿＿＿＿